如果你看见今天中国的早晨

你就看见了一个民族振兴的故事

你就看见了一种精神

你就看见了这个时代

你就看见了明天

——李瑛《倾诉》

编 委 会

戰火中的青春

劉江

祁向东　主编

山西出版传媒集团　三晋出版社

天地英雄气　千秋尚凛然

这是一个特殊群体，他们用生命和鲜血记录了中国共产党波澜壮阔的辉煌历程，为建立人民当家作主的中华人民共和国奠定了牢固根基。

本书中的20位老党员、老红军、老战士等革命英雄，年纪最小的85岁，已至耄耋之年，最年长的103岁，已然寿登期颐。红军杨焕炳，两次攀登飞鸟难渡的冰山雪岭，两次穿越被称为“死亡陷阱”的沼泽草地，从万里长征到太行山上，用理想和献身精神、用意志和勇气战胜千难万险，走过了闪光的青春岁月；刘江、谷文波、康宏安等抗日战士，面对家国劫难、生灵涂炭，以“誓死不当亡国奴”的民族自尊挺身而出，展现了不畏强暴、血战到底的英雄气概；宋福才、王玉金、杨崇穆等解放军战士，历经硝烟战火，一路披荆斩棘，自觉投身为人民求解放、求幸福，为民族谋独立、谋复兴的伟大事业；杨荣华、刘文修、吕俊生等抗美援朝志愿军战士，面对穷凶极恶的敌人，以身许国，英勇投身、舍生忘死地浴血奋战，奏响了气壮山河的英雄凯歌……他们用鲜血护卫着这方土地，他们的事迹和精神是激励我们前行的强大力量。

战争的阴霾早已远去，枪林弹雨过后硝烟散尽，当年懵懂青涩的少年，变成了霜华满鬓的老兵。拂去满袖征尘，深藏了功与名，风雨沧桑数十载，铁骨依旧铮铮。寻常巷陌中，他们如同邻家的长者，仅仅在与儿孙的闲谈中，才或多或少地谈起他们在战火中的青春。他们信念如炬、九死未悔，永远不变的是一颗忠诚于党、热爱祖国的红心。

“天地英雄气，千秋尚凛然。”英雄，是民族的脊梁，是家国的精魂。为了让全社会铭记这些革命英雄的光辉历史，使红色记忆永远保存、红色精神永久传承；为了让后人懂得今天的幸福生活来之不易，珍惜无数鲜血和生命换来的和平，激励社会各界人士不忘初心、继续前进，我们编辑出版了这部纪实文学集《战火中的青春》。

谨以此书庆祝伟大的中国共产党成立 100 周年。

目　录

杨焕炳

杨焕炳说，从长征路到太行山，曾经三次遇险，但每次都能逃过一劫。

第一次遇险是1935年西渡嘉陵江的时候。长征时强渡过大渡河，飞夺过泸定桥，其实还夺过涪江铁桥。红四军过涪江时，桥上本来只能承受一列纵队过江，由于赶时间，当时二团和六团呈两列纵队，同时过桥。桥面超过负荷，就在杨焕炳准备迈步跨上桥面的一刹那，桥面断裂，好多战友掉落到江中，被汹涌的江水冲走了。

……

寿
致敬英雄
长寿老人

从万里长征到太行山上

陈　威

雪皑皑，野茫茫。
高原寒，炊断粮。
红军都是钢铁汉，
千锤百炼不怕难。
雪山低头迎远客，
草毯泥毡扎营盘。
风雨侵衣骨更硬，
野菜充饥志越坚，
志越坚。
官兵一致同甘苦，
革命理想高于天，
高于天。

萧华上将创作的《长征组歌》，是我最喜欢的一组革命历史歌曲。每当听到或唱起这首《过雪山草地》，胸中便升起对革命前辈的敬仰之情。或许是天意，十六年间，我有幸先后两次采访了老红军杨焕炳。这个“川娃子”，在两万五千里长征中，在抗日烽火燃烧的太行山上，走过了闪光的青春岁月，见证着中国革命的历史风云。

上篇 / 爬雪山，过草地

为了迅速贯彻党中央“渡江西进”的战略方针，1935 年 3 月 28 日，红四方面军在总指挥徐向前的率领下，正式打响了强渡嘉陵江战役。3 月 29 日晚，红四军主力在广元市苍溪县的塔子山强渡嘉陵江后，兵分三路，以风卷残云之势，消灭沿江敌军。

四川省广元市剑阁县剑门关历来为兵家必争之地，有一句老话：“打下剑门关，犹如得四川。”1935 年 4 月 2 日，从拂晓到黄昏，经过冒雨血战，红四军歼灭敌军 3 个团，登上敌人所谓“插翅难渡”的剑门关，将鲜红的军旗插上雄伟的剑门关。当时，老百姓唱过这样的歌谣：“风吹雨淋雷打闪，红军攻克剑门关。各路军阀如山崩，我送红军出四川。”

这年 5 月，红四方面军踏上两万五千里长征之路，正式开启出四川的“革命模式”。

2004 年，在纪念红军长征 70 周年之际，我在《太原晚报》副刊部策划出版了“红军长征 70 周年纪念特刊”，并采访了老红军杨焕炳。在太原石膏厂一带，杨焕炳是知名人物，不仅他的名字妇孺皆知，就连给他寄信都不用标注门牌号码，直接写上“太原石膏厂杨焕炳收”，就能送到老人手中。

我去采访的前一天，杨焕炳刚刚做了手术。但躺在病床上的他面色红润，声如洪钟，有着地道的四川口音，说起话来逻辑清楚，幽默风趣。回忆起过去的岁月，他可以精确到几十年前的某月某日，讲到高兴处哈哈大笑，会露出孩子般的淘气，快捷的语速瞬间就把我带到 70 年前的长征途中和战火纷飞的太行山上——

爬了两次雪山

“我是一名孤儿，从小没爸没妈。1934 年 9 月刚满 15 周岁，红军路过我家乡，我就报名参加了红军，成为四川省红四方面军第 31 军 276 团 2 营 6 连的勤务员。

“由于张国焘右倾机会主义的干扰，我们不止走了一次长征。1935 年和 1936 年的六七月份，先后爬过两次雪山，走过两次草地。

“我们红四军一共爬了五六座雪山，最难爬的是夹金山和党岭山。夹金山在四川省雅安市宝兴县境内，是红军长征翻越的第一座大山，当地老百姓管它叫‘神仙山’。他们告诉红军，只有神仙才能登越夹金山。党岭山在四川省甘孜藏族自治州，当地流传着一首歌谣：‘爬上党岭山，如进鬼门关；若无大圣胆，难以再生还。’

“夹金山被当地人称为‘万年雪山’，山上的冰雪常年不化，刮风、降雪、起雾、下冰雹，气候一会儿一变。雪山上很冷，都要利用暑伏天才能爬。1935 年 6 月，我们高喊着‘征服夹金山，创造行军奇迹’的口号，开始爬雪山，爬山之前，先在山脚下露营。第一次过雪山时，为了抢在中午前气温较高的时候翻过山顶，凌晨三点多部队就埋锅做饭，吃的是野菜汤中撒点青稞面做成的糊糊。早饭后全速行军，待东方发白，我们就开始爬 4500 多米的大雪山，爬到半山腰就呼吸困难，大家手拉手往上走。山是斜坡的，路上有十几丈深的雪坑，不小心埋进去命就没了。到了山顶上，一刻也不敢坐，坐下就起不来了。

“在爬雪山的过程中，部队文工团的战士们还在沿途为大家喊口号，鼓励战士们加快步伐。口号的内容各不相同，有山腰里的口号，有半山上的口号，还有山顶上的口号。有些体弱多病的战友，没能坚持到翻过雪山，就长眠在了雪山上，许多冻僵了的战友的遗体，都被埋在雪里。

“牺牲的人太多了……活着已经是最大的幸福。（说到这里，杨焕炳哽咽了）

“第二次过雪山的时候，我们还穿着单薄的衣衫。首长说要给大家准备衣服，我们都很奇怪，方圆几百里都没有人烟，哪里找御寒的衣服呢？过了两天，首长给我们带来两箩筐辣椒，原来这辣椒就是御寒的‘衣服’。战士们每人分到一至两个，身强力壮的还把自己的辣椒让给别人。过雪山时，战士们就把辣椒揣在身上，冷得实在受不了就咬一口，继续顶着风雪前进。”

好战士张思德

“红军长征走过的草地叫松潘草地，位于四川省阿坝州北部。其实这里并不是草地，而是沼泽地，到处是杂草和水沟，散发出浓浓的腐臭味道，这里没有飞禽走兽，只有淤泥水草。

“战士们白天行军，到了夜晚，找一些地方较高的山丘，将自己的薄被、床单之类的东西搭在捆好的树枝或木桩搭成的棚子上，然后就背靠背地休息。战士们将沿途收集的柴火点燃起一堆堆篝火来御寒。一望无际的草地上，一堆堆的篝火就像是组成了一座不夜城。天亮之后，继续行军。在行军途中，战士们因饥饿和伤病而牺牲。在路上，战士们还得抬着从当地找来的向导，由向导给战士们指路。战士们经过的地方都插上了路标，以方便后来赶到的战友顺利通过。即便是这样，还是有战士会迷失方向。最让人心痛的是，依然有战士误入沼泽地，被淤泥无情地吞噬。

“与爬雪山相比，过草地更艰难。草地上尽是沼泽，一尺多高的小黄草，一眼望不到边。走过时，如果一不小心陷下去，就很难有生还的机会。有一次，一个战友陷进沼泽了，眼看越陷越深。张思德急中生智，就对班长说：‘我给你出个主意，我躺在草地上，你踩着我的肚子，然后再去拉他。我躺下面积大，不会陷下去。’

“班长说什么也不同意，张思德急得吼起来：‘你快些，不能犹豫，再磨蹭战友就要牺牲了！’最后还是采纳了张思德的意见，陷在沼泽地里的战士被救了上来。

“过草地的时候没有干粮，要找野菜充饥。好些野菜大家都不认识，哪些能吃，哪些有毒不能吃，都没有把握。这时候，张思德站出来说：‘试一试，先从我开始。’吃下去半小时，张思德的脸和手都开始发黄，大家就知道是有毒的，不能吃。张思德就是这么勇敢，救了十几个人的性命。”（说到这里，杨焕炳眼圈一红，说不下去了，眼角浸出晶莹的泪花。）张思德同志和朱德总司令是老乡，1996 年，我去过他们的家乡。那里有一个纪念馆，朱德总司令 5

米高的铜像在正殿，张思德同志的铜像在偏殿。

十六年之后的2020年12月，我再次采访杨焕炳。老人已经101岁，身体还很康健，只是听力有些下降，对长征路上的经历也已经不能做连贯的回忆，但对战士们自编的歌谣却记忆犹新，竟然能够完整地唱出：

草地宽，草地长，
草地里面好风光。
野菜遍地长，
野花遍地开。
红军采了当干粮，
吃了打胜仗，
美名天下扬。

从战地歌谣中可以看出，尽管长征路上的自然环境无比恶劣，战士们衣不避寒，食不果腹，只能沿途采摘野菜吃，但他们仍然保持着旺盛的革命乐观主义精神。

聪明机智的“红小鬼”

“在长征的队伍中有很多‘红小鬼’，一个叫肖生的十三四岁的‘红小鬼’，在我们这个团当勤务员。有一次急行军时，肖生因为人太小，走着走着就掉了队。结果在我们走过的路上，两个国民党兵抓住了他。两个人说道：‘你看，这是个地地道道的小‘共匪’，戴着红军的帽徽、领章，还揣着苏区的票子，这都是证据，干脆枪毙了他算了。’肖生受过教育，又聪明伶俐，对那两个国民党兵说：‘你们都是五尺高的汉子，不去东北打日本鬼子，欺负我这个孩子做什么？’‘去东北打日本鬼子’这句话让两个国民党兵哑口无言。当时他们很受感动，最后说：‘你走吧，小鬼。’”

粮食比金银都珍贵

“长征中的生活异常艰苦，大家都争先恐后往前走，谁也不愿意落下。因为走到前面的会偶遇疲惫的野牦牛，他们将牦牛宰杀后可以吃上一顿牦牛肉，后面的就只能吃牛皮、牛脑袋了。印象最深刻的是煮牛皮，要把又粗又硬的牛皮做成人能吃的东西，首先要捡一堆柴火，把牛皮夹在柴火中间烧。烧掉牛毛以后，再放在水里泡好，用刀子刮掉上面的黑痂，最后放到锅里煮，煮好了，拿刀子割开，一人分一小截。

“爬雪山的时候，正是地里青稞熟的时候，我们就现收现打，现磨现炒。粮食没有限量，想背多少就背多少，身体好、力气大的就背得多，身体弱、力气小的就背得少。在路上用开水冲着喝，没有开水就用凉水冲。过草地时连走了三四个星期，干粮带得少的人早早就没有吃的了，走到后来连野菜都找不到了。每天清晨出发时，都有好几个人停止了呼吸，因为天气不好，又没吃的。那时候，黄金白银没人要，有一碗青稞面就能挽救几个人的生命。在那个特定的年月，粮食高于一切。

“大家伙儿硬是凭着一股不放弃的革命精神，走完了长征路。”

下篇 / 战斗在太行山上

“1937 年，红军改编为八路军，8 月进入陕西省三原县。改编后我在 129 师（师长刘伯承）386 旅（旅长陈赓）771 团（团长徐深吉）。抗战期间，我参加过平定县七亘村战役、武乡县长乐村战役、黎城县响堂铺战役、长治地区神头岭战役等大大小小的战役。当时，129 师的主要驻防地在邯（邯郸）长（长治）公路沿线。我所在的连队当时在孟（孟县）辽（辽县，现在的左权县）公路担任阻击和警戒任务。

“让我记忆深刻的战役，是平定县七亘村的两次伏击战，还有武乡县长乐村的伏击战。”

1938 年 3 月，神头岭战斗前召开动员大会（顾棣收藏）

七亘村伏击战

1937 年 9 月下旬，日军开始进攻山西。我们八路军和国民党军第二战区部队联合抗日，在忻口对日军进行全面阻击，日军被迫改由正（定）太（原）路西进。到了 10 月中旬，国民党守军挡不住日军的进攻，晋东门户娘子关告急。

根据八路军总部的命令，刘伯承师长率领部队火速支援。1937 年 10 月 25 日，刘伯承带着参谋、警卫班等 30 多人到七亘村南的三郎庙一带察看地形。刘伯承发现，七亘村附近的道路不到两米宽，路南有很高的土坎，路北有几十米深的山沟，可以在这里设埋伏。也是这一天，我军得到消息，日军已经开始朝平定方向进犯，他们的辎重部队还留在距七亘村仅有 20 里地的测鱼镇宿营。刘伯承判断，日军明天一定会经过七亘村，向平定输送军需物资，决定就在这里打一场伏击战，将任务交给了 386 旅的旅长陈赓。

陈赓命令下属的 772 团 3 营和特务连 1 个排在七亘村附近隐蔽。26 日天刚亮，测鱼镇日军的辎重部队就开始向西开进。大概九点多，772 团有意放过他们的先头部队，等到辎重骡马进入伏击圈，突然发起攻击。根据当时战报，这一仗打死日军300多人，缴获骡马300多匹，还缴获了大批军用物资，包括华北、山西两份军用地图，我军只伤亡了十来个人。

第二天，测鱼镇的日军一面派出部队在七亘村附近收殓尸体，一面调整力量准备继续西进。等到日军收完尸，刘伯承再次命令772团3营在七亘村设伏。

到了28日上午，日军的辎重部队果然又来了，100多名骑兵和300多名步兵做掩护。大概是11点，日军的先头部队骑兵首先进入伏击圈，因为吃了一次亏，他们警戒搜索变得很严。战士们沉着镇静，等到他们的骑兵通过，辎重部队进入伏击区，马上集中火力发起猛烈攻击。

七亘村两次设伏的规模都不算大，但是对正面战场是一种支援，对军民的士气是一种鼓舞，也是太行山抗日游击战争的开始。

长乐村伏击战

长乐村伏击战，是八路军打得最漂亮的一仗之一，也是八路军全面抗战中单次作战歼灭日军最多的一次战役。长乐村伏击战，八路军4个团全部投入野战，比平型关战役的规模还大，平型关只有3个团。这标志着129师从游击战向运动战的转变。

1938年4月初，日军动用3万兵力，分九路向晋东南根据地发动大规模围攻，企图围歼八路军总部和129师的主力。

4月15日，侵占武乡县城的日军3000多人在榆社再次扑空。一方面疲劳作战日军士气低落，一方面受到386旅的截击，他们只得折回武乡。武乡没有粮草，也找不到吃喝，日军当天黄昏放火烧了武乡城，又连夜沿浊漳河往东撤。刘伯承师长决定抓住战机，把日军夹击消灭在浊漳河河谷里。晚上10点钟，陈赓旅长接到师长命令，第689团和第772团为左纵队，沿着浊漳河北岸追击日军；第771团为右纵队，沿南岸追击日军；第769团为后续部队，沿着武乡到襄垣的大道，跟着敌人前进。

陈赓率第772团、第771团向东猛追。16日早上7时，追到长乐村附近，

武乡县长乐之战遗址

日军正走在狭窄的河谷里，一面是浊漳河，一面是山崖。第 771 团、第 772 团左右两路部队形成了极好的夹击之势。后来赶上来的第 689 团和第 769 团一部，与第 771 团、772 团合力向被分割的日军反复冲杀。根据战地捷报，长乐村急袭战毙伤日军近 2000 人，缴获轻机枪两挺、步马枪 100 多支，还有一批军用物资。

这次伏击战整整进行了一天，我军反复冲击了七八次，日军尸体满坑满谷。我军也付出了巨大的代价，772 团团长叶成焕在河谷北岸代家垴的山头指挥战斗时头部中弹，抢救无效，牺牲了。

在太行山时期，还有一些小插曲：

当时，刚刚走完长征路，能够幸存下来的革命军队人困马乏。进入太行山后，没吃没喝，战士们都没有力气。就在饥饿难耐的时候，战士们发现了能吃的东西，村里有几棵树上有树叶，可以用来充饥，但这也是当地百姓唯一的“粮食”。

可是，人多树少，年轻的战士们食量还挺大，眼看百姓们的“粮食”越来越少，军队下了“训禁令”：“树叶留给老百姓，战士们再想别的办法。”可是老百姓们不干了，说让战士们先吃，战士们不吃，他们就不吃。

第二次采访杨焕炳，是在他漪汾街兴华小区的家里。一间不算宽敞的房间，放着一张沙发、一张桌子、一台电视机，墙上挂着一面锦旗，还有他年轻时穿军装的照片。回忆起抗战的经历，杨焕炳的小女儿杨光玲对我说：“2015 年，纪念中国人民抗日战争暨世界反法西斯战争胜利 70 周年，央视播出电视剧《在太行山上》。我父亲天天守着电视机准时看，一边看一边给我们讲当年的情况。剧里头专门写了‘七亘村战役’‘响堂铺战役’‘神头岭战役’，记得第三集讲的是在七亘村打伏击的事，他指着电视里的画面激动得说起了四川话，‘当时就是这个样子咧’！”

特别能理解杨焕炳老人那时的心情，由桂涛声作词、冼星海作曲的抗战歌曲《在太行山上》是剧里的主题曲：

红日照遍了东方，
自由之神在纵情歌唱！
看吧！
千山万壑，铜壁铁墙！
抗日的烽火，燃烧在太行山上！
气焰千万丈！
听吧！
母亲叫儿打东洋，妻子送郎上战场。
我们在太行山上，我们在太行山上！
山高林又密，兵强马又壮！
敌人从哪里进攻，我们就要他在哪里灭亡！

现在还能想起第一次看电视剧《在太行山上》的情景。每当这首主题曲响起，我这个和平年代出生的人，都不由得心跳加速，血液奔涌，眼眶湿润，深感全面抗战的残酷与不易，更何况曾经在抗日战争的枪林弹雨中出生入死的年轻战士呢！

篇外篇 / 三次遇险

杨焕炳说，从长征路到太行山，曾经三次遇险，但每次都能逃过一劫。

第一次遇险是1935年西渡嘉陵江的时候。长征时强渡过大渡河，飞夺过泸定桥，其实还夺过涪江铁桥。红四军过涪江时，桥上本来只能承受一列纵队过江，由于赶时间，当时二团和六团呈两列纵队，同时过桥。桥面超过负荷，就在杨焕炳准备迈步跨上桥面的一刹那，桥面断裂，好多战友掉落到江中，被汹涌的江水冲走了。

第二次遇险是1936年在陕北的时候。当时部队上的骡马还比较多，杨焕炳是骡马队战士。有一天，日军飞机对他所在的部队进行轰炸，战士们四处躲避，杨焕炳刚刚跑进附近窑洞的最深处，那间窑洞的前半部分就被敌机的炸弹炸塌了，他再次与死神擦肩而过。

第三次遇险是在太行山地区与日军作战的时候。由于日军数量较多，我军采取了游击战。在撤退途中，杨焕炳隐蔽到一处茂密的荆棘丛中。日军的士兵用锋利的刺刀在荆棘丛中乱刺，当时有一刺刀就紧贴着他的身体刺下来，险些被刺中。杨焕炳又一次脱险。

结束了对老红军杨焕炳的二次采访，杨光玲送我去公交车站。路上她动情地说："我父亲一辈子都忠诚地爱着党和国家，他们那辈人是有信仰的。他从来不愿意麻烦政府，凡事都要自己解决，也要求我们这样做。父亲亲历了太多战友在身边牺牲，也见过太多战争年代老百姓的生离死别，他常说的一句话就是'能活着就已经很好了，还要求什么呢'？家人有困难，他也不愿意找政府解决，而是让家人自己想办法。我们几兄妹都知道父亲是什么样的人，也为此感到骄傲。普普通通、踏踏实实做人是父亲对我们唯一的要求。"

20世纪末，太原市委、市政府聘请杨焕炳担任万柏林地区校外辅导员，他在七八十个单位讲过长征的历史。

腿不停走，口不停说。沉浸其中的杨焕炳好像忘了自己的年龄，而将自己定格在长征途中和太行山上。他以实际行动印证了一句话：革命人永远是年轻！

刘　江

为什么要革命？刘江的回答最简单——不革命没法活，因为鬼子打到了家门口，家乡沦为敌占区！

刘江的青春年华是在血与火中淬炼的。1936 年，18 岁的刘江扔掉铺盖从县城跑回村里，踊跃报名参加了牺牲救国同盟会。“七七事变”后，在太原上学的姨表弟张福兴回乡组织“抗日学生会”，介绍刘江加入了中国共产党。随即，党组织指派刘江出任抗日村长，于是，他和同志们组织起自卫队，冶铁打刀，拿起了抗日的武器。

刘江和他的韶华时代

齐千里

今年是中国共产党百年华诞，党领导人民全面建成小康社会，实现了第一个一百年的奋斗目标，开启了第二个一百年的新征程——到中华人民共和国成立 100 年时，建成富强民主文明和谐美丽的社会主义现代化强国。

此时站在“两个一百年”奋斗目标的历史交汇点，对于每一个中国人都有着特殊的意义，而年高 103 岁、有着 84 年党龄的刘江，作为百年沧桑的见证者、百年奋斗的亲历者、百年巨变的记录者，更是感慨万千。

一

讲起青春的记忆，世纪老人刘江从其祖母的故事说起，足以上溯到鸦片战争时期，时间跨度基本涵盖了全部的中国近代史。

刘江 1918 年出生于太行山上的山西和顺县一个耕读农家。祖父兄弟五人辛勤劳作不够维持生活，其中二人不及弱冠便离世。祖父是秀才，靠教私塾、卖文章每年能挣几吊钱，但成婚第二年即病故。清朝变民国，私塾改小学，父亲高小毕业当教员，每年大约能挣 30 吊钱，家境好转。刘江幼时曾听到祖母的幸福记忆：“一开头就买下二亩麻地，就在村边，那可高兴煞人了！”祖母操持着全家人的生活，如针尖上削铁，为挣几个铜钱日夜搓麻绳，全家人仍是长年吃酸菜泡饭，一年里最惬意的莫过于正月十六能吃顿炸油糕。

太行山上的和顺县山高壑深，无霜期短，土地贫瘠，如果七月白露早霜，玉米、山药蛋和各种豆类即会大幅减产，荞麦类作物几无收成。刘家在当地尚属富农，拥有近80亩地，若遇好年景，也只能收三四千斤粮食，交罢赋税，全家9口人加上长工和短工，挨至次年早春便要断顿，只能靠摘树叶、挖野菜充饥度日了。

少年刘江没有穿过新衣裳，从小和哥哥与祖母睡一盘土炕，晚上睡觉没有被褥，祖孙三人伙盖一件袍子，秋冬时节，三人的破衣烂衫加盖在袍子上就是被窝。漫漫长夜不得翻身，祖母总在黑暗中反复调理，左拉右扯仍难以蔽身，一天三烧香三磕头三念经："阿弥陀佛，救苦救难，度众生，不当哩，行好哩……五男二女送老哩……"刘江听不懂，祖母只是说："你们还小哩，往后长大慢慢就懂了。"

"在半殖民地半封建的旧中国，你就是生在太行山顶，穷困的生活也压迫得人挺不直脊梁。当时全中国都站不起来，都是蜷曲着生活的……"刘江见证了阎锡山治下的山西。山西是当时全国的"模范省"，然而，生产力低下，物质匮乏，兵荒马乱，民不聊生。到了入学启蒙的年龄，战乱让刘江不能得到正规一点的教育。民国十四年（1925），7岁的刘江就跟着小脚祖母、母亲一瘸一拐地逃难躲匪乱。祖母说，打她小时候记事起，这动荡逃难的生活就没有消停过，兵匪一家呀。高小上了一个学期，民国十九年（1930），中原大战开始了。阎锡山、冯玉祥的联军被蒋介石打败，从河南撤退翻爬进太行山，只有不到8万人的和顺县，一下子进来两个师，遍地是兵，刘家宅院就驻有一个连部的大伙房，还有骑兵连的马。本来就穷，几万兵马涌进来就地取粮取草、抓丁拉伕，天天催粮派款，把个小小和顺折腾得鸡飞狗跳。捐税多如牛毛，地主想贱卖土地也没人要，贫农租不起地，只能退佃流浪为人打短工。

一场中原大战，"模范省"破产了，农业、手工业、家庭经济毁灭了，农村更别提学校教育了。学校被大军占驻了，校长只好宣布学生全部毕业，毕业文凭发到家里。刘江说："其实我们班只上了八个月的课，都是不够格的高小肄业生，参加革命后填学历一栏是高小毕业，说实话，我只能算是'高粱地的毕业生'。"

父亲获得养羊能赚钱的消息，说日本人专收临产期的“肚剥羔”，一个怀羔母羊能卖到七八块钱，于是，借高利贷买进四十多只羊，失学后的刘江就成了羊倌。三年放羊，小羊倌学会了如何在风雨中生活，为羊诊病接骨，为羊接生，懂得了饲养大小牲畜的知识，对每只羊都有感情，家中每售出一只羊，刘江都心疼。

心疼的事接二连三，想按报纸上宣传的日本人要买“肚剥羔”去养羊卖羔，由于“九一八事变”日本人侵占了东三省，奢想从事畜牧搞“出口业”自然无下文了。有文化，难得萌发一点儿资本主义生产的想法，又让残酷的社会现实打回原始点了。失学后，务农、搓麻、养羊都找不到生活出路，家里人只好把刘江送进县城私人承包的粮食税局做用人，做饭、清扫、提茶壶、倒夜壶，每天往返三里路到城外担水，受尽欺凌。

刘江的革命启蒙和文化启蒙是同时进行的。他的小学老师有着强烈的爱国主义思想，给学生讲甲午海战、《马关条约》、八国联军、《辛丑条约》；讲外国列强侵略蹂躏中华，特别讲 1928 年日本人在济南制造的“五三惨案”，用极为残忍的手段烧杀奸淫中国人民；教导学生要学汉朝班定远投笔从戎、宋代岳武穆收复国土、戚继光练兵抗倭。刘江回忆当年：“刘启墉先生讲得掉泪哽咽，我们小学生哭成一团。这对我后来参加革命影响巨大。”

刘江的少年时代是在黑暗苦难中度过的：“我见证了近代中国的黑暗和人民的苦难。走进革命队伍，我才懂得了 20 世纪初各地军阀混战的实质，帝国主义列强、官僚买办资本主义、封建大地主阶级是压在中国人民头上的‘三座大山’，无论吴佩孚、孙传芳、张作霖，还是蒋介石、阎锡山，新旧军阀实为一丘之貉，无不是代表‘三座大山’压榨中国人民的独夫民贼。”

当时的中国到处布满了干柴，只要有一点星火，就会熊熊燃烧起来。20 世纪 30 年代初，和顺县已有共产党组织的地下活动，青年们受到了启蒙，知道中华民族面临着生死存亡的危机了。刘江耳闻目睹了星火是怎样燃起的。那时驻平定、昔阳、和顺县城的国民党军高桂滋部，就发生了共产党地下组织领导的“兵变”，一度建立起红军第二十四军，但是遭到了阎锡山的残酷镇压。“九一八事变”后，日本占领了东三省，接着察哈尔、热河告急，国民党、阎锡山不顾日益严重的民族危机，反而屠杀共产党人。然而，关于共产党的消息越来越多，有说红军已经从陕北打过黄河到山西了，红军打到了洪洞、赵城、孝义；还有说红军很快就要打进太原了，已经派人到和顺了，共产党的红军才是救国救民的队伍。

二

为什么要革命？刘江的回答最简单——不革命没法活，因为鬼子打到了家门口，家乡沦为敌占区！

刘江的青春年华是在血与火中淬炼的。1936 年，18 岁的刘江扔掉铺盖从县城跑回村里，踊跃报名参加了牺牲救国同盟会。“七七事变”后，在太原上学的姨表弟张福兴回乡组织“抗日学生会”，介绍刘江加入了中国共产党。随即，党组织指派刘江出任抗日村长，于是，他和同志们组织起自卫队，冶铁打刀，拿起了抗日的武器。

红日照遍了东方，
“中华儿女”在纵情歌唱！
看吧！
千山万壑，铜壁铁墙！
抗日的烽火，燃烧在太行山上！
气焰千万丈！
……

“——那时我们就唱成‘中华儿女’，而不是‘自由之神’，救中国要靠我们自己，人民靠我们去组织，反动派靠我们组织起人民去把他们打倒！”

抗日战争期间的刘江（左一）

1938年，党组织调刘江到胜利报社工作，从那时起，他成为党的新闻宣传工作者。《胜利报》是中共晋冀特委机关报，当年5月1日创刊于和顺县园街村。1941年7月7日，《胜利报》升格为中共晋冀豫区党委机关报，易名为《晋冀豫日报》，即由地委报变成了省委报；年底，又并入中共中央北方局机关报《新华日报》（华北版）。《新华日报》（华北版）是党的喉舌，是党在华北动员人民、组织人民、打击敌人、消灭敌人的有力武器，是“敌后抗日的一面旗帜”。

在报社，刘江从缮写员、校对员开始干起，干中学，学中干，一笔一画容不得一丝差错。石印接近于雕版印刷，它是利用油水不相溶的原理在石板上印刷。先将质地细腻的石灰石板打磨得非常平整光滑，然后用药水（油性墨）在上面工工整整地写字绘图，再刷上薄薄的一层水，用墨磙在纸上滚动。这时有油性图文线条的地方因为没有水就获得了油墨；相反，空白处有水不沾染墨，然后覆上纸张加压，就获得一份报样。但这时报纸得到的图文是反的。所以，实际运用时还有一道工序，即先用药水在纸上写字或绘图，然后用压力覆到石上，揭去纸，刷水、上墨，再覆纸，加压，就得到一份正的图文：正一反一正，这就是石印。写版、刻版时要把手洗得干干净净，蘸着药水，大气不敢出，不敢让手出汗，悬肘写刻，不敢让手挨到版上，否则，就毁了版没法印，印出报来也看不清楚。刘江就是一夜一夜地写版、刻版，有正文，有标题，有各种字体和图案。刘江就是这样练就了书法家的基本功。

刘江从事党的新闻宣传工作，不是投笔从戎，更不是弃武从文，而是在党的培养下，迅速地成长为一名能文能武、智勇双全的战士。在报社，他握起了笔杆子，但从来没有放下枪杆子。在频繁的反“扫荡”战斗中，他和战友们时常要把印刷机掩埋起来，只带一部电台和铅印机，一边战斗一边出报，拿起刀枪进行战斗。他是报社选定的战斗小组组长，总是带着一支步枪先行带路。游击途中集体过夜，特别是后半夜到黎明这段时间，几乎都是由他来站岗放哨。每次反“扫荡”战斗结束后，对英雄模范人员进行表扬或奖励，毛巾、肥皂的奖品都有他一份。

1947 年 1 月，刘江在武乡东戌村

“往事历历在目，身边倒下去的人太多了。最痛心的是抗日战争 1942 年 5 月在太行山，日军大‘扫荡’，在辽县十字岭那一次，刘伯承说过我们连折两员文武大将，武的就是左权副参谋长，文的就是《新华日报》（华北版）总编辑兼社长何云。那一次，光是我们新华日报社一下子就牺牲了 57 人。他们都是大知识分子呀，会说外语，博古通今！他们都是我敬爱的战友和兄弟。”

从血与火拼杀出来的同志们掩埋好同伴的尸体，化悲痛为力量，克服一切困难，很快又在战地恢复了出报。1943 年 10 月 1 日，《新华日报》华北版改为《新华日报》太行版，成为中共太行区党委机关报，随军记者刘江先后担任通讯科科长、编辑科科长等职务。抗日战争、解放战争期间，刘江一直战斗在太行山上。

“山，快马加鞭未下鞍。”刘江雷厉风行、擅开新局，下山进城后是党组织屡委重任的一员闯将：接管敌产，组建山西人民广播电台；白手起家，创办中共太原市委机关报《太原日报》；1953 年，任山西人民广播电台台长兼总编辑、山西省人民广播局局长；1964 年，创办中共山西省委《山西四清报》，担任总编辑。1972 年任山西省出版局党委书记兼局长，1975 年任山西省文化局党组书记兼局长，1979 年任中共山西省委宣传部副部长。30 余载只争朝夕，建队伍、强素质、开新局、创佳绩，为山西的文化建设和新闻宣传事业做出了突出贡献。

1984年,66岁的刘江正式离休。离休后的刘江老当益壮,积极投身社会活动。为活跃群众文化，1985 年 6 月担任中国书画函授大学山西总分校的校长，风尘仆仆在全省各地市先后建起了 11 个函授分校，培训业余书画创作人才达 4000 余人。为服务市场经济建设，1986 年 6 月作为中国公共关系协会副会长，创立了山西公共关系协会，联合山西大学培养了 3000 余名为开拓市场经济服务的公关人才。为整理和研究历史文化，1988 年参与发起成立三晋文化研究会，成立傅山书法艺术研究会，辟建傅山书法艺术碑林，为山西文化打造出一张靓丽的名片。古稀之年的刘江或率团访问，或携伴而行，在国内外进行文化交流，广泛宣传山西，大力弘扬中华优秀文化。

跨入21世纪,耄耋之年的刘江与时俱进,又创办《山西公关报》《山西商报》,披挂上阵再出发，干起了记者、编辑老本行，成为当代新闻出版界罕见的“一棵常青树”。

三

世纪老人获誉甚多——作家、诗人、书法家、文化大家，然而，刘江更愿意称自己是一名“中国记者”。他的体会是：“新闻工作是一项最实际最迅速的政治工作，新闻记者是时代生活的记录者，同时也是指导社会前进的引导者。我们党的宗旨是为人民服务，因此，党的新闻工作者的职责和使命就是反映人民生活，服务人民利益，引导人民前进。”

华北新华日报社武乡县安乐庄旧址

热血燃烧在太行山上，汗水浇灌在三晋大地，刘江不负时代的要求，总是迅疾地记录着社会前进的步伐，高亢地奏唱着时代的主旋律。中国革命的波澜壮阔，中国人民的感天动地，初心使命、责任担当，驱使他要借助更多的笔墨和方式把历史告诉未来。数十年来，在繁忙的工作和社会活动之余，他只研朱墨作春山，以过人的毅力和旺盛的精力，呕心沥血要把中国的青春记录在诗书长卷里。

刘江是百年中国忠实的记录者。自从 1959 年为向国庆十周年献礼，他创作的长篇小说《太行风云》引起轰动，获得广泛的社会赞誉，从此，佳作迭出，成果斐然。他以《太行一等杀敌英雄赵亨德》《太行飞虎队》《烽火摇篮曲》等作品，纪录中华儿女在党的领导下，通过艰苦卓绝的斗争取得革命胜利的动人篇章；他以纪实报告文学《一滴水中看太阳》等作品，歌颂三晋人民在社会主义建设中取得的辉煌成就；他以长篇小说《剑》等作品，反映改革开放的大潮涌动、澎湃激荡；他以诗词歌赋《钟鼓集》等作品，摭拾采撷着感情真挚、清新豪放的思想火花。

刘江的作品是对历史的纪录和诠释，又是对现实的观照和对未来的思考，他敏锐地反映生活，不回避矛盾，直面热点难点问题，对丑恶与腐败现象进行无情鞭挞，旗帜鲜明表达爱恨情仇。2006年11月，他创作出版了长篇小说《韶华时代》。在这部以反腐倡廉为主题的46万字的作品中，刘江勾勒出一个社会解析平台——海江省孟当市，以煤炭领域治理为切入口，全景式展现这个地区经济社会的发展状况，思考着社会主义政治建设和经济发展的诸多问题：

随着市场经济的飞速发展，随之而来的能源需求将成为制约生产力发展的一大要害，必须有效地将资源加以科学保护和利用才能实现可持续发展战略，而在调整利益关系、提高社会治理能力上，反腐倡廉、扫黑除恶是改善政治生态和经济生态的突破口，从而带动和促进工作的全面开展。

重视低收入人群，时刻关心他们的生活，就是关心最广大人民群众的根本利益。密切联系群众，依法办事，充分发挥组织监督、社会监督、舆论监督作用。因为腐败分子站在人民群众的对立面，其劣迹在群众面前最难掩饰逃避。为人民服务要想群众所想、急群众所急，尤其要重视农村，团结广大农民，要做出一系列为民谋福祉的实事好事。

在干部队伍建设中，第一要走群众路线，不拘一格选拔人才，尤其是青年人才；党校不是公关场所和疗养胜地，而是冶炼灵魂的熔炉、改造思想的阵地、继续前进的加油站；党组织必须有效运用批评与自我批评的武器，强化纪律监督，才能保证干部队伍的健康和活力。

这部鸿篇巨制塑造了一群朝气蓬勃、清正廉明的共产党人形象，孟当市领导班子成员平均年龄31岁，他们血气方刚，敢想敢干，立足基层，关注民生，扎实工作，演绎了一则则可歌可泣的故事，是改革开放建设和构建社会主义和谐社会的真正的风流人物。刘江激情难捺地在该书的扉页题写了“未来永远属于韶华一代”十个大字，对青年一代寄予了无限期望！

在该书的后记中，刘江写道：“此外，本书立意也试想通过在煤炭生产战线上反腐倡廉的复杂斗争，反映一名清官的难处。但是，我们有一个更加成熟的党的领导，和广大人民有着血肉关系，广大干部从政为民，最终还是邪不压正。这也只不过是个人的主观立意罢了。好心不等于有好的效果，甚至好心办成坏事的也是常有的事。本人也是八十有八的老人了，自觉生活底子有些的，但水平有限，这就很难达到个人意愿完全实现。活到老学到老，不少人都知道，若要真正受指教，放下架子首一条。这就是本人的态度。深望读者能批评指正。”

刘江从事文字工作80余载，撰写发表各种体裁的作品近千万字，仅《刘江文集》就出版有17集23卷，著作等身，至今心态是如此年轻：

他自信——“我所写的诗词，自认为还是紧跟党在各个时期的战略策略和总的路线，在实践着我国广大人民的愿望。”

他不满——“每当写完一本书的时候，一方面有几分欣慰，一方面合目稍思，又觉得十分不满意。大概这可能也是每个作家事后常有的感慨，可又觉得也只有如此了。”

他自励——“从文学艺术的审美观点去审视，我深知自己的水平是十分有限的。”“现在一生记忆犹存，要写一生百余年，且又生活在我们这样一个国家，千万言怎能装下？”

谈起因劳累过度，心脏病发作，被医生和子女们强制约束在病床上，刘江不服老地说：“我的思想一刻也没有停止运转。就在病床躺的两周期间，我又把伟大爱国主义诗人屈原所写《离骚》2476个字作了全部的背诵。我欣喜地带着这一成果走出医院。我对生活充满了热爱，作为一个辩证唯物主义者来说，我对死并不惧怕，我在病床上就口授子女们一首词：‘走了谁，去了谁，没见世上少了谁。生死如同长流水，千古至今已成规，到该走前想是非。来此人间这一回，有无与民不相随，还应写一写，哪怕三五句，以便家人往事追。’”

吾令羲和弭节兮，望崦嵫而勿迫。

恐鹈鴂之先鸣兮，使夫百草为之不芳。

……

于是，他仍在笔耕不辍。

四

“中国共产党立志于中华民族千秋伟业，百年恰是风华正茂。”党员刘江坚持每年一集地书写着中国日志，成为名副其实的中国世纪记者。站在“两个一百年”的历史交汇点，他摘录着这样的时间节点：

——2020 年中国抗疫取得成功，成为全球主要经济体中实现经济正增长的国家，国内生产总值突破 100 万亿元大关，困扰中华民族千百年的绝对贫困问题将彻底解决。

——2021 年是中国共产党百年华诞。百年征程波澜壮阔，百年初心历久弥坚。从上海石库门到嘉兴南湖，一艘小小红船承载着人民的重托、民族的希望，越过激流险滩，穿过惊涛骇浪，成为领航中国行稳致远的巍巍巨轮。胸怀千秋伟业，恰是百年风华。我们秉持以人民为中心，永葆初心、牢记使命，乘风破浪、扬帆远航，一定能实现中华民族伟大复兴。

——2035 年基本实现社会主义现代化远景目标，人民生活将更加美好，人的全面发展、全体人民共同富裕将取得更为明显的实质性进展。

——2049 年 10 月 1 日，中华人民共和国成立 100 年时建成富强民主文明和谐美丽的社会主义现代化强国。

谷文波

那一年，他才14周岁。他说，对于中国共产党，当时并没有很清晰的概念，只知道加入是一件正确的事，是要为人民谋幸福的事、是抗日的事。加入中国共产党，在当时还是极其秘密的，因此，宣誓特别选择了一处无人的野外。当他举起右手，跟着政治指导员庄严说出“我志愿加入中国共产党——”时，内心**激情澎湃**。14岁，毕竟还是少年，因此他与同时宣誓的几名**伙伴一起**，用实际行动开始接受党组织长达4年的考验，到18岁才正式转为中共正式党员。

从抗战儿童到军代表

蒋　殊

当谷文波站在空旷的田野，与七八位同伴一道举起右手，庄严承诺“我志愿加入中国共产党，坚持执行党的纪律，不怕困难，不怕牺牲，为共产主义事业奋斗到底”那一刻，他内心被神秘、新鲜与莫名的激情笼罩，热血一股一股往上涌。

太多的感受，却无法用语言表述出来。

儿歌声中的抗战少年

彼时，他仅仅是一名 14 周岁的少年。那一年，是 1939 年。

谷文波是河北完县人，1938 年小学毕业后，因抗战全面爆发，没有书读了。1937 年 10 月，聂荣臻率八路军 115 晋察冀边区师部在河北省保定市阜平县开辟了晋察冀根据地。也因此，他的家乡地下党组织非常活跃，周围一片抗战形势，少年谷文波便在周围进步青年们的引导下，与十几位同龄伙伴一起组建起区儿童团，他任团长。他当时知道，他的叔叔是一名地下党员，抗战全面爆发前便在北平做地下工作，后来被国民党抓入监狱，因始终找不到证据，抗战全面爆发后，国共两党开始合作，叔叔被释放。年少的谷文波只知道，叔叔很快去了延安，名叫顾大川。

谷文波当年或许也不清楚，叔叔原名谷兰亭，走上革命道路后便一直用“顾大川”这个名字。顾大川毕业于保定第二师范学校，20 世纪 30 年代起便在北平做小学教员，接受共产主义思想，1932年便成为一名中国共产党党员。在北平，他组织领导了小学教员索薪、罢课、怠工等活动，被选为“北平市小学教员会”执委。抗战全面爆发后，他从延安被派往山西，先后在太行、太岳区领导抗战工作，尤其是沁源两年半围困战期间，顾大川始终与沁源军民站在一起。

谷文波当年只知道，叔叔干的是大事。于他而言，就是家园被日本人占领了，他们无法正常学习与生活了，全国人民都要加入抗战的行列，用各自的方式和力量与敌人斗争，包括小孩子。边区为宣传抗日，成立了“抗敌剧社”“冲锋剧社”与“劳动剧社”，1939 年谷文波与小伙伴们加入了“劳动剧社”。“劳动剧社”有戏剧队与合唱队，谷文波是合唱队一员。

抗战的热情与精神，随着烽火在全国蔓延，越烧越旺。太行山上，很快激荡起一首首抗战歌曲，《在太行山上》《保卫黄河》《黄河大合唱》等。一首，一首，谷文波们激情地唱，唱给百姓，唱给敌人，也唱给自己。

多年后的今天，他还记得当时最流行最火的 3 首歌曲：《松花江上》《歌

1939 年，劳动剧社全体人员合影留念

唱二小放牛郎》及《戎冠秀赞歌》。

1931 年 9 月 18 日，日本驻中国东北地区关东军突然制造借口炮轰中国东北军北大营，制造了震惊中外的“九一八事变”，到次年 2 月，东北全境沦陷。1935 年，“人民艺术家”张寒晖在西安目睹东北军和东北人民流亡惨状后，创作了关于“九一八事变”的抗战歌曲——《松花江上》：

我的家在东北松花江上，
那里有森林煤矿，
还有那满山遍野的大豆高粱。
我的家在东北松花江上，
那里有我的同胞，
还有那衰老的爹娘。
“九一八”“九一八”
从那个悲惨的时候。
“九一八”“九一八”
从那个悲惨的时候。
脱离了我的家乡，
抛弃那无尽的宝藏。
流浪！流浪！
整日价在关内。
流浪！流浪！
哪年，哪月，
才能够回到我那可爱的故乡。
哪年，哪月，
才能够收回我那无尽的宝藏。
爹娘啊，爹娘啊。
什么时候，
才能欢聚一堂。

流浪，流浪！唱着远方的歌，想着眼下的家，少年们意气风发。

第二首，是今天的读者依然熟知的歌唱抗日小英雄王二小的《歌唱二小放牛郎》。1942 年 10 月，河北涞源县狼牙口村一名阎姓放牛少年，将前来“扫荡”的敌人故意带进八路军埋伏圈。恼羞成怒的敌人将年仅 13 岁的王二小刺死。

牛儿还在山坡吃草，放牛的却不知哪儿去了，
不是他贪玩耍丢了牛，那放牛的孩子王二小。
九月十六那天早上，敌人向一条山沟“扫荡”，
山沟里掩护着后方机关，掩护着几千老乡。
正在那十分危急的时候，敌人就快要走到山口，
昏头昏脑地迷失了方向，抓住了二小要他带路。
二小他顺从地走在前面，把敌人带进我们的埋伏圈，
四下里乒乒乓乓响起了枪炮，敌人才知道受了骗。
敌人把二小挑在枪尖，摔死在大石头的上面，
我们那十三岁的二小，英勇地牺牲在山间。
干部和老乡得到了安全，他却睡在冰冷的山间，
他的脸上含着微笑，他的血染红蓝蓝的天。
秋风吹遍了每个村庄，它把这动人的故事传扬，
每一个老乡都含着眼泪，歌唱着二小放牛郎。

当《歌唱二小放牛郎》这首歌传来时，谷文波才知道这名与他同龄的少年小英雄就是家乡人。彼时，含泪歌唱的人，何止是老乡？就如从东北传来的《松花江上》一样，全国人民都沉浸在眼泪与愤怒当中。

这样的歌词，谷文波今天还能清晰顺畅地唱几句。

抗战的激情，被一首一首歌曲点燃。党员出来了，干部出来了，民兵出来了，百姓出来了。男人出来了，孩子出来了，女人也出来了。河北平山县的普通妇女戎冠秀，全面抗战刚开始的 1938 年便加入中国共产党。之后主动将两个儿

子送上战场，裹一双小脚的她，带领妇女们做军鞋，搞生产，为八路军筹集粮食与物资。尤其是她一次次用智慧与胆识勇救伤员的故事，在边区传为佳话。她被誉为“子弟兵的母亲”。

她的故事，很快被晋察冀边区战地记者田间写成歌词：

我唱晋察冀，山红水又清。
山是那么红，水是那么清。
如果有人问，请问好老人。
这位好老人，好比一盏灯。
战士给她火，火把灯点明。
她又举起来，来照八路军……
好老人叫啥？名叫戎冠秀。
好老人住哪？家住下盘松……

谷文波的记忆里，还有《民兵英雄李殿冰》，开篇就极具气势，“敲着鼓，咚咚咚，要歌唱民兵英雄李殿冰……”

他说，当时许多抗战歌曲的词曲作者，就是边区“冲锋剧社”成员，他们及时将眼里看到的、耳朵听到的，写成词，谱成曲。

红日照遍了东方，
自由之神在纵情歌唱！
看吧！
千山万壑，铜壁铁墙！
抗日的烽火，燃烧在太行山上！
气焰千万丈！
听吧！
母亲叫儿打东洋，妻子送郎上战场。

我们在太行山上，我们在太行山上！
山高林又密，兵强马又壮！
敌人从哪里进攻，我们就要他在哪里灭亡！

当时的人们，正如歌中唱到的，纵有千山万壑、铜墙铁壁，也是气焰千万丈。

一首又一首抗战歌曲，伴随谷文波度过激情燃烧的少年岁月。他的铿锵人生，也从这些嘹亮的歌声中起步了。

一支驳壳枪过敌区

就在劳动剧社的一天，谷文波与同伴们突然就浑身难受起来。

“不是痒，也不是疼。”谷文波对当时的感觉记忆犹新，“总之就是很不舒服。”

后来知道，是中毒了，日本人在他们吃水的井里投了毒。

谷文波与伙伴们相继到了医院，救治他们的正是加拿大援华医生白求恩。眼前这位外国人，高高的个子，瘦瘦的身材，专注的神情，一下便印在谷文波脑中。看病的时候，他非常认真，但不会说中国话，边给翻译说边比画。

服过白求恩大夫开的药，谷文波和伙伴们陆续康复。然而对于日本人刻骨的仇恨，在年少的心里却越积越深。

踏着抗战的烽火，谷文波一路成长。抗战，在他心里也日渐清晰起来，保卫家园的火苗越烧越旺。华北抗战走向深入，尽管还是一名少年，谷文波却日渐成熟。离开劳动剧社，他进入晋察冀边区第三军分区（三地委）。彼时地委机关在唐县，下面还有县大队、区小队。为了培养更多党的人才，地委举办了为期半年的党员训练班，内容主要是学习共产党的历史与知识，介绍共产党的主张，讲述为什么要抗日，也宣传孙中山的“三民主义”。通过学习，谷文波更加明白了革命的道理，懂得了中国人虽弱小，但精神不能倒，家国不能丢，一定要举全国之力将犯我国土的日本人赶出去。

谷文波旧影

训练班结束后，决定在班里发展几位学习努力、认识到位、积极上进的学员加入中国共产党行列，谷文波成为其中之一。他记得清楚，他的入党介绍人叫崔文魁，曲阳县人，当年20多岁，之前也是劳动剧社的一员。

那一年，他才14周岁。他说，对于中国共产党，当时并没有很清晰的概念，只知道加入是一件正确的事，是要为人民谋幸福的事、是抗日的事。加入中国共产党，在当时还是极其秘密的，因此，宣誓特别选择了一处无人的野外。当他举起右手，跟着政治指导员庄严说出“我志愿加入中国共产党——”时，内心激情澎湃。14岁，毕竟还是少年，因此他与同时宣誓的几名伙伴一起，用实际行动开始接受党组织长达4年的考验，到18岁才转为中共正式党员。

宣过誓的谷文波，行事更加有了标杆，处处以一名共产党员的标准来要求自己。此后，他先后在曲阳县与行唐县做游击工作，他说，当时这些地方，一半是敌占区，一半是游击区。游击队战斗的对象主要是驻扎在乡政府的日军。

他记得，那时候村里基本都是两面政权，也即“双维持”。但明眼人都能看出来，态度与行动还是倾向八路军一边。

那时候，游击队的重要工作就是深入敌占区的村庄，一方面让老百姓知道，共产党、八路军就在身边，另一方面要不断开辟新的空间，扩大根据地力量，让村里的百姓都能积极加入支持抗日的阵营中。谷文波常常与战友们一道深入敌占区做工作。危险，也便时时跟在身边。

大约是1943年的一天，他与另一位同伴在一位当地人的带领下去往一个村庄。没想到的是，走到一处僻静的山间，迎面竟然过来 4 个日本兵。

那是一个秋天，身边都是茂密的庄稼。可是，他们清晰地在小路上相遇了。

几个日本兵本是在炮楼上值勤的。“不知道他们怎么就下来了？”谷文波至今都难以理解。他们深知敌占区危险，因此事先都是周密计划好的。而这个时间，日本兵明明该是在炮楼上的呀。

狭路相逢，敌众我寡，敌强我弱。那一刻，两边都被这突如其来的意外惊呆了，一时都没回过神来。而这时，带路的老乡却害怕了，拔腿就跑。日本兵立时反应过来，举起枪。

“叭——”一声过后，老乡倒下。几个日本兵或许是好奇这几位是什么人，也或许想看看倒下的这个人到底有没有死，总之他们竟然同时走向倒下的老乡。

谷文波与同伴也立即反应过来，拔腿飞速跑进高高的庄稼地，顺着水沟一路狂奔。待身后的日本兵反应过来时，庄稼地里已经难以看到人。然而，谷文波与同伴还是不敢有一丝放松，上气不接下气，一路跑上一座山。

另一次，是夜间去往一个村庄。路上要经过日本人设在山上的炮楼。但他们知道，炮楼高高在山上，只要利用好夜色，从山脚下悄悄过去不是问题。这一次，没有人带路，只有 3 个游击干部相伴。但让他们没想到的是，竟然有几个日本兵埋伏在山下他们经过的路上。

又是一次狭路相逢，又是让彼此都没想到的意外。

这一次，谷文波与战友没有犹豫，迅速回头，跑进夜色，绕着山脚，狂跑。

日本兵，只在后面无序地放了几枪，并没有追。谷文波分析，夜色中，对方不清楚这边是什么情况，不敢轻举妄动。

谷文波从少年战斗到青年，从抗日战争战斗到解放战争，从河北战斗到山西。

1944 年，毛主席号召从山区延伸，扩大解放区，谷文波受命到了山西雁北。第二年，日本投降。“但蒋介石不仅不让八路军接管，反而转身要消灭我们。”谷文波愤愤地说，在这里，他任大同县区武装工作队书记（相当于政委），活动地点主要在浑源、应县、怀仁、大同等地，环境极其恶劣，不仅仅因为气候，还因为“城内全部是傅作义的部队”。

当时，他们区小队十几人的队伍，仅有三两支枪。谷文波有一支驳壳枪，可装8颗子弹。当时，大同一带傅作义的部队驻扎在各个城内，游击队驻扎在农村。

“他们的部队像土匪一样，占领着应县到怀仁县。”谷文波清楚地记得，一天他与另两人准备从怀仁县下湿庄到安大庄村。两个村庄离得并不远，相距仅仅 8 里地。没想到的是，路上竟然遇到傅作义的马队。

“6 匹。”谷文波说，“嗷——抓活的——”，他们边叫，边往这边来。当时，只谷文波一人带着手枪，于是朝着马队打了一枪，嘱咐两位，3 人分头跑。

拿枪的谷文波成了核心，马队放弃另外两位队员，只朝着谷文波追来。马队走不了田地小道，却一路紧紧追着他。或许是因为对方强调要抓活的，所以只是缓缓跟着，不让谷文波离开视线。“如果开枪，我肯定死了。”谷文波拼尽全力，跑啊跑，一气跑到安大庄村，跑进一户人家，冲上房顶，钻进一堆谷秆中。

跑得精疲力竭，想大口呼吸，却不敢。

马蹄声声，传进院中，传上房顶。6 匹马紧随而来。但让他意外的，却只是停留在村外观望，并没有进村搜查。“与几年前夜里遇到日本兵一样，他们或许也搞不清村里什么情况，有没有我们的人，不敢贸然进入。”

马队不情愿地离开了，谷文波却还不敢出来。直到天全黑下来，直到村中老乡们都吃过晚饭，要进入梦乡时，终于有老乡忍不住冲他喊：“下来吧，敌人进怀仁城了。”

幸运的是，他很快与另两位队友会了面，夜色中渡过桑干河，消失在大山深处。

安大庄村，成了谷文波救命之地。中华人民共和国成立后，他还专门去过一次村里，去到那个院子，站在那个房顶上，长久望他躺过几个小时的地方。

接管太原的军代表

1947 年，谷文波离开雁北，进入阜平参加“土改”，第二年，又回到山西。

当时，全国相继解放。山西晋中战役也取得胜利，我军准备乘势于 1948 年 10 月中旬发起太原战役。

谷文波受晋察冀边区之命，成为接管太原的一名军代表。11 月 16 日，已经进驻榆次的他们却接到“缓攻太原”的电令。这样的决定，一是因为当时固守山西的晋绥军较顽固，二来也是为避免因攻下太原使北平、天津之敌感到孤立而逃跑。

围而不打，解放军 10 万攻城部队转入围城休整。

太原城内，阎锡山囤积了大量的物资。城内，他更拥有生产能力强大的兵工厂。抗战胜利后，太原兵工厂恢复生产，到 1949 年已达到年产山炮 20 门、迫击炮上千门、冲锋枪和轻重机枪上千挺，手榴弹更是 1 天就能生产几万枚。

这期间，太原守军为破坏解放军的战役准备，抢粮抓丁，以 7 个师的兵力沿汾河以东、同蒲铁路（大同—风陵渡）以西向南出击。彼时，第一兵团前委决心抓住守军脱离防御阵地的有利战机，提前发起太原战役，求得在野战中歼其有生力量。自 10 月 5 日拂晓起，第 7、8、13、15 纵队先行作战，经过 11 天激战歼国民党军 2 个师、3 个团又 7 个营，共毙伤俘 1.2 万余人，迫近并部分突破太原守军南北第一道防线。

10 月 19 日，又相继攻占黑驼、大窑头、牛驼寨等筑垒阵地，歼守军一部；11 月 13 日，攻占牛驼寨及东山等太原城外围重地。虽然歼灭守军 2.2 万余人，争取了守军第 8 总队起义，但由于我军炮火不如对手，第 13 纵队向东山发起的三次进攻均以失败告终。

当时，晋绥军在太原城外围构建了 4 个守备区，周围设置了 5000 多个碉堡以及暗堡，大堡套着小堡，异常坚固，而且城外还有环城铁路，用装甲列车加强了机动防御力量，以致我军首次总攻损失惨重。

而彼时，徐向前肋膜炎发作，只能躺在担架上指挥作战。

关键时刻，彭德怀在平津战役后率军出现。四野也派来炮兵第 1 师前来支援。

彭老总与四野炮兵老牌劲旅从天而降，给危难中的解放军大军注入生机和活力，进攻火炮总数达到我军攻坚战历史上前所未有的 1300 门，攻城部队也达到32万人。

1949年3月下旬，炮兵第1师小试牛刀，集中105毫米榴弹炮等重炮在太原东大门、双塔寺一线，向敌军炮兵阵地开火，敌双塔寺炮兵阵地被重创；4月20日，炮兵第1师集中包括美式105毫米榴弹炮在内的300多门大炮，向太原城猛烈开火，守军的装甲车很快被摧毁；4月24日凌晨五点半，炮兵师同时开火，太原城防线被彻底摧毁。

“而当时，彭德怀签署的作战命令上，只有徐向前的名字。打开太原城后，彭老总就带炮兵走了，解放大西北去了。”作为军代表之一的谷文波，在外围亲历了那场极其艰苦的战役，“城门打开了，守军却还不投降，与解放军展开激烈的巷战，一直打开督军府才罢休。”

不仅城外工事坚固，城内也固若金汤。曾有美国记者描述：“任何人到了太原，都会为数不清的碉堡而吃惊，高的、低的，方的、圆的，三角形的，甚至藏在地下的，构成了不可思议的密集火网。”

战斗尽管激烈，敌人毕竟大势已去。艰难的激战后，红旗高高飘扬在太原城上空。

而早在围城时的1948年10月15日，华北局就做出《关于接管太原的决定》，对解放后的太原提出了保护和建设的方针。《决定》指出，在太原解放后，设立军事管制委员会，暂时实行军事管制。在军管期内，军管会为太原最高权力机关，凡入城部队、党政军民机关、警备部队及各接管组织均须接受其统一领导与指挥，凡太原市民都要遵守军管会的命令，并服从其管制。

10月20日，太原市军事管制委员会在榆次成立并开始秘密办公。《决定》提出军管时期入城部队及地方党、政、军、民工作人员须遵守的16项规定：军管会在一定时期内，宣布戒严；凡准备入城的党、政、军、财经、教育、群团工作人员，事先都应接受城市政策的基本教育；对公有的工厂、商店、仓库、铁路、矿井、学校、营房、图书馆、博物馆、报馆、文庙、陈列馆、医院、电灯、电话、自来水、名胜古迹及一切公共建筑物，以及原阎伪各机关的机器、资财、图书、仪器、文件、表册、卷宗、家具、建筑、设备等，须指定部队看守严防破坏；敌产接管工作，由军管会统一领导；一切接管的企业组织原有人员除破坏分子必须逮捕处分外，一律留用，并责令其负责切实保护该企业的正常秩序及财产完整，清理资产，并在可能与必要条件下尽快复工；一切公私学校、教育机关均应维持现状，并使其进行工作等。

“军事管制委员会由徐向前为主任，黄敬为第一副主任，胡耀邦为第二副主任，成员有徐向前、黄敬、胡耀邦、周士第、罗贵波、赖若愚、裴丽生、肖文玖。”谷文波回忆，“当时军事接管组包括军队接管组、文教接管组、政府接管组。”

谷文波所在的是文教接管组，他任副组长，接管“太中”，当时叫太原中学（今天的太原五中）。谷文波说，地址当时在上马街原女子师范校址（今太原七中校址）。他记得，当时太原市中学不多，除了太中，还有成成中学、

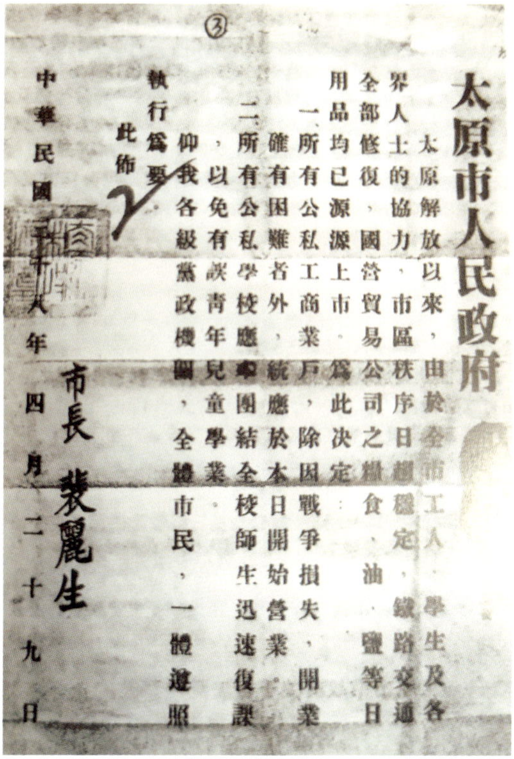

太原市人民政府

太原解放以來，由於全市工人、學生及各界人士的協力，市區秩序日趨穩定，鐵路交通全部修復，國營貿易公司之糧食、油、鹽等日用品均已源源上市。爲此決定：

一、所有公私工商業戶，除因戰爭損失，開業確有困難者外，統應於本日開始營業，

二、所有公私學校應即團結全校師生迅速復課，以免有誤青年兒童學業。

仰我各級黨政機關，全體市民，一體遵照執行爲要。

此佈

市長 裴麗生

中華民國三十八年四月二十九日

太原解放后，太原市人民政府于1949年4月29日张贴的布告

太原师范（侯家巷）、女子师范（师范街）。“当时的政策是原来的人一律不动，政府在哪个区还在哪个区，学校校长是谁还是谁，只让尽快开学，恢复秩序。之后便是召开各界人民代表会，包括资本家、文教界、商界等，宣传政策。”

当时走进太原，硝烟还在弥漫中。几条街失火，城市一片狼藉。但各军事接管组按照规定，很快恢复了城市秩序。

谷文波，也在这个城市驻扎下来，先后任太原团市委书记、市委宣传部副部长，后调任国家外贸部贸易促进委员会办公室主任、广交会政治处主任、政治部组织部部长、中国驻巴基斯坦参赞，后又回到山西，任太原市委副书记、市人大常委会主任等职。

河北人谷文波，离休后又回到太原，这个他生命中最重要的城市，成为他永久的居留地。

康宏安

1943年8月，16岁的康宏安在家人的支持下正式入伍，加入了晋绥八分区抗日地方部队，他被编在一支队，两年后，八分区一支队与古交、文水征集的新兵各一个大队组建了交文支队，他们的部队被老百姓称作“交文支队，打死不退”。

九月奇迹

王灵仙

深秋的枣树被秋风撸去了绿叶，满树的枣子在自然的风干中变成了深红色，像是挂了满树的“红玛瑙”。喜鹊也来凑热闹，在枝头叽叽喳喳飞来跳去。古交市（原交城县）邢家社乡中社村一座四合院里，扫院的、劈柴的、烧水的，满院子喜气盈盈。不一会儿，北房的西屋传出一声啼哭，康家的长孙降临了。这是 1927 年农历九月二十日。随后几天，不断有本家亲戚登门看望，亲戚们夸孩子长得清秀，问孩子叫什么名字。孩子的母亲安腊梅想起昨天就有人问了，脱口而出，“就叫‘九月’吧，亲戚们也好记。”大家都说叫“九月”好听，只有孩子父亲康兴顺觉着像是女孩儿的名字，可一时又想不出适合而满意的。这样，九月的名字就叫出去了。

中社村在古交的盘龙山脚下。山西省西部的吕梁山脉有不少名山，如芦芽山、云中山、关帝山等，盘龙山是吕梁山脉中段无数个没名气的小山中的一座。但是，在中社村人们的眼中，盘龙山就是靠山。中社村背靠盘龙山，面临虎爪山，两山对峙，中间是即将汇入汾河的大川河，这是他们祖祖辈辈繁衍生息的风水宝地。20 世纪初，这个远离城市喧嚣的小山村，村民们日出而作，日落而息，春种秋收冬藏，喂鸡鸭养猪羊，过着恬逸安宁的生活。康家的四合院在村子中部。中国北方的院子一般都是坐北朝南，以北为正。而中社村西靠盘龙山，东临大川河，依山傍水，他们以西为正，所以，康家的四合院中，一排三间西房稍高于东房、南房和北房。街门是出檐的砖拱门，出檐下横排三个正方形木框，木框内三个端庄的木雕楷书：福、瑞、祥。门框左右的地基上，是两块石墩，石墩正面有正方形石雕花纹，分别是石榴与牡丹图形，寓意吉祥如意。门外右侧墙壁上有两个拴马环，一个是石制品，一个是铁制品。这是一户殷实的人家。

九月衣食无忧，一天天长大，街门外一左一右两棵大枣树，是他爬上爬下的玩具。他个子不断增高，爬树也越来越高，九月属兔，他从小机灵，跑得快爬得高，邻居就叫他“野兔子”，因为家养的兔子爬不了树。

二

1936 年春天，院子里院子外枣树刚刚抽出小小的绿叶，九月喜欢枣树抽芽散发出的清香，总是趴在街门外枣树的最高处玩。这天一大早，他爬上树用弹弓打麻雀，并时不时地朝村东的大川河瞭望，刚刚解冻的大川河水波光粼粼，由南向北奔向汾河，他在想冰凉的河水里会不会有小鱼儿，打算着跳下树来叫上小伙伴去河里摸鱼。突然看到大川河岸边来了许多兵，五个、十个、二十个，数不清了。他赶紧回院叫出奶奶与妈妈来看，中社村地势高，康家的院子又盖在高处，向东望去，大川河岸的景物基本上能够看得清楚。奶奶与妈妈看到，穿着灰蓝衣服的部队浩浩荡荡地行进在大川河岸。九月看得摩拳擦掌，他说：“当兵好神气，我到跟前去看看。”“站住！不知那部队是好人坏人，你瞎跑个甚？”奶奶一把揪住了九月。“当兵有啥神气的？好铁不打钉，好人不当兵，没吃没喝的穷人家才去当兵。”奶奶一边说一边死死抓住九月不放。

第二天，有关红军来村里的消息在古交大川一带传开，据说有几千人，是共产党领导的队伍，对待老百姓亲如一家，他们刷写大幅标语，宣传革命，是保护老百姓的军队。下午四点后队伍就走了。

在此之前，阎锡山政府曾欺骗群众，编造反共歌谣迷惑人心。红军经过时，有的村民跑到外村躲藏起来，红军就对着山坡喊话：“老乡们，你们不要怕，我们是穷人的队伍，是抗日的队伍。”红军所到之处，纪律严明，秋毫无犯。他们到处张贴标语布告，“中国人民红军抗日先锋军布告：本军保护爱国运动，保护革命人民，保护农工利益，保护知识分子， 保护商业，本军主张停止一切内战，红军、白军联合起来一致抗日。”

红军东征，历时两个多月，在古交地区经过原平川、屯兰川、大川等地，播撒革命火种，在人民群众心中播下了希望。这一年，九月 9 岁，“红军”两个字驻在了他幼小的心灵里。事后，九月噘着嘴说：“都怪奶奶揪住我，不然，我一定能够穿越河滩，追上红军，摸摸红军身上背的真枪。”

1938 年 2 月，日伪军 500 多人由清源沿大川河岸进犯古交，在距离中社村 3 公里的李家社村刺死一村民后，接着屠杀村民 6 人，烧毁民房 120 多间，制造了骇人听闻的李家社惨案。日伪军丧尽天良、伤害无辜百姓，老百姓人心惶惶。九月心里也埋下了仇恨的种子，他问妈妈：“红军去哪里了，为什么不来打坏人？”妈妈安腊梅也算见过世面的人，她手持一把剪刀，东村请、西村接，为当地老百姓接生娃娃，中社村周边的薛家沟、虎爪山、想儿岭、西峪沟、李家社等山庄窝铺都留下了她的足迹。但乐施好善的妈妈也想不通日伪军为什么要残杀老百姓，她在周边村庄听人们议论，也是在打听红军和共产党的消息。她告诉九月：“也许红军没有走远，就在山里，说不定什么时候就领着部队来打鬼子了。”九月高兴了：“红军再来了，我跟他们一起打坏人去！”

1940 年，日军侵占古交一带，在大川河草庄头扎下了据点，修筑了碉堡。日本侵略军搜罗了一批汉奸组织起“维持会”，由地主等封建势力把持着，大川十几个村都是敌占区。

草庄头据点的敌人强行在各村建立“维持会”和“伪政权”，给 15 岁以上的中国居民颁发“良民证”，推行“连环保”治罪的反共政策。交城县武装大队政委华国锋和三区区委书记李立功，带领大川和原平川人民群众同日军进行了不屈不挠的斗争。在邢家社建立了我党在大川的第一个秘密联络站，在草庄头地区组建了对敌斗争武工队，所有的党、政、军、民干部都是武工队的成员。大川人民革命热情高涨，秘密党、群、民兵等组织逐步形成。九月加入了儿童团，他学会了抗日政府编的歌曲：

一圈圈的人，作为老乡亲，

我们都是中国人，
为什么不打鬼子要打中国人，
日本鬼子杀害了你们的父老乡亲，
奸污了你们的姐妹，你们不心痛？
问问你们的心……

九月的父亲康兴顺拒绝在“维持会”任职，跑到陕西做买卖。过年前夕，九月缠着刚刚从陕西回家的父亲帮他制作红缨枪、木刀等武器。父亲平时跑外，回家时间并不多。见儿子逐渐长大了，骨子里充满了男儿气概，满心欢喜。康兴顺对妻子说：“儿子大了，应该有个正儿八经的名字了。”妻子说：“他爹，俺听你的，你这次回来，就给孩儿定下名字再走。”康兴顺背着手在屋子里踱来踱去，九月是康家长孙，他的名字关乎康家以后的辈分字，康兴顺又找父亲商量，最后定下四个字“安邦治国”。“老大就取‘安’字了，康宏安！以后出生的孩子依此类推吧。”九月有了大名，他用枣树枝不停地在地上学着写“康宏安”三个字，高兴地在院子里唱起战歌：“游击队呀么嗬嗨，打敌人呀么嗬嗨，保家乡呀么嗬嗨……”

春节过后，父亲仍然外出做买卖。长了一岁的九月一直嚷着要去当兵打鬼子，奶奶说：“你年纪太小，长得又瘦小，不用等鬼子来了，一阵风就能把你刮跑。再说了，家里又不是穷得揭不开锅，当兵为的是讨口饭吃。”九月的妈妈不同意婆婆的说法，但也舍不得让九月现在就去当兵。后来，九月参加了民兵，他问奶奶：“我当民兵也是兵，你不是说好人不当兵吗？”奶奶笑着说：“奶奶不舍得让你离开家才那么说的，红军、八路军、游击队都是好人！坏人是‘二战区的顽固兵’。”这下九月心里踏实了。可是，自己什么时候才能当上真正的兵呢？

1943 年春，大川和原平川人民群众拒绝维持、抗战到底，惹怒了日本鬼子。心狠手辣的敌人在南头村施放了伤寒细菌，村里被感染了 200 人，死亡 60 余人。紧急关头，华国锋、李立功不顾个人安危，积极向当地部队医院求救，与村医一道上山采药，救了许多人的性命。华政委与李书记竭尽全力保护老百姓的事迹传遍每一个山村，在如此氛围中，涌现出了父母送子上战场、兄弟姊妹上前线、夫妻并肩打东洋的感人场面。1943 年 8 月，16 岁的康宏安在家人的支持下正式入伍，加入了晋绥八分区抗日地方部队，他们的部队被老百姓称作“交文支队，打死不退”。

二

第一次换上土黄色的军装，军装在他身上显得肥大，他就把腰带束得紧紧的，人虽瘦小，仍然精神。战友问他：“穿上新衣服，比你在家里强吧？”他想起了奶奶说过“穷人没饭吃才当兵”的话，双眼瞪着对方说：“俺不是来混饭吃的，俺是要杀鬼子，立战功的。”是啊，他父亲在外跑买卖，他与弟弟康宏邦过年时也能穿上新衣服，他母亲是方圆几里的义务接生婆，憨厚的山乡人为了感谢接生婆的不辞劳苦，东村送来花馍，西村送来菜肴，长年不断，所以九月从小就有口福。他接着补了一句：“俺家里也有饭吃！”

康宏安一心想着杀鬼子，为无辜的乡亲报仇。这一天，终于接到战斗任务，他兴奋得摩拳擦掌。但是，刚入伍一个多月的他，没有任何经验，兴奋地缠着班长问这问那，班长说：“枪林弹雨中丝毫不能犹豫，只能猛劲儿跑，往前冲。”他使劲儿点点头：“班长！俺记住了！”

1942年冬季
敌两次扫荡八分区
敌情报告

1942 年冬季，日军两次“扫荡”八分区敌情报告（解放军档案馆馆藏）

这次任务是拔掉草庄头日军据点。此据点位于古交大川、御道川通往清徐的三岔路口。此处驻着日军一个小队，伪军一个中队，伪区公所、合作社和维持会等机构，共 100 余人，伪军及其他机构全部住在草庄头村内，日军驻在村西北依山而建的碉堡内。日军的碉堡森严壁垒，以我军之装备条件，不可强攻，决定智取。晋绥八分区领导做了周密的安排部署，前期侦察，制定计划，并进行了战前动员和演习。

9月18日，八分区二支队支队长吕怀忠带领两个连的兵力实施行动计划。康宏安被编在主攻部队突击队。行动前，发动群众做通草庄头村外号“二讨吃”的伪军班长的工作，让他做内应，再做通被迫在碉堡内给日军做饭的王贵生的工作。傍晚，夕阳在山间徘徊，渐渐日落西山，草庄头村异常安静。群众严密封锁消息，掩护部队集结。夜幕降临，部队包围了草庄头村，“二讨吃”带领一个伪军班起义投诚，我部队迅速解除了村中伪军和伪办事机构等碉堡的外围组织。夜里，突击部队悄悄地逼近了碉堡的后门，在这里隐蔽下来。半夜时分，突击队闪电般跨过吊桥，从地坑道进入堡院内，此时，院内各屋内传出了鼾声。突击队长一个“打”字刚出口，战斗打响，房上房下同时开火，康宏安与战友冲进东房，大部分敌人在梦乡中丧命。康宏安转身出门时，看见从西屋跑出一名日本兵，用被子裹着身体，拼命地朝门外跑去。他紧追其后：“站住！缴枪不杀，再跑就打死你！”日本兵冲出铁丝网，直接跳下门外深沟，康宏安也冲出铁丝网，向下探视，沟有几丈深，看不见人影。他一跺脚欲纵身跳下去搏斗，被赶来的班长一把抓住：“别动，鬼子差不多摔死了。”后来，据当地老乡说，这个日军还是逃跑了。康宏安知道后气得直跺脚，后悔自己没有跳下去与敌人搏斗。

参军后第一次参加这么大的战斗，短时间内消灭敌人，炸毁碉堡，拔除了盘踞此地达四年的日军据点，康宏安兴奋地跳了起来。然而，他与战友们高兴地收拾战利品时，脸上的微笑突然凝固了，他抱着一位牺牲的战友泪流满面，这是两年前在刘庄战场不让他摸望远镜的大个子班长啊！两年前的秋天，康宏安在安家庄姥姥家，离安家庄仅仅几里地的刘庄方向突然传来密集的枪炮声，他爬上姥姥家的枣树，什么也看不到，只能听到枪声，后来枪声逐渐稀疏了，他跳下枣树，向刘庄方向奔跑。等他跑到刘庄时，战士们正在收拾战场。他兴奋地摸摸步枪，再摸摸掷弹筒，又缠着大个子班长要看望远镜，班长用手指头

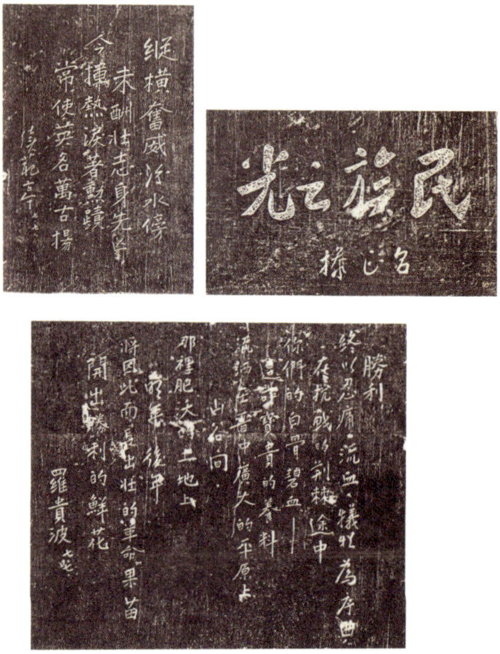

续范亭、吕正操、罗贵波为晋绥八分区抗日烈士纪念碑题词

弹着他的脑袋说：“小鬼，不可乱动。”他攥着拳头仰视着班长，不服气地说：“我不是小鬼，我14岁了，我是民兵！我要跟你们一起打鬼子！”班长摸摸他的脑袋：“我们忙着呢，以后再说！”刘庄伏击战，我决死三大队五团，与从古交镇前往草庄头的敌人激战两个多小时，80多人的敌军，被我军毙伤40多人，还缴获了不少战利品。但康宏安万万没想到，与大个子班长以这样的方式见面。康宏安攥紧了拳头，暗暗发誓：一定多杀鬼子，为班长报仇。

这次拔除草庄头日军据点战斗，我军牺牲班长1名，负伤排长、班长3名。歼毙日军23人，缴获步枪30余支，无线电台1架，迫击炮1门，各种子弹3000余发。据点周围20平方千米的50多个自然村解放，受到晋绥军区司令部的嘉奖。

三

晋绥八分区地委、专署机关驻扎在古交市屯兰川的关头村。八分区根据地周围驻扎日伪军6000余人。作为晋西北通往延安的交通要道，八分区在抗日战争时期担负着运送伤员、粮食、弹药、重要文件等艰巨任务，在险象环生的状况下，护送刘少奇、彭德怀、陈毅、刘伯承、邓小平、杨尚昆、陆定一、陈赓、等中央领导和七大代表以及其他干部3000多人安全到达延安，被党中央誉为“钢铁走廊”。

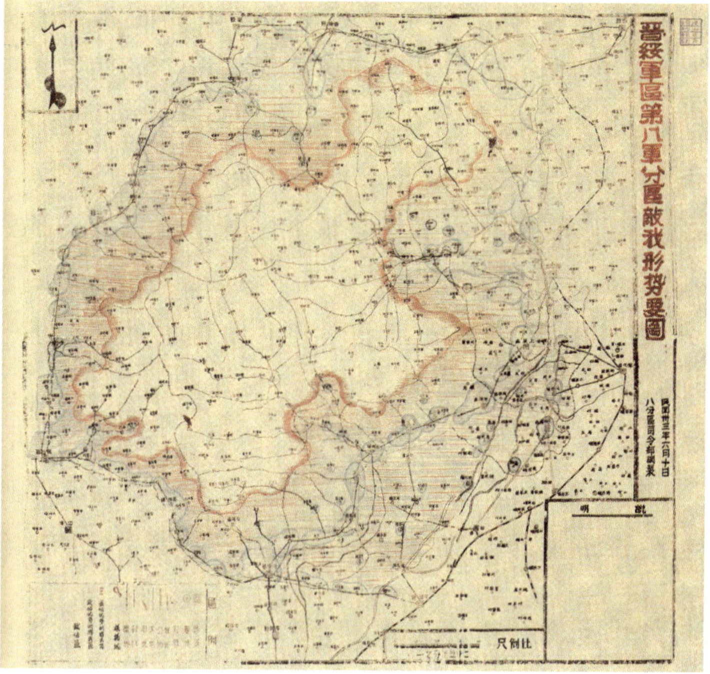

1944 年晋绥军区第八军分区敌我形势要图
（解放军档案馆馆藏）

康宏安身材瘦小，跑起来轻便如飞，经常主动请战送重要文件。刚开始，首长不放心，问他：“小鬼，你叫什么名字？”他答道：“康宏安。”首长没听清，叫他再说一遍，他提高嗓门说：“康九月！”首长笑了，他说：“首长，就叫我九月吧，好记！”首长拍拍他的脑袋：“九月同志，你有什么把握完成任务？”九月拍拍两条腿：“我比野兔子跑得快，我个子低，目标小，容易隐藏。”首长又笑了，伸手摸摸他的脑袋：“好一只野兔子！”

1944 年的冬天，九月怀揣一份重要文件出发，从大川的秘密联络站去屯兰川的八分区驻地。出发后不久，发现被人尾随，路过中社村，他佯装回家探亲，一进院子便警觉地关好大门，把枪藏在放玉米的洋灰箱子里，文件藏在贴身的内衣袋里，他做好了人在文件在、人遇险文件吞肚里的准备。刚刚藏好，耳边传来“啪”的一声枪响。他警觉地跑出院子，门口已经传来重重的砸门声。急中生智的九月一手抓住院中的枣树枝、一手抓住房顶边沿凸出的一块砖，猛吸一口气，窜上了南房顶，房顶放着一堆喂牲口的草垛子，他立马翻开草垛钻了进去。听到闯进院子的敌人嚷嚷着“哈其罗姑”（日语：八路军），原来是鬼子进村“扫荡”了。敌人在屋里屋外一阵乱翻，搞得公鸡飞上了屋顶，羊“咩咩”

叫个不停，家人都吓得不敢吭声。有一个鬼子从厕所石头墙爬上了房顶，用刺刀在草垛上刺了几刀，不见人影，下去了，鬼子在院子里抓了几只鸡就大摇大摆地走了。家里人都没有发现他藏在哪里。当他说出自己就藏在房顶草垛里时，爷爷奶奶吓出了一身冷汗，母亲急得问他刺刀捅伤哪了，他摸摸自己的脑袋，在啊，拍拍自己的胸脯，好着呢。他走后，邻村上下传出了康家的九月刀枪不入的传奇故事。

完成任务后，战友问他："九月你真的刀枪不入？"他说："草垛大，我身材小，躲闪要快、动静不能大。"他向战友使个鬼脸，说："苍天有眼，知道我怀揣宝贝文件，哪敢让我死。"战友笑着说："那叫肩负重任。"他又说："反正我是死里逃生，捡来一条命，今后为革命牺牲，死而无憾。"他更加坚定了抗战决心，在每次战役中冲锋在前英勇杀敌。

四

1945 年 8 月，日本投降后，驻文水城的敌人拒不投降。晋绥军区贺龙司令员下令坚决消灭文水之敌。贺龙司令员说："山西有支民歌，'交城山，交城水，不浇交城浇文水'，说明文水是晋中的一块宝地，又是太汾公路的要冲，我们攻克了文水城，就截断了太汾公路的交通，为晋中反攻打开门户。"他命令罗贵波率八分区支队，将文水城拿下来。

8 月 31 日晚，吕怀忠率八分区部队冒雨攻打文水城。康九月被编在孙继铮带领的突击队。吕团长亲临城西外的边沿阵地指挥作战，不幸被暗堡内敌枪弹击中腹部，壮烈牺牲，年仅 28 岁。吕怀忠是康九月眼里高大魁梧、威风凛凛、顶天立地的大英雄，吕梁山里到处都流传着吕怀忠领导洪赵支队打鬼子闹革命的故事，他亲眼看到吕团长拔除草庄头据点时显示的足智多谋和高超的军事指挥才能。九月入伍后，在吕团长领导的支队接受训练、听他讲课，吕团长还教战士们写字，康宏安写不好自己的名字时，索性就写康九月。吕团长说："学习急不得，九月好记，你就先写好九月再说。"后来，战友们就都叫他九月了。

他的军装衣领反面写姓名处，也是写着康九月。如今，他心目中的大英雄，突然被敌人打死，康九月才意识到战争的残酷，他抹一把眼泪摔地上，仇恨的烈火烧红了眼。他使出自己天不怕地不怕的蛮劲儿，与突击队尖刀班战友架云梯爬上城楼，在仅有 5 米宽的城楼上同敌人展开了激烈的战斗。敌人的轻重机枪像暴风雨似的呼啸扫来，打在城墙上。城墙上我两个连的 6 挺机枪，“哒哒哒”不停地直响，打退了敌人 20 多次反扑，冲上来的敌人一排排地倒在地上。天亮时分，八路军占领了文水城，歼灭敌人 600 余人。这次战斗结束后，康九月当了班长。

1946 年 6 月，蒋介石撕毁《停战协定》，向中原解放区进攻，集结待命的阎锡山组织日伪军向我吕梁解放区发动全面进攻。

1947 年初，白色恐怖笼罩文水，阎锡山实施“兵农合一”暴政，到处抢粮，抢骡马，抓壮丁修工事，大肆屠杀共产党人，施行法西斯暴政。阎军在文水云周西村大开杀戒，将石三槐、石六儿、石世辉、陈树荣、张年成等 6 位革命同志乱棍打昏，再用铡刀处死。年仅 15 岁的中共候补党员刘胡兰，在敌人的铡刀下英勇就义。

交文支队奉命到文水配合晋绥军区二旅和五旅战斗，部队奔赴烈士牺牲地缅怀英雄，义愤填膺地开赴杀敌前线，开展袭击阎军据点的游击战。

康九月随部队连夜急行军，从交城山上的西社下山，经文水开栅到西庄村 80 里，战士们背着枪和子弹、挎着手榴弹，一路小跑，又困又累，不敢停顿片刻，康九月从来是跑在最前面，他说：“跑慢了就会打瞌睡。”

阎军 72 师 2000 余人在文水疯狂抢劫群众财物，奸淫妇女。敌人把平时抢来的粮食存放在文水县城东 9 公里处的西庄据点，这个据点在西庄村北面，占地 5 亩，1946 年底，阎军占据了这个日军丢下的炮楼。为了打击敌人的嚣张气焰，我军决定消灭这个据点。

西庄据点的炮楼四五米高，内有楼梯，四周有枪眼，可以瞭望可以射击，楼顶有人值守，居高临下，易守难攻。炮楼有入口与出口，分别有人把守，炮楼内能容纳 40 余人。距炮楼不远处是一座阎军驻守的高墙大院。

部队司令部制定了详细的作战计划，夜幕降临，战士们严阵以待，几名战士先悄悄摸到敌哨兵背后，突然上前撂倒两个哨兵，大院大门朝里关着，进不去，康宏安以迅雷不及掩耳之势，噌噌噌爬上 3 米多高的院墙，纵身跳进院内，火速打开四合院的大门，他一声口哨，战友们高喊着杀声冲进大院，枪声炮声混杂在一起响彻院子，西南角的房间里有几个家伙正在打麻将，我军突然出现，他们莫名其妙地都站了起来，有的往口袋里装钱，有的拿起枪反抗，有一个敌人冲出门就往旁边的厕所里钻，试图越墙逃跑，康宏安追到厕所一枪撂倒了他。

不远处，攻打炮楼的战斗同时展开，战斗异常激烈，敌人的子弹"嗖嗖嗖"从战士们耳边飞过，历时半个小时的激烈战斗，炮楼被炸毁，敌军死伤殆尽，缴获许多粮食、马匹、武器等。我军牺牲了 8 名战士。

康九月在这次战斗中作战勇敢，机智灵敏，特别是把敌人的院子大门打开，配合队伍进攻院子，对夺取这场战斗的胜利意义重大。战友们兴奋地将他抬起来抛向空中，他在空中手舞足蹈。康九月真有天不怕、地不怕的"蛮劲儿"，战友们都说："他太机灵了，九月创造奇迹，不奇怪。"这次战斗他立了二等功。

战争是艰苦的，更是残酷的。1947 年春天，在文水县北白庄战斗中康宏安负伤了，子弹擦过他的左小腿打到右脚掌，左小腿流着鲜血，右脚掌留着弹片。3 个战友按着康宏安，硬生生掰开脚趾头，把弹片拽了出来。没有麻药，康宏安疼得咬破了嘴唇。

这下，被称作"比野兔子跑得快"的康宏安脚不能跑路了，部队安排他养伤，他哪能答应，他说："你们走了，留下我养伤，我用不了三两天就好了，找不到部队，我怎么去打敌人？"部队领导见他执意不肯留下来，反复做工作，将他送至古交（属交城六区）附近的土地沟养伤。他就地在古交土地沟村参加"土地改革"，在村里积极组织农民种粮交粮，为解放太原做物资战略储备。

中华人民共和国成立后，康九月解甲归田，他收起军功章，背起小药箱，在家乡自学中医、针灸；在乡村医生（赤脚医生）的岗位上奋斗了 30 多年。无论酷暑严冬，不管白天黑夜，只要有乡民需要，他便背起药箱，匆忙赶去，方圆几十个村庄，都留下了他的汗水与足迹。村民们都知道康九月是"赤脚医

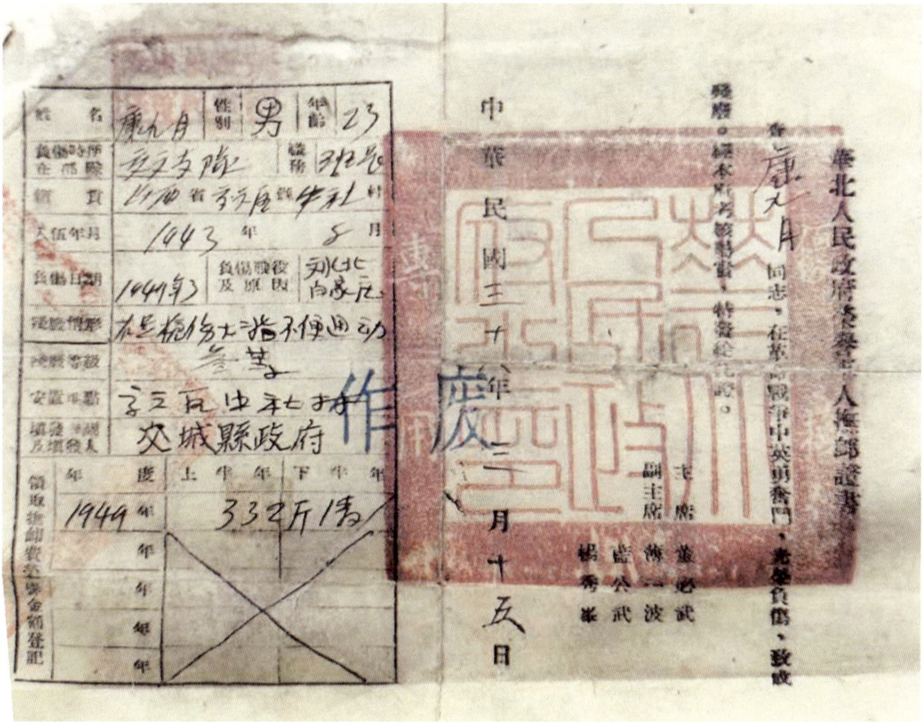

华北人民政府授予康宏安的荣誉军人抚恤证书

生”，没有人知道他当过兵、打过仗，流过血、负过伤、立过功。

如今，94 岁高龄的康九月老人已经口齿不清，许多事情记不起来。能证明他身份的，只有家里存放着的一张像文物一样发黄的、字迹模糊的证书，是由董必武、薄一波、蓝公武、杨秀峰落款签发的“华北人民政府荣誉军人抚恤证书”，证书内容：“康九月，交文支队班长，查康九月同志在革命战争中英勇奋斗，光荣负伤，致成残废，经本府考核属实，特发给此证。”

历史的硝烟散去不远，像康九月一样在国家危难时刻挺身而出、不怕流血牺牲的无名英雄成千上万。生活在和平年代、沐浴着党的春风雨露的新一代人，应当永远铭记这些为中国革命抛头颅洒热血、前仆后继、英勇奋斗的英雄们，培养爱国热情，弘扬伟大的民族精神，众志成城、共克时艰，完成好我们这一代人的历史使命，在实现中华民族伟大复兴的中国梦征途上砥砺奋进。

宋福才

宋福才孤身进匪窝，活捉“四大天王”的事迹很快不胫而走，豫陕鄂后方副司令孙定国得知后十分赞赏宋福才的勇敢、胆识和智慧，提出给其记大功一次。豫陕鄂军区也授予宋福才“独胆英雄”的光荣称号。

“独胆英雄”宋福才

王宏伟

“来了？快进屋，快进屋！”听到敲门声，宋福才老人用他洪钟大吕般的招呼，十分热情地将我们迎进客厅。我在诗词学会副秘书长胡永鹏引导下，前来拜访宋老，同行的还有摄影家协会副主席李锋。说明来意，宋老愉快地接受了采访。

宋福才，1928 年 6 月出生在沁水县上海则村一户普通农民家庭，1944 年 7 月参加八路军，1948 年 5 月加入中国共产党。先后荣获中央军委颁发的解放勋章、中国人民抗日战争暨世界反法西斯战争胜利 60 周年纪念章、中国人民抗日战争暨世界反法西斯战争胜利 70 周年纪念章等各类荣誉奖章 28 枚。

一炮打出去，一打一大片

宋福才在家排行老三，也许是秉承了父亲习武弄拳的基因，高大魁梧的宋福才从小便练就了过硬的身板、良好的体质。童年时的宋福才被村上人封了个“孩子王”，当年，村里的孩子无论比他小还是比他大，都愿意跟着他一起玩儿，什么“占山头”“碰拐拐”“冰上拔河”等诸如此类，凡是属于孩子娱乐嬉戏的玩法，大都是他得心应手的强项，孩子们谁也不服就服他。

“桃花开，杏花开，哥哥弟弟上学来……”宋福才的父亲是位有远见的乡下人，他知道孩子年已 7 岁，该送他上学识字了。然而，那时的中国积贫积弱、任人宰割、山河破碎、民不聊生。1840 年以来，西方列强纷纷侵略中国，日本侵略者也不甘人后，甲午战争后，又将铁蹄踏进中国东北，很快又剑指华北。1938 年日本侵略者进入沁水县。共产党领导的抗日武装力量，国民党的中央军也随之而来，战争阴云弥漫在宋福才的家乡。

沁水百姓清苦却一度安宁的生活很快因战乱而中断，上学是不能正常继续下去了，看着大人们忙碌地组建各种抗日机构，工救会、农救会、青救会、妇救会，在大人帮助下孩子们也组成了儿童团。人民群众在中国共产党的领导下组织动员起来了，时刻准备同侵略者展开殊死较量。就在这一年，村里最有威信的“孩子王”宋福才被选为儿童团团长。宋福才和他的小伙伴自然都是儿童团的成员，上级给他们指派的主要任务就是站岗、放哨、送信、查路条。因为，孩子们也知道，“除了要消灭可恨的日本鬼子，更要打击残害同胞的汉奸！”他们还从先生那里学会了许多有关儿童团的歌谣，其中有一首这样写道：“红缨枪，红缨枪，枪缨红似火，枪头放光芒。大路旁，小路上，放哨又站岗，为把汉奸防。大院墙，小团长，登台把话讲，演戏又歌唱。”

一天，宋福才正在负责站岗。忽然，看见远方走来一位陌生人，那人赶着毛驴大摇大摆就要进村。“站住，干什么的？有路条吗？”宋福才大吼一声。来人不仅拿不出路条，还支支吾吾说不清来历，稍后又花言巧语想着蒙混过关。看来这人不像什么好人，警惕而又机智的宋福才示意儿童团员们将其团团围住，并且派人回村里向村干部报告情况，很快来人被自卫队押进村里处置……

俗话说，福无双至，祸不单行，饱受侵略者烧杀抢掠之苦，沁水一带偏又遇上天旱、蝗灾、瘟疫，人民群众那可真是苦不堪言。放弃学业后的宋福才背井离乡远赴临汾做学徒。他被介绍到一所木厂做工，没想到木活儿干得不少，待遇却很差，每天起得比鸡要早，睡得比狗还晚，干得比驴都多。对于年轻力壮的宋福才来说，苦活儿、脏活儿、累活儿都不算苦，最可气的是病了也得不到休息一会儿的时间。曾有一次宋福才干完活儿累得口吐鲜血，不仅不让休息，竟遭到老板的嫌弃打骂。这些个吃人的老板为防止学徒工逃走，宁是不给办理“良民证”。也正是没有这倒霉的“良民证”，一出门便落入日本鬼子的虎口。带路盘查的汉奸对日本小队长说：“他没有‘良民证’，八成不是‘良民’。”

眼冒凶光的日本小队长看着宋福才奸笑几声后，用洋刀直指宋福才胸膛，将宋福才暴打一顿，还放出鬼子的狼狗扑身撕咬，宋福才被折磨得遍体鳞伤、鲜血淋淋。他被带到了鬼子的厂房做起了苦力，他目睹了日本侵略者到处抓人抢东西，任意屠戮我同胞，残暴奸杀我姐妹……受尽了鬼子和汉奸的毒打，这还不算，忽又得到一个坏消息，鬼子要把他们这些苦力押送到殖民地下煤窑。为此，还有人编了一段顺口溜："逃跑先锯脚，再跑就砍头。电刑天天有，鞭子时时抽。想要活命难，一去无回头。"记得上路的那天夜里，天色漆黑幽暗，这些苦力将被押往令人恐怖的殖民地。夜深得让人害怕，静得令人恐怖，此时，宋福才的耳边隐隐约约听到有人说话，似乎有个微弱的声音提醒："孩子，快跑吧，逃一个算一个。"人们这才想到与其前去送死，不如赶紧逃跑，摆脱鬼子才有活路。宋福才同许多苦命人一样迅速行动，翻墙而过，死里逃生。

结束颠沛流离的生活回到家乡，宋福才日夜盼望的亲人八路军进驻了上海则村。上海则村成了八路军的根据地，八路军一面动员群众投身抗战，一面带领群众生产自救，可谓一手拿枪，一手拿锄，边打仗，边生产。村里建起了抗日民兵组织，15 岁的宋福才被推选为民兵队长。

"我们打鬼子的武器，开始用的是木棒、红缨枪、大刀、弹弓，最具火力的是土枪。"后来，县武装部还向村上发放了土制手榴弹，两支老套筒步枪和十来发子弹。武器不够，民兵自己动手制造了许多土枪、土炮和石雷。有过学徒经验的宋福才，还教给大伙儿制作榆木炮。他找来坚硬的榆树桩，从中间锯成两半，把树心挖空，里面装上火药，拌有玻璃碴、铁砂和石子，后面装上火药引线引捻，之后把两块榆树桩合起来用铁丝捆紧，便制成了树桩火炮。"这家伙还真是厉害，一炮打出去，一打一大片。受伤的鬼子浑身斑斑点点，都是被玻璃碴、铁砂和石子炸出的伤口，不好治疗。我们造的土炮具有很大杀伤力。"宋福才自豪地说。

民兵自制的石雷威力也很大，最令敌人头疼的是，石雷埋进土里，敌人的探雷器根本探不出来。当然，他们还积累了许多埋雷的成功经验，有踏雷、拉雷、滚雷、挂雷、水雷等，真雷假雷一起埋，真真假假，假假真真，把鬼子搞得晕

太行民兵造地雷打击日军（顾棣收藏）

头转向而后趁机消灭。有时为了激怒鬼子，在石雷旁边竖一牌子，牌子上面画了两个人，一人是中国人高大健硕，正面形象，另一人是日本鬼子矮小猥琐，自然是反面形象。宋老说，鬼子一看见这幅画便十分恼怒，用指挥刀一捅就炸，炸得鬼子腿上树、肉贴墙，鬼哭狼嚎，血肉横飞。还有一种连环雷，也是威力无穷，是将雷管、引线、石雷巧妙铺设掩埋，适用于打击成群结队蜂拥而至的敌人。宋福才提高嗓门说，连环雷接二连三地爆炸，炸得鬼子人仰马翻，防不胜防。这叫“地枪带雷雷带弹，一打敌人一大片”。

肩扛小马枪，奋勇上战场

1944年，处于强弩之末的日本军国主义者，展开了最后的疯狂、垂死的挣扎，惨无人道的侵略者对太行山解放区实行残酷的“三光政策”，见民房就烧，见中国百姓就杀，见东西就抢。而解放区人民也在党的领导下，团结全国各族人民，组织各种抗日力量向侵略者猛烈开火，使日本侵略者陷入人民战争的汪洋大海。在解放区到处呈现了“母亲叫儿打东洋，妻子送郎上战场”的人民群众自觉自愿参军参战的热潮。在宋福才的家乡也传唱着一首歌谣：“好铁要打钉，好男要当兵。吃菜要吃白菜心，当兵要当八路军。”解放区参军参战的气氛空前高涨。

同所有热血青年一样，有过儿童团长、民兵队长经历的宋福才，怀抱杀敌报国之志，在村里第一个报名参加了八路军。因为之前大哥参军早就不知去向，再一个儿子也要走，眼含泪花、满脸不舍的母亲喃喃而语：“咱家有一个人参军还不行呀？你哥参军上前线至今还没音信。如今你又要走，妈这颗心还不拽扯成几瓣儿了！”“妈，你儿是民兵队长，应该带头参军打鬼子。等仗打完了就回来孝敬你。”“他妈呀，你就让三儿去吧。老三命大福大，那年在临汾时，面对日本鬼子的枪口刺刀下威胁不也好好地回来了？战场上的枪子儿打不到他身上。”父亲的话算是对母亲的宽心与安抚，也是对自己的支持和鼓励。

从此，宋福才跑遍十几个村庄，在他的带领和动员下，先后有 48 名进步青年参加了八路军。因此，他也被上级组织任命为排长。临出发的前一天，宋福才同自己心仪已久的恋人道别。恋恋不舍的姑娘眼角红肿、声泪俱下，千叮咛万嘱咐，恨不得陪他上战场。姑娘除了要他保重身体，安全回来外，还要他勇立战功，为家乡父老争光彩。宋福才深受感动，当下起誓，不打败鬼子不回家，回家就娶她当新娘。海枯石烂心不变，但愿迎春双翼飞！

村民百姓扭秧歌、唱大戏、敲锣打鼓送新兵，给参军战士的家门挂上“抗属光荣”的牌匾，大街墙上“一人参军，全家光荣”的标语赫然在目。宋福才同 48 名青年，个个立下宏图志，人人胸戴大红花，受到成群结队的乡亲乡邻

沁水人民群众欢送子弟参军

的夹道欢送。他们在八路军老兵率领下，整队出发，奔赴前线。到了部队，不光是穿上新军装，还接受了党的政治思想教育和严格的军事业务训练，他还自学了毛泽东《论持久战》等光辉著作，学习八路军首长很有见地的讲话精神。闲暇时光，聆听了老八路、老英雄讲了许多打鬼子的感人故事。

军训的日子里，最难忘的是他们见到了太岳军区司令员陈赓和三分区司令员孙定国。首长们几次看望新来的战士，并手把手指导新兵开展军训，宋福才至今清楚地记得，那是一个寒冷的冬天，陈赓司令员脱下棉衣，为战士做着刺杀的示范动作，司令员动作那可是灵敏准确，力气颇大，身手非凡。陈赓告诉战士们：艺高人胆大。刺杀敌人要做到三分技术，七分气势。首先从气势上压倒敌人，其次才能最终消灭敌人。孙定国司令员教战士练习射击技术，司令员枪法精准，动作娴熟。孙定国对大家说：要想掌握高超的射击技术，就得做到稳、准、狠。平时多流汗，战时才能少流血。两位首长的言传身教，宋福才至今历历在目，铭刻在心。经过 3 个多月勤学苦练，宋福才和他的战友学到了一整套过硬的杀敌本领。此外，在部队举行的授枪仪式上，因为宋福才年龄最小，组织上分配给他一支在他看来十分漂亮的小马枪。穿上新军装，背上小马枪，不光神气十足，更是如虎添翼。接着全体新战士列队宣誓，宋福才记得，他们举起右臂，跟着连长一句一句宣誓：我们是共产党八路军，是人民的子弟兵。我们坚决服从命令，听从指挥，不怕流血，不怕牺牲！把日本鬼子赶出中国去……这誓言仿佛是一股暖流迅速传遍全身每一根血管、每一处神经，至今想起仍然热血沸腾，仍然豪情万丈。

1945 年的春天，宋福才所在的连队奉命阻击敌人，那是一个风和日丽的早晨，班长带领两个战士来到山口，边放流动哨边观察敌情。其余战士在山窝里，有的擦拭枪支，有的短暂休整，有的活捉虱子，大胡子战士李德义躺在地上抽着旱烟，自言自语道：“等有一天打败日本鬼子，我回家去买一头牛，种上二亩地，娶个媳妇儿，生个小孩儿，过一过‘二亩地，一头牛，老婆娃娃热炕头’的美满生活，该有多好。”此刻时间仿佛凝固，那样温情，那样安详。忽然，枪声四起，哨兵大喊：“鬼子上来了！”全连紧急集合，立即投入战斗。班长安排大家，首先抢先占领山头有利地形，火力封锁路口，紧跟猛烈出击，将鬼子压在山崖下。只见，日本鬼子、伪军足有二三百人之多，后面还有抢来的牲口。敌人因在狭窄山洼无法施展火力，只能顺山势迂回蠕动。我军两个排往南山坡调动，其余部队掩护群众转移。宋福才所在的排在一片树林里与敌人激战，打退敌人一次又一次冲锋，从清晨一直打到傍晚，敌人败退而逃。此次战役，日本鬼子死伤 30 多人，我军重伤 5 人，李德义等 7 位战士壮烈牺牲。此次战役我军缴获步枪 20 多支，许多子弹、手雷，还有背包、钢盔、罐头、饼干等物资，圆满完成掩护群众转移的任务。这是第一次与日本鬼子正面交锋，宋福才一面为胜利而自豪，一面为失去的战友而难过。

智斗日本骑兵，活捉“四大天王”

1945 年初夏，上级组织安排宋福才和赵增华班长、李德顺副班长三人，身着便装，前去敌占区侦察敌情。回来时路过高平县王报村，突然发现有新情况，在前方的公路上，一队日本鬼子的骑兵携裹着遮天蔽日的尘土滚滚而来。因为距离并不远，鬼子也发现了宋福才三人，躲是来不及了，只能迎面而上。赵增华不慌不忙，沉着冷静地处置着眼前的情况，他暗示大家撤退至附近的伯方村。他们三人拐了个弯，刚刚把枪藏起来，敌人的骑兵就冲到眼前。宋福才三人装作路遇的农民，自然而然，不露痕迹，赵增华满脸堆笑，面对手持马刀的日本军官的询问，他假装神秘且害怕地用手指了指远方。日本军官似乎很相信，抬腿上马，把洋刀向前方一挥，带领骑兵队伍向着赵增华所指的方向飞驰而去，一团尘埃也紧跟着远去了。

宋福才和李德顺均长出了口气，认为危险解除了。不料，赵增华对大家说：“敌人虽说暂时走了，但是我们不能丝毫松气，很可能鬼子马上就会发现上当而杀个回马枪。大家做好战斗准备。”听了班长的话，他们迅速取出枪来，飞快地爬上侧面的半山坡，立即卧倒准备战斗。果然，鬼子发现上当重又返回。班长下令朝鬼子开火，几名鬼子应声跌下马。此刻，听到日本军官说：“八路的，

1948年，宋福才（中）与二野骑兵团战友合影

狡猾狡猾的。”话还没说完，赵班长抬手一枪，将那个军官打下马，当场毙命。

军官被打死了，骑兵队伍乱成一团糟，等七零八落的鬼子杀向山来。宋福才三人早就隐身大山，远走密林深处了。远处隐约可听见敌人气急败坏的吼叫声，他们胡乱朝山上打了几枪，拖着残兵败将灰溜溜地远遁而去。

带着胜利的果实，凯旋的赵增华、李德顺、宋福才，一路谈笑，十分开心。赵增华班长激动地说：“毛主席告诉我们，抗日战争分三个阶段，战略防御、战略相持和战略反攻。现在我们已经进入战略反攻阶段，日本鬼子那是秋后的蚂蚱——蹦跶不了几天了。”李德顺接着说：“他们是兔子的尾巴……”三人一起大声喊道：“长不了了！哈哈哈哈！”

这年8月，日本鬼子终究投降了。可是，和平的日子并没有如期到来。国民党撕毁“双十协定”挑起了内战，人们又得扛起刀枪继续战斗。宋福才和他的战友们离开家乡，随大部队横渡黄河，挺进中原。1947年的中秋时节，部队开到了河南省卢氏县，没想到这里是土匪窝子，形形色色，五花八门，土匪上山压寨为王，下山杀人越货。这一地区最令人痛恨的土匪要算“四大天王”了，他们是当地没人敢惹的恶势力，这伙人欺男霸女，横行蓝天下，杀人不眨眼，遭残害的百姓敢怒不敢言。当时，为强迫当地青壮年做土匪，只要“四大天王”定了，谁敢说“不”字立刻杀头。这伙土匪搭伴结伙肆无忌惮，偷袭部队，骚扰百姓。更为疯狂的是，胆大妄为的“四大天王”还杀害多名新四军战士，抓捕我地方干部先砍胳膊后锯腿，再就开膛破肚，残忍杀害。并且，还曾偷抢我军的粮食弹药。针对这伙人的恶劣行径，党组织决定坚决拔掉毒钉，永久消除匪患。部队首长一开始决定派遣一个班的兵力前往，宋福才自告奋勇，志愿请战独闯匪窝，他认为，人太多容易过早暴露目标，一个人机动灵活……

所谓“四大天王”，指的是四个土匪头子，也是四个亲兄弟。老大参加国民党，据说是个小小军官；老二开煤矿算是旧时代的煤老板；老三虽说务农，也是村上的一霸；老四自小习武，据传十八般武艺样样精通，70斤大刀任意耍弄。四人中老四最为凶狠，在家主事，算是土匪掌门人。

“抗战时期，做过汉奸。解放战争时期，老四又当上了国民党的还乡团团长，这家伙最难对付。”宋福才老人介绍说。“四大天王”盘踞在卢氏县的北山，即伏牛山支脉嵩山脚下一个小山村中。这天，宋福才奉命前去嵩山土匪“四大天王”经常出没的地带侦察，搜集敌情，活捉“舌头”。“报告首长，坚决完成任务！”宋福才行了军礼，愉快地接受了这一光荣使命。宋福才换下军装，穿上便装，乔装打扮，孤身一人直奔敌巢而去，大有关公千里走单骑的气派。

宋福才顺洛河而下，用了一整天时间，抵达嵩山县境内，进入深山已然黄昏。夜幕降临，霜风初起，苍郁的山岭一片肃杀，草丛间偶尔传出几声蝈蝈的哀怨、蛐蛐的悲鸣。山间不知有无食肉野兽，高度警觉的宋福才握紧手中的枪，一面观察着周围的动静，一面加快脚步向目的地进发……

又过了一个时辰，宋福才终于来到了小山村，在村口悄然隐蔽起来，此时他发现有一处豪宅院落鹤立眼前，如似一座非富即贵才能进住的庄园。庄园院门紧闭，门口一对儿石狮，张着血盆大嘴，瞪起铜铃似的大眼，仿佛时时要吃人似的。院内一个茅草房透出幽暗的灯光，从屋里传出人员吵闹的嘈杂声，门旁有两名荷枪实弹的哨兵无精打采地踱步徘徊。他继续设法往里靠近，发现在大门旁边的草料棚不时传来马嘶声。凭多年的侦察经验，宋福才断定这一定就是“四大天王”的老巢，据分析院里也就十来个人。其实这院里住的是“四大天王”的骨干分子，最多的时候这伙土匪达上千人。

宋福才立刻决定，自己不光要侦察敌情，还要只身端掉土匪窝。俗话说得好，擒贼先擒王，抓住土匪头子，群龙无首就好办了，树倒自然猢狲散。

凌晨三时，宋福才开始行动，他悄然从侧面摸到院墙根，贴墙侧听里面墙角无人，纵身一跃翻进院里，他先奔马棚继续观察，等待有利战机。忽然，从茅草屋闪出一个人来，这人手提马灯径直向宋福才隐藏的马棚而来，显然，此人出门来喂马。宋福才果断地藏身门后，等来人推门而入，他的手枪已顶在了其人的后脑勺。“不许动！”宋福才声音虽小但却颇具力度。来人一个寒战，举起了双手，低声问道：“哪路神仙？请您高抬贵手，有事好商量。”宋福才伸开拇指与食指，做了个“八”字的形状。但对方没有惧怕，而是低声答道：“好！”并屈住拇指，伸出四个手指。原来，来人姓肖，曾任新四军的排长，原来是组织委派肖排长打进土匪营帐做内线。

肖排长向宋福才详细汇报了“四大天王”的情况，他还建议抓获“四大天王”先从难处着手，先要制服老四，其余都好办。有肖排长的全力配合，宋福才在脑海中很快制定了抓捕方案，经二人协商决定采取三十六计之“调虎离山”“釜底抽薪”等计智擒老四。

肖排长依计悄悄通知老四：“四哥，军座派人上门送帖，今儿个要宴请几位哥哥，要不您先见见这位特派员？”老四没有犹豫提着双枪走了出来。没等老四反应过来，宋福才猛扑上去，用一只胳臂卡住老四的脖子，另外一手将枪口对准其脑门，而肖排长也用匕首顶住其腰，利落地下了他的双枪。“好汉，饶命！兄弟有话好说！”宋福才假装是军部的特派员，板起面孔严厉训斥道：“军座要我请诸位商量军务。目前战事这么紧张，中共军队步步进逼，你们倒好在这里消闲取乐，太不像话了！还不快去请罪受命？”说着示意肖排长，将老四绑到了一根柱子上。

紧接着，宋福才一个箭步冲进里屋，他大喝一声，如神兵天降，没想到“四大天王”其余三兄弟全部吓傻了，在他们还不明白发生了什么事的过程中，都被结结实实地捆了起来。确信万无一失，押着威风不在的“四大天王”出了院门，而此时，肖排长也已制服其手下的喽啰兵。宋福才和肖排长将擒获的“四大天王”分别绑上四匹马背。肖排长领路，宋福才断后，十分警觉地踏上返程的路途。一路上，他们既要防止碰到暗处的土匪，又要警惕“四大天王”挣脱捆绑。直到走出深山老林，看见洛河知道离营地不远了才彻底放下心来。此刻，宋福才鸣枪报警，部队派战士出来接应，才算真正完成了任务。

宋福才孤身进匪窝，活捉“四大天王”的事迹很快不胫而走，豫陕鄂后方副司令孙定国得知后十分赞赏宋福才的勇敢、胆识和智慧，提出给其记大功一次。豫陕鄂军区也授予宋福才“独胆英雄”的光荣称号。

类似这样的感人故事还很多，一时半会儿讲不完。用老人的话说“那是激情燃烧的岁月”“那是战火中的青春”。不知不觉天色已晚，为不影响老人休息，我们只好回归现实。摄影家李锋说给老人合照留影，宋老高兴地说：“好！”。忽然想起什么事，宋老说：“请稍等一下。”接着，回头朝家人喊了一声：“把我的军装取出来。”不一会儿，宋老换好了衣服，那是一套标配海军制服，只见老人胸前挂满各类奖章，我相信每一枚军功章背后都有一段非凡的往事。此时，宋老飒爽英姿地朝我们走来，昂首挺胸，阔步而至，这哪像一位耄耋老人，分明是一位征战凯旋的正当年华的将军。看到李锋已架好相机，宋老挺直本就如松挺拔的身板，敬了一个标准的军礼。

尽管已经 93 岁了，但精神矍铄、激情不减的宋福才老人仍旧保持着军人特有的风范、良好的作风，战争年代扛起钢枪，慷慨赴难，戎马一生，身经百战，屡立战功。转入地方，爱岗敬业，不计名利，继续奋斗，无怨无悔。离休后，他拿起如椽之笔，著书立说，诗文成诵，耕读传家，昭示后人。无论人在什么岗位，无论身处何种境地，宋福才用跌宕而又精彩的人生告诉后人，他是一位生命不息、奋斗不止的战士！他更是一位永葆革命豪情、永葆英雄本色的战士！

王玉金

陈赓司令员拍了拍王玉金的脑袋，赞赏**地夸奖道**：“可以啊！小小的司号长竟然单枪匹马让一个排**缴械投降**！是个战斗英雄！”

1948 年 5 月 18 日，临汾宣布解放，王玉金被授予“战斗英雄”的称号，此时距离他参军不过三年时间，距离他入党，也仅仅一年有余。

号声嘹亮　耳畔长鸣

王雅馨

如果天空永远晴朗和煦，
我不会告诉你浴血光荣的记忆。
曾经的远征已融入岁月大地，
炮火中回眸是尊严的高地。
每个人的青春都有选择的权利，
保家卫国是我的前赴后继。
为了家园不再有亲人哭泣，
我毅然去接受硝烟弥漫的洗礼。
美好的青春怒放出战地黄花，
冲锋的号角只为英雄呼吸。
每一代的青春都有成长的定义，
捍卫和平我要去赢得胜利。
生命可以老去，
唯有荣耀绚烂天地！
啊，
时光荏苒，
永志不忘，
我把青春的旗帜高高扬起，
高高扬起！

纪念中国人民志愿军抗美援朝出国作战 70 周年之际，当王玉金在电视上听到这首《永志不忘》的歌，不由得老泪纵横。

每一代的青春都有选择的权利。王玉金的青春选择了战斗，当兵，牺牲，奉献，他，永生无悔！

每一代的青春都有成长的定义。王玉金的成长是枪林弹雨的锤炼，是血肉之躯的磨砺，是牺牲和荣誉铺就的，是冲锋的号角吹响的，他，永生受益！

孤胆抓敌

1948 年 5 月的一个夜晚，王玉金执行完陈赓司令员布置的任务，正要赶回去汇报，路边的麦地里，突然出现了动静。五月的临汾，已经闻到了暑热的味道，麦子正努力地拔节抽穗，完全可以藏得住一个稍微猫着点腰的人。他赶紧做好隐蔽，拨开像刺一样尖的麦芒，探望过去。

不好！是敌人！

约有一个排的敌人，正在麦地里休整。王玉金知道，他们是从临汾城西门逃出来的残兵败将。我方的 3 个团已经向西追到了襄陵，那么，他们极有可能便是漏网之鱼。

王玉金稍做盘算，如果现在跑回指挥部汇报，再领兵过来，恐敌人已经转移，那么，剩下的选择恐怕只有一个。不容多想，王玉金朝天放了一枪。突如其来的枪声令苟延残喘的敌人打了一个冷战，惊恐的眼神在夜色中放出了绝望的寒光，向枪声传来的方向射去。紧接着一个手榴弹炸响，敌人的身体立刻紧张地瑟缩起来，此时，嘹亮的冲锋号猛地刺破夜空，仿佛死刑的宣判。

王玉金大喊道："一排朝右，二排向左，包围！三排跟我来！不要打枪！抓活的！"

不可不说，王玉金这几嗓子，喊出了团长的气势，连他自己也惊讶，在这种危急时刻，下意识地竟然模仿了团长的冲锋口令。慌乱中的敌人不知谁放了几下冷枪，王玉金更加气势汹汹地喊道："放下武器！谁动消灭谁！"

夜风吹过拔节的麦田，窸窸窣窣，哗哗作响，麦秆摇动，麦浪滚滚，似乎几个排的兵力正在急速移动。正应了那句话，兵败如山倒。残兵败将正愁前路渺茫，意志消沉，又遇几倍于自己的解放军伏击，如惊弓之鸟，哪有不投降的道理，纷纷放下了武器。

王玉金又大喊道："举起手来，排成三排，往北走！"

敌人举着手，拖着脚步，耷拉着脑袋，往北行进。王玉金不敢离太近，怕敌人发现自己单枪匹马，他不远不近跟着后头。此地距离指挥部有二里，夜色帮了忙，风和麦子也帮了忙，总感觉有大批解放军包围着自己，敌人连头都不敢扭。直到走到指挥部，真正被解放军俘了虏，才知道，伏击他们的，仅仅是一名刚满二十岁的小兵蛋子。

陈赓司令员拍了拍王玉金的脑袋，赞赏地夸奖道："可以啊！小小的司号长竟然单枪匹马让一个排缴械投降！是个战斗英雄！"

王玉金摸了摸脑袋，憨憨地笑了。

1948 年 5 月 18 日，临汾宣布解放，王玉金被授予"战斗英雄"的称号，此时距离他参军不过三年时间，距离他入党，也仅仅一年有余。

三座大山

三年前，王玉金受够了被迫害的日子。

1937 年 7 月 7 日，"卢沟桥事变"爆发，日本帝国主义悍然发动了全面侵华战争。1938 年 4 月 22 日，十岁的王玉金像往常那样仰头看天，不曾想，看来了一架真正的飞机，从头顶呼啸而过。王玉金还没来得及兴奋，一颗炸弹便从飞机腹部落了下来。巨大的爆炸声响给王玉金的耳膜留下了永久的记忆，那是印刻在稚嫩童年的挥之不去的惊惧。日军出动了 24 架飞机对山西阳城县周围实施扫地式轰炸。

1940 年，日本推行"以华治华"政策，王玉金一家沦为日本人的苦力。挖战壕、修堡垒、纳粮交税、任人宰割。在一次给日本人修碉堡的时候，十二岁的王玉金因为眼睛多扫了几眼，被敏感凶恶的日本人怀疑，吊起来毒打，逼他承认自己是“小八路”。

在他国的土地上，哪怕一个带刺的眼神，对于侵略者来说，都是不可容忍的打击，因为他们的心是虚的，是邪恶的，晒不得正义的阳光，见不得勇敢的反抗，王玉金越是否认，日本人越是歇斯底里，一个眼里带刺的小孩子，必定会是将成长起来的反抗的种子，必须消灭在萌芽状态！

房梁上的绳索悠来荡去，王玉金的手腕儿被勒出了深深的血痕，他的身体已经失去知觉，身上一道道伤痕，已失却火辣辣的痛感，他觉得自己变得轻了起来，像一个纸片，前心和后背相互贴到了一起，好想头和脚折叠起来，可纸片就要被撕裂了啊！

王玉金当苦力的碉堡正好位于他们南任村二里外的风神庙据点，这个据点是鬼子驻扎在演礼乡最大的据点，周围的一大块场地便是日军屠杀阳城人民最大的杀人场，1940 年起，日本鬼子先后在此屠杀抗日干部和群众达 300 余人。王玉金觉得自己就要在这里，和那些被残忍杀害的同胞们，永远在一起了。

似乎是上天的眷顾，正在此时，南任村伪村长途经此地，向日本人汇报，看到了王玉金小小的身躯被吊着打，已经奄奄一息。他先是热情地向日本人汇报了村子的情况，讨得日本人欢心之后，趁机替吊着的王玉金做了担保，此人绝对不是“小八路”，他就是个胆小如鼠的小屁孩儿，没有娘，爹又在翼城修碉堡，全家都是“良民”！

王玉金的命保住了，对日本人深入骨髓的仇恨也种在心中。

屋漏偏逢连阴雨，1942 年大旱，春无雨，夏成虫，蝗虫像乌云一般遮天蔽日，落地半尺厚，成片成片的庄稼被“蝗虫鬼子”扫荡而光，连树上的叶子都片甲不留。连年战争，政局动荡，各路兵痞结伙为匪，国民党第 83 师，光天化日之下入村抢粮。几个兵匪抢走了王玉金家全年的口粮，还嫌少，逼迫王玉金的父亲“交出粮食”。一个士兵在抢劫的过程中，从楼道栏杆不慎摔下，趁机讹诈，非说是王玉金父亲将其推下。无奈之下，王玉金父亲只能将自家四亩薄田租给地主家，换回四块大洋，给了那个国民党兵，才算了事。时至此时，王玉金家可谓家徒四壁，负债累累，无田可种，无粮可吃，叫天天不应，叫地地不灵。王玉金的父亲没过多久便饿死家中，孤苦无依的王玉金兄弟俩过起了流离失所、打工卖苦力的日子。

先是下煤窑挖煤。从窑口到隧道有四十多米，几百个台阶，隧道又延伸两里地之远。王玉金每天从早到黑，从进窑口的那一刻，便如同和人间相别。土煤窑没有任何机器，也没有任何安全保障措施，全靠人力，小小的王玉金头上绑着小油灯，只能照见前方几步远的地面，前胸挂一个筐子，后背背一个筐子，前后两个筐子压在身上，在狭窄的隧道中弯着腰拐来拐去。装满煤块后，两个筐子便如同两把绝命锁，锁着生命的咽喉。然而背着煤筐在狭长逼仄的隧道中负重前行，已然耗费巨大的体力，出了隧道，还要爬上四十多米的台阶，前胸上百斤的煤，后背上百斤的煤，登着通往活路的台阶。这样的过程，一天之内，王玉金就要往返六七趟，换来的是不到二斤的小米。

挖了两年的土煤窑，王玉金又去给地主当长工。给地主当长工，虽比那煤窑下不见天日、朝不保夕的日子强了一些，但一年到头，没有工钱，只能用力气换口饭吃。衣不遮体，鞋不裹脚，食不果腹，劳动繁重，常常饿得头晕眼花。就算这样，还要经常挨打受气。有一次地主嫌王玉金干活慢，便打得他头破血流。这样的苦日子，没有出路，没有盼头，便是穷苦人世世代代的宿命。

穷，一个字压了中国农民几千年之久；穷，一个字写尽了中国农民辛酸血泪的历史。“三座大山”已压了太久，彼时的 1944 年，往上倒推 67 年，光绪三年（1877）之际，晋陕豫地区连续三年大旱，尸横遍野，鬼哭狼嚎，人间地狱，王玉金祖上十几户九十口人几乎全部饿死，仅王玉金祖父一人幸存人间。如今十六岁的王玉金，是王家祖上仅剩的几个后代之一，不知是该更加绝望，还是该庆幸。所能肯定的是，在王玉金辛苦劳累一天之后短暂的睡梦中，断断不会梦到，自己将活到 94 岁高龄，胸前挂满沉甸甸的战斗奖章，端坐在明亮的客厅之中，面前瓜果桃李，儿孙绕膝，生活幸福美满，接受慰问和采访，声音洪亮，底气十足，目光炯炯有神，穿透历史，回望过去，时而泪光点点，时而又壮志豪情。是啊，再富有想象力的作家，也断不会虚构出这样的穿越，可历史就是这样神奇，现实就是这样真实地发生了。

改天换地

改变这一切的是共产党。

1945 年 7 月 7 日纪念中国人民抗战胜利八周年之际，阳城县掀起了一次参军热潮。父送子，妻送郎，兄弟争抢上战场。战场，是男儿热血杀敌的地方；战场，是男儿战功立业的地方；战场，也是男儿改天换地的地方！

有什么理由不去参军呢？十七岁的王玉金自生下来过过一天好日子吗？日本帝国主义是怎样残忍地迫害父亲，毒打自己？官僚资本主义兵匪恶霸是怎样让自己家破人亡？封建主义地主老财又是怎样压榨自己？日子没有丝毫盼头，活着没有任何尊严，瘦弱的身躯苟延残喘，像一只蝼蚁在这个世界上无足轻重，默默生来，又默默死去。

不！

死算什么，流血算什么，苦更不算什么！

要的是当家作主的新生活，要的是翻身解放的新身份，要的是扬眉吐气的新社会，要的是勤劳致富的好日子、独立自主的新中国！

革命！

跟着共产党！

解放！

王玉金胸前戴上大红花的那一刻，目送着自己出生的这个地方，目送着唯一的长兄，目送着破败的家，耳旁欢送入伍的锣鼓，敲响着心底战斗的鼓点，亲人的身影，闪现眼前，一幅幅悲惨的画面化成了那誓死的决心和无畏的勇气，是时候送别过去

王玉金戎装照片

了，是时候迎来新生了，王玉金热泪盈眶，扭过头去，英勇向前。

战火锤炼

阳城县入伍的1500名新兵被送到太岳军区四分区司令部，陈赓司令员热情地接待了他们。王玉金因为年龄小，被分配到了司令部当司号员。一种见到亲人、回到家、找到组织的激动涌动在王玉金心头。司令员待他们是那样亲切、随和，根本不像他见过的那种“官儿”的样子。部队中人人平等，没有阶级之分，没有高低贵贱。同是苦出身的战友们亲如一家，同甘共苦，团结友爱。队伍纪律严明，不许抢夺老百姓的财物，不许欺负老百姓，吃了用了都要付钱，还帮老百姓干活。打起仗来人人冲锋在前，视死如归，争当英雄。虽然战火纷飞，天天打仗，可王玉金的心里，感到无比踏实。

王玉金所属的部队，是由太岳军区主力部队组成的晋冀鲁豫野战军第四纵队。陈赓任司令员，谢富治任政委，下属三个旅，每旅下属三个团。王玉金在第三十八团团部当司号员，后调三营任讯号班长。

1945年8月日本宣布投降，为保卫抗战胜利果实，中共中央军委于8月下旬指示晋冀鲁豫军区进行自卫反击，上党战役爆发。

就在攻城部队扫清外围积极准备总攻长治的时候，刘伯承接到了一份情报，说阎锡山为了解救在长治被围的史泽波部，拟派重兵增援长治，已从太原南下。刘伯承根据这一新的情况，当即改变决心，将作战重心由攻占长治城改为歼灭国民党援军，于野战中歼灭之。

王玉金所在的太岳纵队立即北上，在陈赓的率领下，冒雨前进，日夜兼程。为了不让国民党军队发现主力部队前去打援，攻城部队白天抬云梯演习，晚上吹火号扰乱敌军，掩人耳目。1945年10月2日，打援部队接遇国民党军援军，将其合围在老爷山、西凹、磨盘垴至榆林镇地区。王玉金此时，就在老爷山上埋伏着，准备着一场恶仗。

天色微暗，部队已按照部署到位，王玉金所在38团进攻老爷山左翼，一声令下，王玉金站在高坡上，朝着西方刚刚落下去的太阳吹响了战斗的冲锋号。团长一声令下，“冲啊！”战士们呼喊着，秋风扫落叶一般向敌军冲去。王玉金吹完了冲锋号，把号别在裤腰上，端起枪，也跟着战友们冲去。打枪，扔手榴弹，挺起刺刀，短兵交战，这样的战斗天天打，作为一个小小的司号兵，他的任务，就是执行命令，勇敢杀敌。

一夜激战，老爷山头的各个高地你方占罢我又登场，盘踞激战，争夺激烈。在增援部队的帮助下，陈赓指挥所属部队将老爷山除主峰外的阵地大部攻占。国民党援军尽数被消灭之后，守在长治城里的史泽波绝望了，没多久，长治解放。

上党战役是抗战胜利后进行的第一次大的自卫反击战。经过上党战役后，王玉金由一名新兵蛋子迅速成长。他脸上的稚气完全脱去了，换之以刚毅的神情。一场场战斗以日常生活几百倍的信息量迅速扩充了他的经验，丰富了他的情感，训练了他的思维，更加磨炼了他的意志。经历枪林弹雨的洗礼之后，对国家、对人民、对亲人的热爱使他的心融化了；对牺牲、对奉献、对力量的骄傲使他的腰杆儿挺直了；对生命、对荣誉、对胜利的敬畏又使他的头谦恭地低下了。那些为了新中国、为了胜利、为了和平献出生命的战友，是王玉金一直勇敢下去的力量，也是王玉金好好活下去的支柱！战场，是男儿最好的课堂，是青春最大的舞台，也是生命最残酷的考验！

王玉金所在太岳军区第四纵队第三十八团，先后又经历了攻打曲沃、绛县、闻喜、运城、临汾、隰县、蒲县、永和、中阳、汾阳、孝义、洛阳、郑州和保卫延安等数十次大的战役，王玉金曾两度身负重伤，伤愈后又立刻投入战斗。他将热血和青春尽情挥洒在战斗前线，不怕牺牲，不怕流血，为中国解放，为建立新中国，出生入死，勇往直前！

阎锡山的晋绥军善于防守，城池坚固，碉堡无数。解放山西，啃的都是一个一个的硬骨头。1947 年底山西运城解放后，国民党军在晋南仅剩下临汾孤城。临汾是重要的小麦产地，临汾城也是重要的军事要点，号称卧牛城。城垣坚固，城高 15 米，顶宽 10 米，底宽 25—30 米，城墙上能并排跑两辆小汽车，还修筑有坚固的碉堡。临汾城西靠汾河，城东城北是开阔地，南关发电厂驻有敌人三个团，且东关筑有外城，易守难攻。守军以城郊3—7千米内的村庄、据点为外围阵地，以城墙、环城外壕和城周31处碉堡群为主阵地，以环城内壕、街巷工事为核心阵地，构成大纵深的环形防御体系，企图固守待援。

我军先扫清了敌人外围据点，针对临汾城设防坚固和攻城部队重火器少等情况，决定以坑道爆破为主要攻城手段。攻城部队和守军之间展开了以挖掘坑道与破坏坑道为中心的激烈斗争。守军在飞机和大炮的配合下，施放毒气弹、燃烧弹，并出城反击。攻城部队挖掘的大部分坑道被破坏。在此严峻的形势下，临汾老百姓送来了自家门板、木檩条达14万件，麻袋6万条，很多老人捐出了自己的棺材。我军用门板盖住坑道，把炸药装在两副棺材里，运送到城墙根儿，只听“轰”的一声，东北角的城墙倒塌了。在炮火掩护下，部队攻进了城，与守军展开了激烈的巷战。历时72天，全歼守军，临汾战役结束。

阎军军长梁培璜带领残兵败将从西门冲出逃亡西山，陈赓司令员命所属三个团追击包抄，三个团火速追击，陈赓司令员不知前线情况如何，追击到了哪儿，命司号员王玉金前去侦查。王玉金领了任务，便从指挥部往外跑。吹号不能在指挥部吹，这样会暴露指挥部所在位置。王玉金跑了足足有二里地，见一处山坡，便跑上去，拿起小号，朝向西方，吹了起来。号角有暗语，王玉金吹道：“咱们三个团在哪儿呢？”号角的声音飞了出去。

王玉金接着吹道：

“一团在哪儿了？”

只听不一会儿，传来一团的司号员回应的号声：

“我们在这儿了！”

“二团在哪儿了？”

“我们在这儿了！”

“三团在哪儿了？”

“我们在这儿了！”

王玉金根据声音传来的方位，大致确定了三个团的位置，正要火速回去向陈赓司令员汇报，没跑多久，便遇到了麦地里溃逃的一个排的残兵败将，于是，

王玉金

发生了开头的那个故事。

1950 年 9 月，战火烧到了鸭绿江边，王玉金踊跃报名参加志愿军，作为司号长，培训我军司号员达百余人。

朝鲜战场上，中美两军主力的一次战役，战后幸存的美军曾心有余悸地回忆起那个恐怖的夜晚。刺耳的军号声霎时响起，满天的信号弹升空，伴随着四面八方传来的“沙沙”声，后来他们才知道，那是志愿军战士单薄的胶鞋踩在雪地里的声音。美国士兵直到那一刻都不敢相信自己的眼睛，眼前的平原，白天还是白雪茫茫的一片，军号声一响，无数中国军人突然从雪底一跃而起，他们穿着单薄的衣裤，只携带着简陋的轻武器，发了疯一样怒吼着冲向美军密集的火力网。

王玉金是作为增援志愿军参战到朝鲜，战争结束后，被授予中华人民共和国金盾奖。王玉金一生一共得到三枚奖章，镌刻着王玉金光荣的军旅生涯。

永志不忘

参加工作之后的王玉金，仍然发扬着军人英勇作战、流血流汗的大无畏精神，积极投入社会主义的建设之中，不计名，不计利，一心为党，一心为民。

1953 年，山西省委组织大兴水利，决定在文峪河修建一座水库，造福于民。刚刚成立的中华人民共和国，百废待兴，没有机械化作业，全凭人力。王玉金此时在汾阳武装部工作，被委任为汾阳县文峪河水库总指挥。王玉金把修建水库当成一场战役，他冲锋在前，推着小平车，一车一车的土石方，拦洪运土，凭着人力推向几十米高的坝顶。王玉金作为总指挥，身先士卒，他携带着战场上的号角，冲锋号一吹，所有人员士气大振，大家伙儿如同战士一般，跟着王玉金，推着几十斤重的土方，冲向高高的大坝，高喊口号，谁也没有叫苦，谁也没有叫累，那种热火朝天的场面，回想起来，至今让人振奋。两年时间，大坝修建完成，王玉金被中共汾阳县委、汾阳县人民政府授予“工农业生产大跃进劳动模范”奖状。新生的中国，新生的中国人民，就是靠这种愚公移山的精神，靠着坚忍的毅力、打不垮的意志，办成了不可能办到的事情，成就了社会主义建设的宏图伟业！

小时家贫受饥寒，
打工挖煤度日难，
来了救星共产党，
当兵参战冲在前。
枪林弹雨数十年，
立功受奖评模范，
离休之后仍不闲，
坚持活动度晚年。

王玉金老人为自己的一生写的打油诗，朴实无华。

时光荏苒，永志不忘，号声嘹亮，耳畔长鸣。

杨荣华

杨荣华奉命带领3排、4排、连部和炊事班等勤杂人员，从无名山绕过山角，沿汉江边东侧，从桑洞沟西口进入，到达指定地点。由于天黑夜暗无路，江边水流湍急，攀登行走缓慢，绕过江边到达桑洞沟西口时，离发起进攻仅剩10分钟了。“我立即传令，跑步迅速前进，5分钟到达进攻出发位置。幸好没有耽误，真是捏了一把汗。”过去了那么多年，杨荣华仍难忘当时紧急的情形。

我军炮兵向敌阵地进行了5分钟炮火袭击，战士们按照战前的战斗分工，从敌阵地的东、西两边，迅速突入敌的五六号阵地东打西杀，哪里有敌人，就冲杀在哪里，一个掩体、一个碉堡地进行搜索，一边冲锋，一边喊“缴枪不杀”。经过3个小时的激烈战斗，我军占领了整个高地，全歼守敌。随后，我军防守部队依托阵地，在纵深炮火的支援下，击退了敌军的3次反扑。

跨过鸭绿江的峥嵘岁月

周俊芳

“他的身子倒下来，压在我露在洞外的双腿上，扑通一声，那感觉到现在还十分清晰……”94岁高龄的杨荣华老人，回忆起70多年前的一幕，禁不住泪水盈眶，哽咽难言。

1952年6月的一天，在572.4高地进攻战斗中，在距离敌军阵地二三百米的半山腰上，一个临时挖的仅能容纳两三个人的小洞里，某团4连指挥所就设在这里，连长带一部步话机和一部电话机挤在里边，连指导员趴在洞口，因洞太小，他的双腿只能露在洞外。敌人的炮火覆盖了整个阵地，一排炮弹落在指挥所附近，正在洞外守卫的文书，突然向洞口一扑，压在指导员的双腿上，用自己的身体掩护了连指挥所，而他却身负重伤，在送往医院途中牺牲了……这位战士保护的连指导员就是杨荣华。

“过去了这么多年，这一幕仿佛还在眼前，是他掩护了我，这是何等高尚的品质啊！我永远记得，他叫张计良，四川人，20岁出头，比我还要小一点……”在庚子冬日的阳光下，坐在杨荣华老人明亮的书房里，听他再次讲述这段感人的往事，仿佛走进了电影《上甘岭》的惨烈场面，感受到作家魏巍笔下“最可爱的人”的风采。

长途跋涉奔赴前线

杨荣华老人，1927年4月2日出生在五台县蒋坊村一个贫苦农民家庭。抗日战争时期，蒋坊村是中共五台县委、七区区委，八路军、分区独立团以及县大队、区小队活动区域。少年的他，参加了抗日剧团和游击队的活动，经受了锻炼和考验。1945 年 2 月，他参加革命，到军分区工厂晋察冀晋二分区修械所当工人。

八路军兵工厂制造地雷、手榴弹等武器

那时杨荣华才 18 岁，在修械所，他炼铁水，造雷弹。1945 年冬，他作为骨干被调到二分区武装部的雷弹厂工作，制造地雷、手榴弹等。1946 年 10 月，他光荣地加入中国共产党。1947 年 9 月，工厂撤销，杨荣华转到地方，分配到阳泉市一区武委会任教导员。1948 年初，根据工作需要，杨荣华到盂县中社二分区司令部报到，开始从事军分区情报搜集工作……

随着解放战争的战局变化，太原已经成为一座孤城，情报站旋即被撤销。1948 年 9 月，杨荣华被分配到察晋二分区三团二营，先后任文化教员、营部副指导员。那时的文化教员不教文化，主要是搞组织宣传工作。1949 年 4 月 24 日，太原解放，他调到山西省军区警备第一团一营一连，担任警备任务。

1951 年 2 月，杨荣华所在部队奉命在天津整训，6 月，编为中国人民志愿军第 68 军，开赴朝鲜，参加抗美援朝战争。赴朝作战期间，杨荣华曾任中国人民志愿军 68 军 203 师 609 团 4 连政治指导员、团政治处干部助理员，参加了坚守成山阵地、十三月防御战、572.4 高地攻坚战等战役，以血肉之躯捍卫了祖国的尊严，见证了波澜壮阔的抗美援朝战争。

“我们于 6 月 21 日，从天津乘火车出发，当晚露宿在安东（现丹东市）市郊的山坡上，次日黄昏，跨过鸭绿江……”杨荣华介绍说。

没想到，进入朝鲜，战士们第一个要面对的难题，是近 1 个月的长途跋涉。除了有大口径火炮的炮兵部队用汽车运输外，步兵全部要徒步前行。战士们全副武装，还带着够 3 天用的给养，负荷都在四五十斤，多的有六七十斤。

恰逢盛夏，朝鲜境内雨水较多，差不多每天都要下雨，尽管披着雨布，经过一夜行军，身上背的物资都被雨水淋湿了。越背越重，里边出汗浸透衣服，外边下雨往里头渗水，可谓“里外夹攻”。衣服和被包是湿的，蹚水过河，鞋袜也是湿的，全身上下没有一块干的地方，那种难受难以名状。

为了保密，部队夜行晓宿，每天黄昏时分开拔，次日拂晓才能到达宿营地。整整要走一夜，还不能使用照明器材，没有月光时，连路都看不清，只能深一脚浅一脚摸索着走。不敢大声说话，不能有任何文娱活动，行进中气氛压抑沉闷。对战士们来说，考验的不仅是体力，还有精神和心理。

大多数情况下，部队要在野外露宿，以班为单位把雨布串起来搭成帐篷，就地卧倒休息。白天要吃三顿饭，无法有整块的时间好好休整。往往头一天行军，还没有休息好，体力也没得到恢复，第二天的行军又开始了。

入朝后，第一次行军 18 天，第二次行军 10 天，两次行军之间，只做了短时间的休整。由于休息不好，过度疲劳，加之饮食卫生差，很多战士出现了痢疾、疟疾、拉肚子、感冒发烧等病症。更要命的是，敌人经常在夜间进行空中侦察，扫射、投弹、用照明器材干扰。夜晚行进途中还要防空、防敌特破坏，气氛格外紧张。

杨荣华所在的 4 连，在入朝前刚补充了 55 名新兵，占到连队三分之一。新兵缺乏行军经验，脚上打了泡，掉队现象严重。有个新战士叫李昌茂，个子高但身体弱，十几天急行军下来，脚上打了很多水泡、血泡，连续几天掉队，有一天晚上走走停停，后来索性躺下不走了。前不着村后不着店，没法子，战友们只好耐心做工作，一边鼓励，一边帮他扛枪、背东西，还有两个战士搀扶着他往前走，好不容易才到达了宿营地。

7 月 12 日夜，4 连行军至元山岭。根据传来的情报，几天前曾有十几个敌特在此处出没，战士们本来就疲惫不堪，当下紧张情绪陡增。

元山岭荆棘丛生，山势陡峭。部队通过时，由工兵临时开辟了一条简易道路。爬山时已是后半夜，由于是新开的小路，天黑，伸手不见五指，人与人之间距离拉得大，形成多路爬山态势。组织得不好，就可能有人走散，连长带着一排、二排走在前头，副指导员打头阵去前边设营，副连长殿后。指导员杨荣华带领三排、四排，负责收拢掉队的战士。

在解放战争中立过大功的炊事班长李福寿，年纪40多岁了，挑着担子爬山，一连摔了好几跤，迷失了方向。突然，杨荣华听到连叫几声，“指导员！”赶忙让通信员循着声音去找，好在有惊无险。那夜的急行军，真是让所有人吓出几身汗。

“考验我们的时刻到了！克服困难就是胜利！不管有多大的困难，大家抱定一个决心，很快完成行军任务，到达朝鲜战争前线，消灭美帝，回报祖国人民对我们的期望。”行军途中，党员干部一直走在前列，鼓励战士坚持住。行军路上，战士们争着帮炊事班背行军锅，挑油担，帮身体有病的、体质较弱的人扛枪、扛炮（六〇炮）、背背包，大伙彼此搀扶着，急速奔向前线……

“谁是我们最可爱的人呢？我们的部队、我们的战士，我感到他们是最可爱的人。”作家魏巍这样评价，“他们的品质是那样的纯洁和高尚，他们的意志是那样的坚韧和刚强，他们的气质是那样的淳朴和谦逊，他们的胸怀是那样的美丽和宽广！”

成山阵地首战告捷

虽然我们无法亲历那场遥远的战斗，但在杨荣华老人的讲述中，仍可以感受到志愿军战士高尚的品格、坚强的意志和宽广的胸怀。

1951年9月，杨荣华所在的4连在部队完成第二次行军任务之后，到达白岩山修筑工事。这里已经接近前线，不时传来炮弹的爆炸声。

为了阻击敌军，构筑工事成为当务之急。白岩山石头坚硬，用洋镐、铁锹挖非常吃力，但战士们情绪高涨，都铆足了劲要杀敌立功。4连8班挖工事的地方，是一块大石头，铺满了整个地堡。在班长带领下，战士们不叫苦不喊累，手上打了血泡，绑着绷带继续挖。经过齐心协力的坚持，终于战胜困难，挖出了大石头，完成构筑工事的任务。

杨荣华旧影

1951年10月，4连接受了出国后的第一次阻击战任务——坚守金城前线以北的成山阵地。

成山是南北走向，约几公里长，山的东面是一片较大的开阔地，开阔地后面的山头，是敌军阵地。成山阵地的后面是“古直木里”，一条南北走向的山沟。山沟的左前侧是3营9连的阵地，4连的阵地在成山北侧，约1公里长。4个排成一字排开，阻击多面之敌。

在半个月的阻击战中，敌人几乎每天都要出动坦克向我阵地进行疯狂的轰击。起初因为仓促占领阵地，我军没有防御工事，只临时构筑了一些交通壕、“猫耳洞”、单人掩体等。白天与敌人正面对峙，只能在晚上构筑工事，战士们不仅白天晚上持续作战，得不到休息，且伤亡惨重。杨荣华根据《志愿军报》对部队教育的有关材料和上级指示，进行形势任务教育，召开各种形式的座谈会，提高了部队克服困难的勇气和完成任务的信心。

11月5日邻近中午时，美军以1个连的兵力，在坦克炮火的掩护下，连续3次向我方阵地进行反扑。敌军先以猛烈的炮火向我阵地袭击，然后是步兵发起攻击，最后一次出动了1个加强排，来势汹汹，成一线队形接近我前沿阵地。班长张会臣和战士张学文的两挺机枪，在左右两个山头，对敌人实施交叉射击。当敌人接近我阵地交通壕时，副排长徐安义、战士宋宗元、李雄自，用冲锋枪、步枪、手榴弹，向敌人一齐开火，打退了敌军……此次战斗共消灭敌人40多人，缴获武器弹药等物资一批，受到团首长的通令嘉奖。

战争是残酷的，这次战斗，宋宗元光荣牺牲，李雄自负重伤……敌人坦克对我阵地威胁很大，根据上级指示，4连组建了反坦克小组，在阵地北端山角，构筑反坦克掩体。班长牛大暑和战士李新华，每天拂晓带着反坦克手雷、爆破筒潜伏在那里。有一天，敌人出动6辆坦克向我阵地打炮，当坦克到阵地北端山角时，牛大暑和李新华在我军炮火的掩护配合下，从掩体一跃而出，将反坦克手雷和爆破筒迅速投入敌军坦克……炸毁坦克两辆，但李新华不幸牺牲，牛大暑负伤，仍轻伤不下火线。

中国人民志愿军的战士们，用他们的血肉之躯和顽强战斗的精神，当之无愧地被称为“最可爱的人”。每一场战役下来，甚至每一次阻击敌军反扑，都可能付出血的代价。一个个鲜活的生命，为了祖国的安宁，定格在风华正茂的年纪。到晚年，杨荣华以回忆录的形式，将这段历史记录了下来，铭记那段难忘的岁月，缅怀牺牲的战友。

防御美军“秋季攻势”

美军第 8 集团军司令范佛里特对志愿军有过这样的评论：“以个人而论，中国士兵是一个顽强的敌人。他们没有防弹背心，没有钢盔。他们只穿上军服，戴上军帽，踏着一双帆布鞋。他们携着步枪，腰上皮带配有 200 粒子弹。他们携带数枚制造粗劣的手榴弹，粮食是用米和杂粮磨成粉状而成的，装在一条长管形布袋里，必要时可维持十几天。中国军队医疗设备简陋，万不能和我们的医疗队、前线救护站，以及完善的后方医院相比拟。但是，他们永远是向前作战，奋不顾身的，有时甚至渗透到我们防线后方，令我们束手无策。”

1951 年 11 月，杨荣华所在的 4 连配属 606 团 1 营移防东线，接受防御作战任务。阻击美军号称“钢铁之躯”的第 8 集团军发动的“秋季攻势”，前后长达 13 个月时间，俗称“十三月防御战”。

在发动“秋季攻势”中，美军惯用的战术是先密集炮击，再坦克加步兵冲锋。这样的战术尽管简单，但对重火力不足，补给不足的志愿军，却是很有效。面对美军的强大攻势，中国志愿军司令员兼政治委员彭德怀亲自下达命令，要求战士们“寸土必争，寸步不让！”

杨荣华所在部队驻守的阵地为东西走向，阵地东北侧主峰，即 679.0 高地。东侧高地为 5 连阵地，阵地西端紧靠汉江，过了江即西山，为 12 军阵地，正面向南是572.4高地，敌我阵地之间，仅隔着一条叫“桑洞沟”的沟壑。阵地背后隔一条山沟是北山，是我军炮兵阵地。4连在右侧，5连在左侧，形成与敌军对峙的前沿防御格局。

数九寒天，阵地上积雪1尺多厚，战士们吃的是炒大米和压缩饼干，渴了就随手抓一把雪，苦中作乐，无怨无悔。真真切切是“我在这里吃雪，正是为了我们祖国的人民不吃雪”的真实写照。

4连的干部战士顾不得其他，既在冰天雪地里抓紧一切时间构筑工事，还要协助5连构筑前沿阵地。任务相当繁重，但容不得丝毫懈怠。

对面山头的敌人，不时向我方阵地发射冷炮、排炮。在挖工事的地方，各班区分了防空防炮的疏散区域，当听到敌人发射炮弹的出口声时，按照划分的区域，由各班长指挥，迅速按照预定区域疏散隐蔽。为了减少损失，各班各排经过精心计划，按战士的体格强弱，两人一组，班、排长以身作则，手挥铁锹、洋镐，一边构筑工事，一边观察敌情，防着敌人冷枪、冷炮。还要指挥得当，灵活机动，随时组织战士疏散隐蔽。

阵地要求严密伪装，不允许有人在阵地上和阵地后边行走。有交通沟的必须走交通沟，没有交通沟的地方要快速通过。几人外出，要拉大距离。四连到营指挥所要通过一道二三百米长的封锁线，每次通过这段路，都要特别小心，计算好时间，避开敌人打炮的点，并快速跑步通过。

在半个月里，敌人向我四连构筑工事的前沿阵地就打炮15次。其中有两次特别危险。一次是一个晚上，敌人向距挖工事地点约70米的山头打了一炮，战士们迅速分散隐蔽，1分钟后又连续打了3炮，班长温东贵指挥战士迅速散开后，他走在最后边，紧接着敌军又打来炮，1发炮弹就落在离他3步远的交通沟，多亏他机敏，迅速卧倒才免于一难。紧接着，炮弹接二连三地在交通沟落了20多发。5连有两名同志，在这次炮击中不幸牺牲了。第二次，战士们接受了这次的经验教训，比以前更机动灵活了。也是一天晚上，敌人又开始打炮，根据预先设定区域，正在挖工事的战士迅速散开隐蔽。这次敌人共打了30多发炮弹，刚挖好的交通壕中就落了4发，所幸，无人员伤亡。时间长了，战士们都有了防炮经验，警惕性很高，组织严密，行动迅速，疏散地区明确，减少了人员伤亡。

4连在这个阵地上，坚守防御了9个月。有一个排在冰天雪地里，面对坚硬的石头，特别是在敌军炮火威胁下，苦干加巧干，经过半个月的艰苦奋战，全排参加挖工事的20人，无1人伤亡，圆满完成了宽1.2米、深2米、长160米的交通沟，受到了上级的表彰。而4连，也因完成构筑工事任务较好，全连有52名干部、战士立功受奖。

杨荣华说当时自己的主要任务，就是抓紧一切机会，给战士作思想教育。在敌人打炮或空袭的间隙，他就对战士们进行忆苦思甜教育；见到敌人炸毁民房、道路、桥梁，就控诉美帝罪行，进行爱国主义教育；祖国人民送来慰问品、慰问信，就进行抗美援朝、保家卫国的教育……

打仗，不是单纯的武器对抗，而是要比民心向背。为了战胜艰苦的环境，为了战胜敌人打胜仗，部队采取各种形式进行动员教育，解决战士们的政治思想问题，帮助他们树立高尚的人生境界。那些朝鲜战场上出现的英雄人物，通过《志愿军报》、军报上登的战地新闻，师、团战地传单，以及电话或书面传来的兄弟部队的战训、战捷，都是极好的素材，既教育了战士，又提升了士气，继而影响了战局。

572.4高地进攻战斗

1952年秋季战术反击作战中，中国人民志愿军第68军一部对朝鲜金城以东572.4高地的南朝鲜守军实施的进攻战斗。早在6月，609团就接受攻打572.4高地的战斗任务。杨荣华所在的4连是主攻部队之一。

从1951年秋到1952年夏，我军与敌军在既设阵地对峙近一年，敌我双方情况已发生变化。我军在既设阵地已构筑了比较坚固的、全套的，包括作战工事和生活所需的各种工程设施。摸索出了一整套防御作战的经验，对敌情、地形都了如指掌，而敌人在我积极防御的攻势下，不断遭到袭击，我军阵地一再向前推进。

2 营 6 连在我军强大炮火支援下，夺取了敌人占领的高地。我军处于有利态势，敌人则处于被动挨打的境地。

572.4 高地，此时如同一个出唇的牙齿，扎在我军防御阵地之中。这个钉子不拔掉，对我防御体系的稳定妨碍很大。其后面就是一片平川，如果夺取此高地，就拔除了这个开阔地前边的一大障碍，就可控制整个平川，同时与右侧的我方 12 军连成一体，从而更好地控制汉江。攻打 572.4 高地，成为当务之急。

部队接到攻打 572.4 高地的任务后，立即有步骤地进行深入的动员，部队情绪高涨，斗志昂扬。为了提高部队的战斗力，4 连组织了 10 人左右为一组的小分队，三次夜间潜伏在 572.4 高地，敌人阵地前沿鹿寨、铁丝网、雷区附近，到翌日白天，侦查敌阵地前沿的地形、工事构筑、火力配备，兵力部署等情况。潜伏小分队的战士要在那里趴上一天，到次日天黑后才潜出。除了带武器弹药外，还带些熟干粮和水壶，渴了喝水，饿了吃饼干，整整 24 个小时，日晒虫咬，不能有任何声响，只能静默潜伏，观察的情况在小本上画上地形图，记下必要的数字。这不禁令我们想起“为整体、为胜利而自我牺牲的伟大战士”邱少云……

每次派出小分队侦查都有重点，回来后要把了解到的情况，摆在沙盘上，不断进行修正，并组织战士们熟悉地形，随时准备战斗。为了强化训练，4 连还曾撤到二线，选择与 572.4 高地相似的山头，进行了反复演练。

准备了两个多月，1952 年 9 月 13 日晚，我军向 572.4 高地发起进攻。

杨荣华奉命带领 3 排、4 排、连部和炊事班等勤杂人员，从无名山绕过山角，沿汉江边东侧，从桑洞沟西口进入，到达指定地点。由于天黑夜暗无路，江边水流湍急，攀登行走缓慢，绕过江边到达桑洞沟西口时，离发起进攻仅剩 10 分钟了。“我立即传令，跑步迅速前进，5 分钟到达进攻出发位置。幸好没有耽误，真是捏了一把汗。”过去了那么多年，杨荣华仍难忘当时紧急的情形。

我军炮兵向敌阵地进行了 5 分钟炮火袭击，战士们按照战前的战斗分工，从敌阵地的东、西两边，迅速突入敌的五六号阵地东打西杀，哪里有敌人，就冲杀在哪里，一个掩体、一个碉堡地进行搜索，一边冲锋，一边喊“缴枪不杀”。

经过 3 个小时的激烈战斗，我军占领了整个高地，全歼守敌。随后，我军防守部队依托阵地，在纵深炮火的支援下，击退了敌军的 3 次反扑。

此战，609 团共毙伤敌军 800 余人。杨荣华在这次战斗中荣立三等功，他所在的 4 连荣立集体二等功。

在攻打 572.4 高地之前的 1952 年 8 月，杨荣华就接到调往团政治处工作的命令，他主动要求等攻坚任务完成后再到职。后经团里批准，在战斗结束后的 10 月，杨荣华正式到 609 团政治处担任干部助理员。

金城战役的英雄壮举

伟大的抗美援朝战争，捍卫了中华人民共和国安全，保卫了中国人民和平生活，稳定了朝鲜半岛局势，维护了亚洲和世界和平。

中国人民志愿军同朝鲜人民和军队一道，历经两年零九个月艰苦卓绝的浴血奋战，赢得了抗美援朝战争伟大胜利。

金城战役是抗美援朝战争的最后一次战役。此役中国人民志愿军歼敌 5.3 万余人，将南朝鲜军 4 个师打残，收复阵地 160 余平方公里，有力地配合了停战谈判。

1953 年 7 月 13 日晚，中朝军队在朝鲜金城全线，发起了向美韩军的夏季反击战役。

金城战役中我军战士通过铁丝网向敌主峰阵地冲锋

此时的杨荣华，因长时间钻山沟、蹲地堡，潮湿受凉，卫生条件差，全身长满脓疮，饮食不进，睡眠不好，行动不便，只能作为病号，跟着团部机关观战。“这次战役打响后，我隐蔽地趴在团指挥所附近的一个山头上，心潮澎湃，激动万分地观看了这次伟大战役的全过程。”杨荣华这样描述当时的情形。

我军火箭炮弹像一条火龙一般，一排排的炮弹连续地倾注在敌人阵地上，各种炮火组成一道道火墙，把敌人阵地打成一片火海，爆炸声震天响，地动山摇，此起彼伏。炮火袭击的同时，607团侦察排组建了精干的“化妆袭击班”，直插二青洞，12名侦察兵在副排长杨育才的带领下，以突然袭击的动作直捣南朝鲜军首都师第1团（即“白虎团”）团部，缴获李承晚亲授的“虎头旗”。609团1营和2营正面猛烈攻击敌军阵地，副团长赵仁虎亲自率领2营作为尖刀部队向敌后穿插10公里，最终击溃了李承晚所谓的王牌部队“白虎团”……战后，4连荣获“特等功臣连”光荣称号，涌现了一批英雄人物。广为流传、脍炙人口的电影和样板戏《奇袭白虎团》，描写的就是金城战役期间的英雄壮举。

夏季反击战，从7月13日开始，至27日结束，整整两周时间，打得美帝在谈判桌上签了停战协定。当晚，杨荣华接到师政治部的通知：美帝已经签字停战。

“老实说，这是一场军事上的奇灾大祸，”美军参谋长联席会议主席奥马尔·布雷德利将军曾说过，“这是在错误的地点、错误的时间、同错误的敌人，打的一场错误的战争。”

杨荣华和战友们跳出交通壕，拍手跳跃，兴高采烈地大声欢呼。有的战士干脆站到掩蔽部上边的山头上去了。入朝两年多，一直处于秘密隐蔽状态，警惕地注视前方，注视天空，注视着炮火封锁线，战争限制了战士们的自由和活动。终于停战了，获得自由，我们解放了！

1953年，在志愿军撤离朝鲜前的休整期间，党中央决定组织一次大规模赴朝慰问活动，慰问团总团长由贺龙元帅担任。当年11月，文工团带着全国各族人民对志愿军的深情厚谊，来到杨荣华所在的609团。为迎接祖国亲人的到来，团里抽调人员组成了接待慰问团的服务机构，杨荣华就是其中一员。

他们在山沟里的一块平地上，搭起了戏台，书写了欢迎慰问团的标语口号。战士们或站或坐在周围的山坡上，露天观看了精彩的秦腔表演。

停战后，部队由一线调到二线又转到三线，在西海岸附近驻防，为回国做准备。印象最深的，是1955年元旦夜，在团机关与朝鲜驻地煤矿工人举行了新年联欢晚会，朝鲜煤矿工人向中国人民志愿军作了模范事迹报告，结束后，朝鲜人民演出了丰富多彩的文艺节目，男女合唱，此起彼伏，跳起了欢快舞蹈，于是我们也和朝鲜人民一同跳了起来。整个会场沸腾了，一直持续到深夜。

在朝鲜的3年多时间，杨荣华和他的战友们，走的是朝鲜的路，爬的是朝鲜的山，坚守的是朝鲜的山峰，住的是朝鲜的洞和房，喝的是朝鲜的水，吃的是朝鲜的米糕、米酒、苹果，参加过朝鲜党政军群召开的新年晚会，听过朝鲜劳动英雄模范事迹报告会，与群众人民一起唱过歌、跳过舞、碰过杯……同战斗、同劳动、同欢乐，结下了深厚的情谊。

“我为能参加这场史无前例的伟大战争而感到骄傲和自豪。”追忆往昔，杨荣华无比感慨。

一片丹心永向党

1955年春天，第68军撤离朝鲜，同年4月，划归新成立的济南军区。回国后，杨荣华被选送进入中国人民解放军总高级步兵学校学习。1957年7月，杨荣华分配到济南军区政治部工作。

1968年1月，济南军区按照军委指示，组建陆军第5师，开赴新疆，杨荣华担任师后勤部政委。7月中旬，跟随部队从山东莱阳乘火车向新疆开进……

在新疆近20年，杨荣华历任师政治部副主任、基地兵站副政委兼政治部主任、后勤分部副政委、部长、政委。1984年11月离职休养。

1986年秋，杨荣华将全家人从库尔勒搬回太原，入住新疆军区太原离职干部休养所（现更名为山西省军区太原第八离职干部休养所），开始了离职休养的生活。

干休所是个闹中取静的大院，住的都是从部队离职的领导干部，每家每户都是带小院的二层小楼。如今儿女们早已自立门户，儿孙满堂。平日里，只有杨荣华和老伴住在这栋二层小楼里。

耄耋之年的杨荣华，虽历经百战，但身体康健，俨然就是七八十岁的样子。不仅耳聪目明，腰杆挺拔，且思维清晰，谈吐不俗。离休后的30多年，他从没有放弃过学习，上老年大学20多载，学习了写诗填词，擅长水墨山水，喜好书法。闲暇时，还动笔写写回忆录，给年轻人讲讲战斗故事。天气好的午后时光，他还喜欢侍弄花草，与老邻居、老战友们打打麻将，谈天说地，将日常生活安排得丰富多彩。

楼上阳面的两间房，一间是书房，一间是会客室。书房正中间是一张偌大的书桌，背后是一面墙的书架，对面书柜上，摆放着杨荣华老人不同时期的相片，有上百人的大合影，有家庭合影，有他青年时期穿着军装雄姿英发的单人照……柜门上还悬挂着老人刚写好的几幅字。

书房隔壁会客室的墙上，挂满了字画作品，有别人送他的，也有他参加老年书画比赛的作品。阳台上有个大箱子，里面整整齐齐摆放着老人这些年积攒的书画作品。他小心翼翼地一幅幅打开，一一介绍展示。

戎马一生的杨荣华老人，有着冲锋陷阵的英勇神武，也有着气定神闲的豁达开朗。老人穿上军装，胸前佩戴着一枚枚勋章，在冬日暖阳下，敬上一个军礼，仍然是那么英姿飒爽，虎虎生威。

保家卫国，无上荣光。人民不会忘记他们的丰功伟绩。杨荣华先后荣获华北解放纪念章、解放奖章，抗美援朝纪念章、军功章、朝鲜民主主义人民共和国三级国旗勋章、独立功勋荣誉章，纪念抗日战争胜利60周年荣誉章和纪念抗日战争胜利70周年纪念章等荣誉。离休后，杨荣华被新疆军区和兰州军区5次评为先进休养员，还多次被评为优秀党员和干休所系统党代表。

有人说，长寿是一种福分。年近期颐，仍有着健康的体魄、昂扬的斗志和积极进取的精神状态，怎不令人钦慕、赞叹？杨荣华老人，就像一本书，翻开了，就是一张波澜壮阔的人生画幅，也是一段气壮山河的鸿篇巨制，蕴含着一种保家卫国的博大情怀，以及可歌可泣的抗美援朝精神。

让我们向“最可爱的人”——抗美援朝的英雄，致敬！

祁法治

祁法治说：当时入党是秘密发展，介绍我入党的是青训队队长段金成和区队长李根元，他们代表组织和我谈了三次话。问的第一句话就是："你有没有长期打仗的想法？有没有为解放全中国，为广大人民谋幸福奋斗终生的决心？"我是 1947 年 6 月入的党，经过半年候补期，同年转正。也就是说，组织上向我提出这些问题时，我还没过 20 岁生日，正是青春年少、热血沸腾、积极向上的年纪。可以想象，我当时的回答是斩钉截铁的。我答："我家是雇农，我参加革命队伍，是自觉自愿跑来的，不是雇来的，不是要来的，更不是抓来的，我有为革命牺牲自己性命和个人幸福的决心。"

让老兵精神在新时代熠熠生辉

陈春澜

“子弹在你身边嗖嗖地飞，不到它们落地，你根本不知道自己下一刻是死是活。”18 岁就加入游击队，先后参加过抗日战争、解放战争和抗美援朝预备队，业已 93 岁、依然精神矍铄的耄耋老人祁法治，坐在沙发上，一开口就把我们带回了炮火连天的战争岁月。

出生的那年那月正巧南昌起义

“怎么和你说呢？当兵的那年我 18 岁，是和同村的两个人一起参军的。这两人也不大，都不到 30 岁。但 3 个人里，只有我活了下来，这两人都在战场上牺牲了。”说完这句话，老人久久无语，我也沉默着。有些时候，静默比任何言语都更有超越时空和直抵人心的力量。

那是个冬日的午后，正午的阳光透过玻璃窗，静静地照在我们身上，茶几上的两杯热茶热气氤氲，屋内暖气也送得恰到好处，温度宜人，让你一点也感受不到数九天的寒冷。这份温暖和宁静，只有在和平岁月才能享受到，如果倒退几十年，回到炮火连天的战争年代，是做梦都不敢想的。

“为有牺牲多壮志，敢教日月换新天。”长篇小说《保卫延安》的作者杜鹏程，在战争年代曾是随军记者。他这样形容战争的残酷：打几仗下来，再去采访曾经熟悉的连队，除了连长，全不认识，都牺牲了。

“我是六〇后，没经历过战争年代，用那个年代的流行词语来说，就是生在新中国，长在红旗下。在我小的时候，每到清明节，学校就会组织我们到双塔寺扫墓。来去的路上，我们都会合唱一首歌，歌名忘记了，歌词倒还记得：‘翻过小山岗，走过青草地，烈士墓前来了红小兵。举手来宣誓，献上花圈表表心。想起当年风雨夜，山冈铁链响叮叮。不是你们洒热血，哪有今天好光景。’”

就在我的思绪也沉浸在对死难烈士的缅怀中时，平复了情绪的祁法治老人又开始了他的讲述。“和那些年纪轻轻就把性命丢在战场上的人比起来，我是幸运的，我常说自己是个幸福兵。”

听着他接下来的讲述，越听越加深我对祁老的尊重。老人虽年过九旬，但眼能看，耳能听，思路清晰，表达的内容都建立在尊重历史的基础上，不夸大、不粉饰，有一说一，有二说二。

“一个人有一个人的命运，每个人生命中都带有隐秘的奇特之处。”老人说，“我的奇特也是我常引以为荣之处，就在于自己的出生年月。”说到这里，老人清了清嗓子，身子往沙发边上挪了挪，有意识地直起腰杆后接着说，“我经常为自己能那么早就进入部队而自豪，也为我的出生年月而自豪。”

“我生于 1927 年农历八月，和南昌起义同年同月。8 月 1 日是中国人民解放军建军节，过了建军节，不出当月，就过我的生日。每年的 8 月，是我最欢喜过的一个月份。”

我点头，觉得祁老自豪得有理，这是一个中国军人的幸运和自豪。1927 年 8 月 1 日南昌起义，标志着中国进入了中国共产党独立领导武装革命的新时期，标志着中国新型人民军队的诞生。一个军队的诞生和一个军人个体生命的诞生，碰巧在同年同月，是小概率事件，祁老有理由为这种难得的巧合而高兴。

“参军前，我不叫祁法治，而是祁发治。‘发’是从家族的辈分上排下来的，贫穷的族人把发家致富的希望，寄托在新出生的后代身上。可是，在旧中国，这个希望一次又一次地落空，在我记忆中，我们祖孙三代都是赤贫的穷苦人。”

说到这里，祁老站起来，走到桌前，找出一本《平陆县人物》递给我。“这是我家乡编的书，你看看，上边写着我的家庭出身，是佃户。”我笑着接过翻着看，老人怕我不懂，指着佃户两个字解释道：“佃户是最穷的一等，无房无地。”

“那就从无房无地和您为什么参军说起吧！”我把书合上，递给祁老。各县都有相关的书籍，收录了自己县里较有影响和地位的人物，可能由于篇幅所限，大多是简单地介绍，我更想听这些介绍性文字背后承载的故事。

对于一位年近百岁、亲历过抗日战争和解放战争的老革命军人，多少尘封的往事，都像宝贵的文物一样珍藏在他们记忆的深处。有幸面对面地和老人坐在一起，听他讲讲过去的事情，对我而言也是幸运。我想把说话的时间更多地留给老人。果然，祁老记忆的闸门一旦打开，往事便犹如海浪一样决堤而来。

贫穷的生活和四个同学的惨死

“我参军的原因主要是因为家里穷。我的家乡是山西省平陆县曹川镇姚坪村，中华人民共和国成立前是平陆县第三区。上面说过，我们家很穷，没有自己的土地种。农民谁不是从土里刨食吃？没有地种，就没有饭吃。为了活下来，父母只好租了村里有钱人的地来种，并带着我和弟弟，一家四口，全都租住在人家的三间土瓦房里。

“我原先的名字里有一个‘发’字，怎么个发法？父母虽没什么文化，但也知道读书的重要，他们满心满意希望读书能改变他们长子的命运。在我 11 岁时，日不出而作、日落也不息的父母，用他们在地里像牛马似的劳作挣下的辛苦钱，送我上了小学。

“记得那时，除了上学，回了家还要帮着父母到地里干活，另外，割草放羊也是我的事。这样边念书边劳动的日子，持续了近两年，1941 年 5 月，我们所在的平陆县东部地区，就被日本人占领了。我的出生地张家底村全村的房子都被日本人烧了，姚坪村虽没被烧，但也不能久住，更不用说上学了。

老人的话，让我想起了“一二·九”抗日救亡运动。1935 年 12 月 9 日，北平大中学生数千人举行了抗日示威游行，反对华北自治，反抗日本帝国主义，热血青年群情激愤地呐喊出：“华北之大，已经安放不得一张平静的书桌了！”

“皮之不存，毛将焉附。”国家遭到日军的侵略后，在黄河边山西姚坪村读小学的他，非但失去了平静的书桌，同时也失去了过安定生活的可能。父母带着他们兄弟俩渡过黄河，逃到了河南省渑池县西面的段村。在段村过了两年多逃亡生活后，1944 年初，故土难离的父母，又带着他们回到了老家姚坪村，在本村的勾家后小学，他又拾起了书本，继续念小学。

说起这段读书经历，祁老深有感触地说："勾家后小学让我印象最深刻的，不是学了什么文化，掌握了什么知识，而是和我一起读书的 4 个同学的惨死。有一天，为躲避日本鬼子，我们都逃到了村外一个废弃的旧煤窑的矿洞里，煤窑里巷道很深，鬼子不敢贸然进去，就用鼓风机在洞口往洞内放烟雾，想用烟熏死我们，我们手牵着手往巷道更深的通风的地方摸索，没吃没喝，在伸手不见五指的煤窑洞坚持了一个白天。

"天黑的时候，有 4 个男同学大着胆子跑了出来。结果，全被日本鬼子抓了去，在姚坪村下面的一条沟里，就把他们全打死了。天天和你在一起，曾经是那么熟悉的活蹦乱跳的生命，说没就没了。这件事，对我震动很大。

"现在回想起来，后来自己之所以能义无反顾地去参军，除了家穷之外，还有对日本鬼子的仇恨，这个仇恨在同学惨死的那一刻就在我心里种下了。听说要加入的游击队是共产党领导的打日本鬼子的队伍，毫不犹豫，说走就走。"

加入游击队的第一天就改了名

"1945 年 5 月 23 日，我在本县涧东村参加了李彦敏领导的游击队条西纵队 10 支队。走的那天，天气很好，我背上背着母亲准备的干粮口袋，跟着同村比我稍年长的两个人，天一亮就出发，走了整整一天。涧东村在县城附近，离我们姚坪村有 50 多公里，赶我们走到时，天已经黑了。

"天黑，但我心里亮，觉得到了队伍里就有奔头了，打心眼里觉得什么都是美好的、新鲜的、光明的。见登记簿上把我的名字'祁发治'写成了'祁法治'，我不说也不纠正，沉默中接受了这个新名字。心想，这个'法'更好，到了部队，一切都要听部队的，那个'发'是发家的意思，到部队，是为了国家，不能想着自己发家，索性以后就用这个‘法’好了。新生活，新名字，一切都要重新开始。

“从登记处出来，我心里还想着这个事，觉得一切的一切都翻开了崭新的一页。这时，有人大步走来，拍着我的肩膀问：‘你也来了。’我这才知道我们村光祁姓本家就有 6 个人已经入伍了。有句话叫‘只道当时是寻常’，从这点上就能看出，在国难当头之时，母亲送儿打东洋，妻子送郎上战场，都是很平常的事。

“只可惜，我们村的这些人包括和我一起来的那两个人，后来都失联的失联，牺牲的牺牲。一仗打下来，好多人就再也见不到了。没有经历过战争，不知道战争的残酷，现在回想起来，牺牲的这些人都是风华正茂的年轻人。”

老人说到这里，又是一阵沉默。我反客为主让老人喝点水，休息一会再讲，

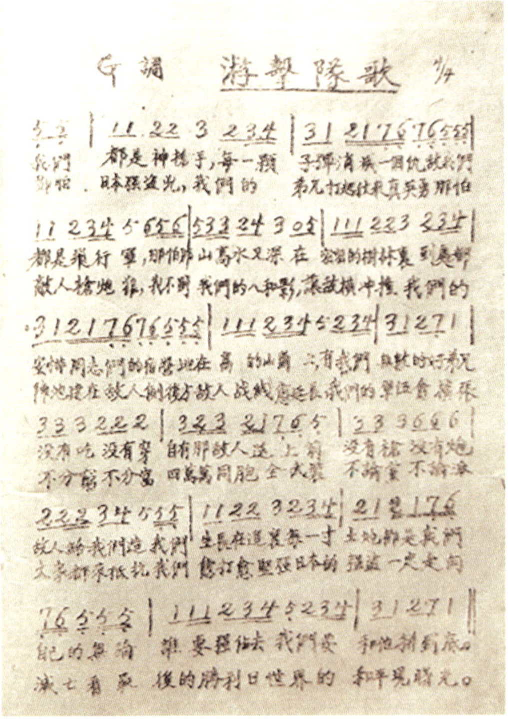

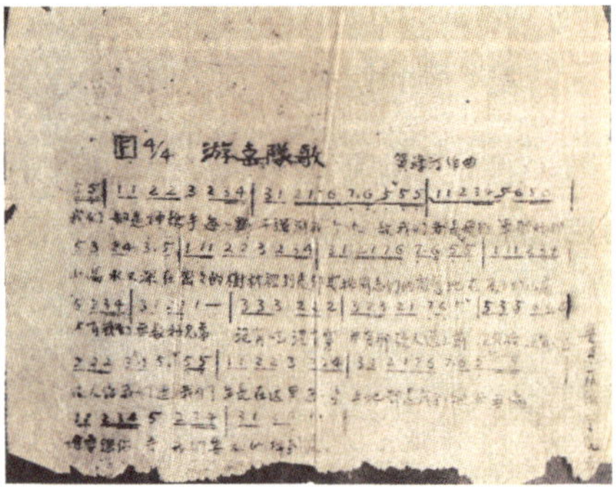

《游击队歌》手稿

老人摆手说不用，接着又讲了起来。

“游击队的生活很艰苦，基本上没有统一的军服，也不是人人有枪，有的有，有的没有。就像一首歌里唱的那样：‘没有枪，没有炮，敌人给我们造。’条件虽苦，但我们都很乐观，抓着俘虏后，我们就有了枪。有国民党军队用的中正式步枪，有阎锡山的兵工厂制造的仿日本的带刺刀的步枪。我们把阎锡山造的步枪，叫‘三八式’步枪，‘三八式’步枪比‘中正式’步枪要长。拿上枪的我兴奋得不得了，因为年纪小，也不知道怕，遇上战斗就往前冲，再加上自己又断断续续读过小学，领导说，这个小伙子不错，人机灵，也勇敢，不怕死，很快就让我当了通信员。

“战争年代的通信员，没有先进的通信设备，全靠两条腿和一张嘴，上传下达，什么时候该跑，什么时候该躲，什么时候该发出什么指令，什么时候该收集什么信息，全靠个人的观察能力和随时应对不测的应变能力。我们游击队在中条山里活动，打的是游击战，没有固定的驻扎地，今天在这个村，明天还不知道在哪个村，全是临时安排。队伍每到一个村子，就封了路，只准进，不准出，怕走漏风声。

“游击队有很强的组织纪律性。我们从不白吃老百姓的饭，吃饭要交钱或打条。一般不会在一个村子长住，甚至住一两天的时候都少，大多数情况是白天进村，半夜就走了。每个人心里的弦都绷得紧紧的，一声狗吠，都会让人百倍警惕，一条狗不明原因的失踪，那就是惊天动地的大事件了。”

在太岳军区救了团首长的命

“参加游击队不久，游击队就归编太岳军区第 3 军分区 58 团。遵照上级命令，我们在平陆、垣曲、闻喜、侯马等地接受日军投降。日军投降后的第二年，1946 年的 6 月，解放战争打响了。58 团是大部队，发正规的军服，是土布做的中山装，还有军鞋也是部队发的。身着崭新军装的我从心里希望能调到战斗连，去前线打大仗、打硬仗，可是，军人以服从为天职，我被组织安排留在团部，

祁法治珍藏的部分军功章、纪念章

由通信员变成了一名警卫员。

虽然没有去了战斗连，但也跟着团首长上战场。有次，我跟团参谋长权纯去了运城稷王山，那里有我们守防的两个连。在稷王山我们被国民党的军队包围了，权纯指挥战斗并带着大家突围。在突围路上，只听耳边‘嗖’的一声，我条件反射地伸出手，一把就把权纯摁倒在地。随后，听见不远处一声巨响，抬头一看，好险！那颗擦着我们身体飞过去的枪榴弹，在离我们只有二三米的地方爆炸了。

有惊无险的我们突围成功，晚上睡觉时，我才发现棉衣上不知什么时候被打了个洞，所幸身体没受伤。”

祁老说到这里，像孩子似地开心地笑了，为他的幸运，更为他成功地救了首长的命。

“说到团参谋长，我又想起一件事。”沉浸在回忆中的祁老说，“并不是每一个人都这么幸运。另一位团参谋，名字记不清了，就不幸牺牲在战场上。”

“那是打闻喜县城，从黎明四点开战，一直打到天黑，怎么也打不下来。双方都有伤亡，情急之下，我们的一位团参谋，跑到裸露的高地上对敌方喊话。

刚喊了几句，就被敌人瞄准头部开了一枪，这位英勇的团参谋当场就牺牲了。”

子弹不长眼，说祁老他们这些活下来的老兵都是提着脑袋干革命，都是从枪林弹雨中走过来的，一点不夸张。怕老人家说到战友的牺牲再度陷入悲伤，我赶紧用心中的疑问转移了话题：“祁老，您刚才说的是枪榴弹，不是手榴弹？恕我孤陋寡闻，‘枪榴弹’，不论从描写战争的书上还是影视片中，我还没有看见和听见过。”

“是枪榴弹，这个我没记错，不是手榴弹。”祁老肯定地回答，“当时我们用的武器没有国民党军队的先进。我们用手榴弹，他们用枪榴弹。枪榴弹比手榴弹小，但射程比手榴弹远。手榴弹的投程一般是四五十米，最远也只有六七十米。而枪榴弹就不同了，它是放到步枪上，用步枪的子弹打出去，能从这个山头打到那个山头。”

把一种武器从外形到性能都如此清晰地表述出来，只有像祁老这样亲历过战争，并见识过其威力的人才能做到。由兵器说开去，祁老接下来又围绕另一种兵器——“迫击炮”，讲了打垣曲时发生的一件事。

“攻打垣曲县城是从外围开始打的，打下东关镇后，抓了一个俘虏。这个俘虏是国民党的迫击炮炮手，大个子司令员王庸给他讲了我军优待俘虏的政策后，他表示愿意为我军服务。王庸司令员指着河边空地上的一个草房子说，你打它试试看。俘虏拿起炮弹，两侧腋下各夹 1 枚，双臂肘部和两只手里又各放了 1 枚，6 枚炮弹连发，弹无虚发。最后，我们攻打垣曲县城时，就是用这个俘虏来的迫击炮炮手，率先用炮打开了垣曲县城的大门。”

在青训队学习期间加入中国共产党

“1946 年 12 月 16 日，我们太岳军区攻克垣曲县城后，为策应吕梁战役，保卫延安，将敌人粘在绛垣线及临汾地区，解放军主动撤离垣曲。部队休整之际，我被选送到太岳军区第二军分区青年干部训练队学习。从 1947 年 2 月到 1948 年 4 月，为期一年两个月的学习，我不但提升了政治素养，增长了军事才干，更主要的是完成了我个人生命中最有意义的里程碑式的大事——光荣地加入了中国共产党。

“当时入党是秘密发展，介绍我入党的是青训队队长段金成和区队长李根元，他们代表组织和我谈了三次话。问的第一句话就是：‘你有没有长期打仗的想法？有没有为解放全中国，为广大人民谋幸福奋斗终生的决心？’我是1947 年 6 月入的党，经过半年候补期，同年转正。也就是说，组织上向我提出这些问题时，我还没过 20 岁生日，正是青春年少、热血沸腾、积极向上的年纪。可以想象，我当时的回答是斩钉截铁的。我答：‘我家是雇农，我参加革命队伍，是自觉自愿跑来的，不是雇来的，不是要来的，更不是抓来的，我有为革命牺牲自己性命和个人幸福的决心。’

“表这个态时，我说的不是大话，我已经离开家快两年了，心里其实很想父母。我走的那年，我母亲才 37 岁。送我走的那天，她站在村口，迟迟不肯离去。几次回头，都看到母亲依然固执地站在风中，张望着我远去的方向。可我再想家，也得忍着。当时部队规定，3 年之内，不准给家里写信，去信怕出问题，回信又收不到，部队不定驻扎在哪里。至于说回家探亲，更是纪律所不允许的。大家都是这样，一个心眼闹革命，心里想得很单纯，为解放全中国，个人做出什么牺牲，都在所不惜。

“1948 年 4 月，我从青训队学习结业后，以正式党员的身份，分配到太岳军区警备司令部任见习参谋，驻地在河南省济源县。到 1949 年 11 月，我奉命调往山西省运城军分区司令部作战科任见习参谋。调动之前，部队首长批准从来没回过家的我，回家探亲。

“从河南济源出发，又是从天亮走到天黑，走了一整天才回到家。父母亲看着毫发未损的我，高兴得不得了，家里像过年一样，全家人围在一起，热乎乎地吃了顿饺子。母亲把平时不舍得吃、用来换针头线脑的鸡蛋，特意煮了给我吃。吃完饭后，弟弟看着我带的手枪稀罕得不行，非要拿去比试比试。我说：‘这不行，部队有纪律，人在枪在，这枪只能哥哥随身带着，你不能随便动。’当时，就觉得和弟弟再亲，但组织纪律高于一切个人情感。几次想把入党的消息告诉父母，又几次把这种想法咽回了肚里。在家住了不到一星期，我就准时返回部队。

“1951 年，我从运城军分区司令部作战科调到了华北独立 22 团司令部任作战参谋，驻地在山西省太谷县。抗美援朝战役打响后，我入选山西省军区参战人员预备队，虽然最后没有远赴朝鲜战场，但随时做好了参战的准备。”

最难忘的是一生三次见到毛泽东主席

“我一直从心里觉得自己是个‘幸福兵’，走过血雨腥风的战争岁月，不但活下来了，还获得了许多荣誉，两次荣立了一等功。全国解放后，部队先后送我到大连海军学校、天津市华北军区第一速成中学和北京第一坦克学校军事指挥第六期营团指挥军官队学习，可以说，我的成长离不开党和部队的培养，从这点上，我也觉得自己是个幸运的‘幸福兵’。更幸福的是，组织上给了我三次见到毛泽东主席的机会。

“1955 年 10 月 1 日，我们国家举行了第七次国庆大阅兵，我作为国庆受阅部队中的一员，光荣地接受了毛泽东主席、朱德总司令、周恩来总理以及党中央其他领导同志的检阅。

我国有七亿人口，工人阶级是领导阶级。要充分发挥工人阶级在文化大革命中和一切工作中的领导作用。工人阶级也应当在斗争中不断提高自己的政治觉悟。

毛泽东

为庆祝中华人民共和国成立十九周年，定于一九六八年十月一日上午十时在天安门广场举行群众庆祝游行大会，请参加观礼。

国庆节筹备工作领导小组

（凭柬进东南观礼区）

中华人民共和国成立十九周年群众庆祝游行大会观礼请柬

“1955年，是中国人民解放军实行军衔制和兵役制的第一年，中央军委决定坦克学校要组织一个方队参加国庆阅兵式。28岁的我正在坦克学校学习，幸运地入选受阅方队。三个多月的紧张训练，累并快乐着。为练好‘立正’姿势，几个小时不能动，暑热天气，汗水从头顶上像雨水一样往下流，流到眼里也不能眨眼，要始终保持两眼目视正前方。练‘正步走’，要先练习分解动作‘拔慢步’，一条腿绷直抬起，脚背上放上砖头，另一条站立的腿则要像树桩一样，牢牢站稳。检阅前一个月，我们方队住在北京天坛公园临时搭的帐篷里，白天黑夜都抓紧训练。

“国庆节的那天，大家都穿上新式校官军装，佩戴上军衔，整队前往天安门广场处东长安街。一路上，道路两旁的群众自发地向我们鼓掌。上午10点整，天安门城楼的广播里传来一个激动的声音：‘毛主席来了！’顿时，广场上掌声雷动。紧接着，检阅开始了，国防部部长彭德怀乘坐敞篷汽车，在阅兵总指挥、北京军区司令员杨成武的陪同下，向我们受阅部队走来并高呼：‘中华人民共和国万岁！’我们集体回答：‘万岁！万岁！万万岁！’

“我们方队高举着八一军旗，行进到天安门城楼前的广场时，指挥员一声‘向右看’，‘啪’的一个整齐的和声，方队由齐步走换成正步走，齐刷刷地全看向右侧。我们虽然知道城楼上的毛主席和其他中央首长，就站在城楼上向我们招手，可是，谁也不敢抬头看上一眼，我们是军人，军人就要遵守命令，军人就要有铁的纪律。我们的眼睛只准看天安门城楼上的毛主席像，这是命令，也是纪律。

“参加完检阅好长时间后，我们都很难平复激动的心情，毕竟，我们见到了毛主席，虽然，毛主席在城楼上，我们在城楼下的广场上，但我们还是为能和毛主席在同一时间、同一个大的地点在一起过而兴奋不已。从那个年代走过来的人，都理解人民群众对领袖的感情，何况一个军人。这件事，让我终生都难以忘怀。”

2009年7月，82岁高龄的祁老以《接受毛主席检阅》为题，写了一篇文章。作为亲历者，他从个体的角度，详细地记录了这次检阅过程，对抢救历史真相颇有价值。该文获得了《山西老年》“纪念中华人民共和国成立60周年”征文三等奖。

从坦克学校学习期满后，祁老被分配到中国人民解放军第42军124师329坦克团任营教导员，后又任团政委。1956年9月，又调到北京中央军委装甲兵科学研究处任参谋，第二年2月，也就是1957年，年轻的祁法治作为装甲兵积极分子代表，又荣幸地受到了毛泽东主席的亲切接见。祁老回忆道：“这次，是近距离真切地看到了毛主席，接见后，毛主席还和我们全体代表合了影。”

在祁老住的老式楼房里，我见到了这张合影，就挂在他们家一进门过厅右边的墙壁上。这种老楼房，没有客厅，狭窄的过厅里，光线不是很好，祁老拉亮灯，指着右边第二排第四个着军装的年轻小伙儿说：“这个人就是我。”照片上的小伙儿年轻英俊，可以想象当年的祁法治是多么的踌躇满志，意气风发。

1969年1月25日，时任广西北海市革命委员会第一副主任的祁法治，作为部队代表，又一次在北京的首都体育馆，受到了毛泽东主席和周恩来总理的亲切接见。

这样算起来，在部队期间，祁法治三次见到了毛主席。如果说，他的生日和中国人民解放军的建军节同年同月是巧合，那么，如此闪光的经历，可不是巧合，是他用行动，脚踏实地，一步一个脚印地干出来的。在人的一生中，能有这样的经历，也可以说，不负韶华，人生无憾。

苏联小说《钢铁是怎样炼成的》曾经影响了一代人，其中有一段话是这么写的：“一个人的一生应该是这样度过的，他不会因为虚度年华而悔恨，也不会因为碌碌无为而羞愧。这样，在他临死的时候，他就能够说，我的整个生命和全部精力，都已经献给世界上最壮丽的事业——为人类的解放而斗争。”

用这段话来形容祁老近百年的奋斗人生，同样贴切。1976年转业后，他的名字连同先进事迹多次上了《解放军报》《山西日报》《太原日报》，《解放军报》称赞他是“转业不转向的好干部和优秀共产党员”。

就是离休后，祁老也闲不住，担任了近10年的物价监督员，还被评为“功勋职工物价监督员”。直到今天，他都不落伍，与时俱进，用微信和外界交流。

如果不是祁老的外孙讲，我怎么也不敢相信，一个近百岁的老人，基本上是每天上午游泳，下午外出，经常骑着电动车上街。

他说老伴身体不好，有病在床，他不能再拖累孩子们，他们都有工作，他锻炼好身体，孩子们就能安心工作。说话间，老人走到我们坐的这个屋子的房门前，“噌”地一跳，双手就抓在了门框上，同时，双脚离了地，整个人就吊在了半空中，看得我目瞪口呆，心突突乱跳，哪敢相信所面对的是一位93岁的高龄老人。

采访结束后，祁老往写字台里放他收藏的证书和奖章，望着闪闪发光的“抗日战争胜利60周年纪念章”，我由衷地祝愿抗战老兵祁法治和所有健在的革命老兵健康长寿，给我们这个时代提供更多、更精彩的老兵故事，让老兵精神在新时代熠熠生辉！

张兴旺

加入了党组织，就意味着要把自己的一生都献给党，献给人民。经历了无数次战火考验的张兴旺，似乎比别人更懂得活着的含义。同时，他也庆幸，他能活到今天，看到祖国变得这么好，这么富强，比起他那些牺牲的战友，他说：“我真的知足了。”

忠诚铸就的烈火青春

尧 阳

一代人有一代人的青春，一代人有一代人的芳华，一代人有一代人的担当。我们这代人的青春和上一代人的青春，和再上一代人的青春，到底有哪些不同？这个问题在去往古交的路上，一直到辛丑牛年过去了这么多天，我都没有理出一个头绪。

2020年，真是让人难忘。新型冠状病毒肺炎疫情疯狂肆虐全世界，中国人民快速反应，制止住了病毒的传播。同时，一场举世瞩目的脱贫攻坚大决战正在轰轰烈烈地开展，并且把绝对贫困彻底消除在了2020年。恰好这一年，也是中国人民志愿军出国入朝参战70周年，从中央到地方，都举行了不同方式的纪念活动。在这样一个特殊的时间节点上，我跟随市文联文研室的同志前往古交市采访志愿军老战士张兴旺。

没有经过战火的洗礼，没有经历过动荡年代的苦难，我认识和感受到的英雄形象，都是在一本本的书里和电视上。到了古交，见到了志愿军老战士张兴旺，很快就被他的故事感动了。那个时代他传奇的人生，所经历过的苦难，都是我闻所未闻的。让我喜欢的是，老人的自信、阳光、健谈、谦逊，说起70年前的青春往事，没有太多的悲伤，相反，脸上始终跳跃着快乐的光辉。我知道，生活在现在这样一个和平而富足的时代，哪个人不欢喜不自豪呢？何况，他还是一个从过去年代走过来的人，他比我们中间任何一个人，更懂得当下的和平与幸福来得多么不容易，他比现在的任何一个人，更懂得“祖国”“人民”这些词汇的庄严和神圣。

初生牛犊不怕虎

张兴旺旧照

20世纪30年代到40年代，这片山石纵横交错的土地叫阳曲第四区。张兴旺的家，就在河口镇大汶上村。当年，这片土地上活跃着一支抗日武装队伍，叫静阳支队，后来，这支队伍被改编为晋绥军区十八支队。在那个苦难的旧中国，有许多像静阳支队这样的人民武装，活跃在大大小小的山区平原，给日本侵略者以致命的打击。拿起枪杆子闹革命的穷苦大众，都在渴望过上和平安定的新生活，渴望着能早一点把侵略者赶出国门。

张兴旺的童年就在这样的饥寒交迫中度过。他从小就对日本侵略者充满了刻骨的仇恨，因为小小年纪就给日本人修炮楼、刮砖，一到冬天，还要给日本人扫雪清路，可以说受够了侵略者的污辱和欺压。张兴旺内心一直渴望着把小鬼子赶走，可以过上自由幸福的生活。转眼到了1945年8月，张兴旺记得很清楚，盘踞在寨上据点的日本鬼子突然悄悄地都逃走了。人们这时才知道，日本人投降了，我们胜利了。消息传开后，人们奔走相告。

那一年，张兴旺13岁。但他清楚地记得，胜利的喜悦还没有维持多久，就听人们说，国民党又挑起了内战。这时的张兴旺看着愁苦的母亲，他决定要当兵去。母亲不同意，对瘦弱的他说："子弹不长眼啊旺儿。"张兴旺拍了一下胸脯，对母亲说："儿不怕，儿想跟着共产党走！"

或许这就是他们那个年代年轻人的选择吧，张兴旺就在本村参加了十八支队。这支革命武装的组成人员，全是阳曲县、清源县、静乐县、盂县附近的热血青年。张兴旺跟着十八支队，一直活跃在阳曲、文水、交城一带，感觉就在家跟前一样。随着战争形势的急速变化，十八支队很快就被改编为西北野战军第七纵队，不到一年，又改编为西北野战军一兵团第七军21师63团，此时的张兴旺，经过几次战斗的洗礼，逐渐成熟起来，担任了三连的副班长。那时，国、共两党在战场上正打得不可开交，谁来主宰未来中国的命运，就连当时的美国政府，也在观望之中。

从山区打到了平川，又从平川打回到山区，张兴旺随着大部队转战千里，后来返回文水，在牛家峪消灭了国民党的71师。打完这一仗后，部队又在文水和汾阳交界处的一个村子的大庙处，突然遭遇了敌人，一场恶战随之打响。

张兴旺因为身材瘦小，连队首长只给他发了一颗手榴弹。但这并不影响张兴旺的战斗积极性。随着冲锋号响起，张兴旺勇敢地向前冲锋着，蹚过了冰凉的文峪河。在一个水渠内，他发现两个正在逃窜的敌人，一边奋力追赶一边大喊："缴枪不杀，优待俘虏！"看着把手榴弹高高举过头顶的张兴旺，前面的敌人害怕了，便把枪扔在一边，跪在地上求饶。

张兴旺因此受到团部的嘉奖，荣获了甲等功。这是他平生获得的第一个荣誉，也是他在革命队伍里逐渐成熟的见证。同时，连队把张兴旺缴获的那支枪奖给了他。张兴旺如获至宝，抚摸着那支枪，就像抚摸着一个金光灿灿的大元宝。

这次立功受奖对只有16岁的张兴旺，无疑是巨大的鼓舞。此时，著名的三大战役正在进行当中。盘踞在山西的阎锡山，凭借着经营多年的坚固工事，仍在做着最后的反抗。他把5个军、14个师和21个保安警备大队全部后撤至大同忻县至灵石一线，派重兵封锁了晋中四面的山口，企图以晋中为战略防御支点，阻止中国人民解放军的快速推进。我人民解放军在徐向前司令员的指挥下，早已于1948年5月解放了临汾，又解放了整个晋南地区，直取晋中和太原。

张兴旺所在的第七军，在彭绍辉军长的带领下，参加了解放晋中的战役。晋中战役的开始，意味着解放太原的战斗也随之展开。此时的张兴旺率领全班战士，依旧冲锋在前，在一次战斗中，抓获了六七个俘虏，并被团部通报表扬，又一次荣立了三等功。

随后，解放太原的战役正式打响。太原战役，是解放战争时期打得最惨烈的城市攻坚战。张兴旺他们团并没有成为主攻团，而是作为后援梯队。等太原解放后，张兴旺所属部队，一直在太原担任看守仓库的警备任务。可以说，太原城内外各式各样的碉堡和工事，使战斗变得异常激烈，不少人牺牲了。解放太原的整个过程，张兴旺是亲身经历的。战争的惨烈、战友渴望胜利的那种毅力和决心，让张兴旺终生难忘。

1949年4月24日，太原终于解放了，看着人们的笑脸，插满了红旗的街道，张兴旺知道，好日子终于来了。

大西北的青春印迹

太原解放后，根据中央军委和党中央的部署，人民解放军开始进军大西北。张兴旺也马不停蹄地紧跟部队，奔赴新的战场。那一刻，张兴旺突然很想回老家看一下。他本以为太原解放就没事了，没想到和战友们又要奔赴新的战场。看着气势高昂的队伍，张兴旺按捺不住思乡的情愫，只能向着故乡的方向，说一声“妈，您多保重了”。部队从太原起身，经文水、交城、洪洞、临汾，一路走下来，沿途的村、镇、城市，到处都飘扬着鲜艳的红旗。“解放了的感觉就是好啊！”连长的话，让大家的心情更加愉快舒畅。可是，到了黄河边，看着滚滚奔腾的黄河水，这种气氛就渐渐变得凝固了。听说国民党胡宗南仍借助着秦岭天险，和西北的马步芳、马鸿逵结成战线联盟，妄图阻挡我人民解放军进军大西北，而且人数比我们多。那时节，正是五月天，绿油油的庄稼在田野里迎风摇曳。看着这和平的景象，有不少人想起了家中的父母与妻儿。虽说西安已经解放了，可是八百里秦川还有许多地方没有解放，祖国的大西北还没有解放，那里的人民还在苦难中挣扎。

第二天，张兴旺和战友们从风陵渡和禹门口渡过了黄河，到潼关，在傅家镇集结。休整了几天，参加了扶眉战役。让张兴旺难忘的是，支前的队伍一长串，行进在黄土路上，有推小平车的，有牵着骡马的，有年老的人，也有妇女，面对此情此景，让他想到了解放太原的情景。难怪好多战友都说，我们解放军能打胜仗，全靠人民群众的支持啊！

扶眉战役，是进军大西北的开幕战，只要打赢这一仗，进军大西北算是迈开了第一步。经过四天的激战，人民解放军在彭德怀司令员的指挥下，解放了宝鸡等 9 个县城，把胡宗南残部和西北的马步芳、马鸿逵匪军打得四处鼠窜。

在共和国快要成立的前夜，张兴旺和他的战友们，还没有好好享受一下胜利的喜悦，就匆匆忙忙走向祖国的大西北了。

西北大地的广袤和苍凉，让人记忆深刻。进军西北的路上，经常会遭遇国民党小股部队和土匪的侵扰，身边的战友们常常走着走着就倒在了地上，再也没有醒来。可以说，走了一路打了一路。到了天水，张兴旺他们又参加了陇南战役。这场战役是由贺龙指挥的。为了策应第二野战军对西南地区的大包围，正在陕南、陇南的第一野战军第十八兵团和第七军、第十九军，在西北军区司令员贺龙的指挥下，对胡宗南残部展开了声势浩大的攻势作战。这场战役，完全把胡宗南赶回到了西南地区，同时，陕西、甘肃两省也随着这场战役的胜利，完全回到了人民的手中。

天水，著名的历史文化名城。来到天水，正是八月时节，西北大地晴空万里。隶属于第一兵团的第七军，在当年的 11 月，又归建于第二兵团，但无论怎么更改变动，这支由山西人组成的队伍，仍然保持着三晋子弟勤劳朴实的作风。他们或许感觉到胜利的那一天越来越近了，你想想啊，东北解放了，陕西、甘肃解放了，现在大半个西北也解放了，西南地区也基本肃清了蒋介石的残余势力，剩下的边边角角，很快不就全解放了吗？

解放了，就不用打仗了；不用打仗了，就可以回家孝敬父母娶老婆啦。听着战友们你一言我一语地拉呱着，张兴旺也抑制不住内心的激动，他甚至想象到自己推开家门，母亲看到他时惊喜交集的样子了。

这时，又传来了好消息，新疆的陶峙岳将军率部起义了，新疆和平解放了。大家一起欢呼起来。又传来了兵团的命令，部队全部参加修筑铁路。战友们又是一阵欢呼。果然不出所料，不用打仗了。于是，整个第七军放下枪，修筑起了天兰铁路，这条铁路，是天水通向甘肃省会兰州的经济大动脉。放下枪的战士，马上成了修建铁路的工人，大家热情高涨，干劲十足。身份不管怎么改变，他们对新生的共和国的热爱，都是那样真挚、炽热。

1949年10月1日下午3点，远在北京的天安门广场上，彩旗飞扬，锣鼓喧天，毛泽东主席向全世界庄严宣布："中华人民共和国中央人民政府今天成立了！"

张兴旺和战友们没有亲眼看见庆典盛况，但他们却在西北的天兰铁路线上奋力大干着，用他们的青春和汗水，向新生的中华人民共和国报喜。他们把青春的印迹，永远地留在了天兰铁路上。

那一年，张兴旺18岁。他和战友们想得都一样，仗不需要打了，就去修铁路。等修完铁路，通火车了，就可以坐着火车回家啦。

但年轻的他们并没有想到，放下枪杆子后，还会重新拿起枪，去面对更加强大的敌人。

他们更不会想到，一场立国之战，已经悄悄开始了。

甘洒热血为祖国

1950年的秋天，中国人民解放军第七军奉命开赴东北，移师辽宁锦西，张兴旺所在的21师被整编为中央战防炮第31师，张兴旺所在的63团一部，被整编为第403团3连，装备57战防炮和76.2野炮。

从大西北一下子来到了东北，长枪换成了大炮，大家心里五味杂陈，每个人都清楚，来到锦西，是一次脱胎换骨的全新改变，但革命的意志不能变。战友们经常这样互相鼓励。此时，隔着鸭绿江飘来的战争烟雾也越来越浓了。

1954年12月，张兴旺（左一）与战友合影

果然，传来了振奋人心的消息，中国人民志愿军在彭德怀司令员的带领下，十万大军已经跨过鸭绿江，而且一路捷报频传，取得了朝鲜战场上一个又一个的胜利。

张兴旺和战友们听到这些消息，开心极了，也更加刻苦地训练，他们知道，有一天，他们也会跨过鸭绿江，狠狠打击美国人。虽然他们不知道战场上的真实情况，但知道“联合国军”的装备比他们的好，可以想象，我志愿军面对强大的敌人，该有多大的压力。后方的他们，只有刻苦演练战术技能，才能提供可靠的后援。

1951 年 2 月中旬，东北大地依旧天寒地冻。战防炮第 31 师从锦西和锦州出发，分别经长甸河口、安东、九连城入朝参战。张兴旺跟随着大部队进入朝鲜时，天正下着大雪，举目所见，白茫茫一片。行进在泥泞的路上，给了张兴旺和战友们奋进的心情一个下马威。此时，第四次战役已经快要结束了。对中朝两国人民来说，亟须一场战争的胜利来为谈判桌上增加谈判的砝码。此刻，美国“联合国军”来了一个名叫李奇微的人，发明了一种磁性战术，像苍耳子一样粘在志愿军的身上，并且死死盯住了一个叫铁原的地方。当“志司”明白了李奇微的战术后，大吃一惊，于是给杨得志的第一兵团下了死命令，哪怕打得只剩下一个人，也要确保铁原的安全，因为这里是志愿军的后勤大本营。面对气势汹汹的敌人，中国人民志愿军 63 军所属师团，开始积极应战，接着以不怕牺牲的大无畏精神，打出了一场令“联合国军”胆寒的“铁原阻击战”，牢牢钳制住了敌人，保护了我志愿军大部队的战略性转移。

张兴旺所属炮兵部队，根据“志司”命令，配属于 63 军。他和战友们，亲身体验了这场阻击战的惨烈。虽然他们很早就进入了炮兵阵地，面对的是武装到牙齿的敌人，他们眼睁睁地看着美国人的飞机和大炮疯狂地轰炸着我志愿军的阵地。面对战友的牺牲，张兴旺和战友们个个摩拳擦掌，把打击目标锁定在了敌人的阵地上，只等着一声令下、万炮齐发的那一刻到来。

“铁原阻击战”的惨烈，让彭德怀司令员也洒下了热泪。他亲临 63 军阵地，对着全体指战员说：“祖国感谢你们！”面对牺牲的战友，面对被美国人飞机大炮打红了的山头阵地，张兴旺和战友们虽然焦急可也无可奈何。他们是炮兵，不是步兵，他们在等待最佳时机到来，给狂妄的敌人以毁灭性的痛击。

战斗间隙，听说来了个会写文章的人，只见这个人文质彬彬，也不惧轰轰隆隆的炮火，就在阵地上和战士们交谈着。张兴旺当时并不知道这个人是谁，后来才从团长的嘴里知道，这个人叫巴金，是个大作家。当时，来志愿军阵地上慰问的文工团和访问团很多，大家从他们的表演中知道祖国人民记挂着他们，想念着他们，却不知道一篇根据他们的事迹写的小说，就要在这个戴眼镜的作家笔下诞生了。更想不到 12 年后，电影《英雄儿女》风靡了全中国，——它就是根据巴金的小说《英雄儿女》拍摄的。这篇小说，是巴金根据张兴旺他们和 63 军在朝鲜的真实战斗事迹写成的。电影《英雄儿女》里的插曲，更是成为世纪经典，感动着一代又一代的中国人。

后来，战防炮第 31 师 403 团 3 连，又配属于 64 军、65 军，参加了著名的开城防御战，当时，张兴旺已是炮长。经过炮手、炮长的锻炼，张兴旺已经成为一名技术全面、勇敢沉着的优秀炮长。相对于步兵，他们炮兵还算比较幸运。虽然战争很艰苦，没有空中支援，经常挨敌人的飞机轰炸，时时处在危险之中，但我志愿军战士，仍在装备差于敌人的情况下，打出了威风。在开城的一次战斗中，部队刚进入阵地，还没有构筑好防御工事，敌人的飞机就来轰炸了。张兴旺马上下令全班战士紧急躲避，他们刚刚走了几步，敌人的炸弹就落在了刚才站立的阵地上，把一门大炮也炸飞了。还有一次更悬，他正在开炮，敌人的迫击炮弹落在他身边爆炸，并引爆了旁边的一颗手榴弹，炸伤了身边的战友，张兴旺再次与死神擦肩而过。

在朝鲜的每一天，都令人激动，令人震撼，会传来好消息，也会目睹战友们牺牲的场面。张兴旺每天都面临着生死考验，但他仍和战友们顽强地战斗着。1953 年，在开城西海岸莲洞里村，张兴旺光荣加入中国共产党。多年之后，他忘记了许多事，却记得自己的入党介绍人是谁，仍能如数家珍地向人们述说着他们是哪里人，长什么样子。

加入了党组织，就意味着要把自己的一生都献给党，献给人民。经历了无数次战火考验的张兴旺，似乎比别人更懂得活着的含义。同时，他也庆幸，他能活到今天，看到祖国变得这么好，这么富强，比起他那些牺牲的战友，他说：“我真的知足了。”

之后，张兴旺和战友们又在战役后期的九华里、开城东北一线的阻击防御作战中，大胆以侧射、斜射火力组成交叉火力网，狠狠打击了“联合国军”，打出了中国人民志愿军战防炮兵的军威。

平凡岁月的本色

1953 年 7 月 29 日，张兴旺和战友们胜利回国。带着牺牲了的战友的嘱托，带着一身的征尘，看着欢迎他们归来的彩旗和鲜花，听到祖国亲人的欢呼声，张兴旺和战友们都流下了激动的泪水。但他们也时刻怀念着牺牲了的战友们，对那些把生命永远留在朝鲜土地上的英烈们，表达着自己的思念之情。经历了战火考验的中国人民志愿军将士，面对强大的敌人，表现出了压倒一切不怕牺牲的大无畏革命精神，并向全世界证明，架几门大炮就可侵略一个国家的时代，一去不复返了。

战防炮 31 师回国后，回至原驻地锦西县老和台、双树铺和下达沟。1954 年 3 月，全国炮兵进行统一整编。第 403 团按“防坦克歼击炮兵团编制表”重组炮 2、6 连建制，同时部队移防辽宁省营口市。张兴旺成了班里的教练员，带领着全班战士参加了部队正规化的训练，该班以优异成绩获得了集体三等功，他本人也荣立了三等功。

张兴旺的部分立功证书及荣誉证书

1955 年，张兴旺脱下了军装，回到了地方。他和所有人的生活没什么区别，娶妻生子，过起了自己的小日子。不同的是，他把部队养成的作风，贯穿到了以后的岁月当中。无论是在解放战争的疆场上，还是进入朝鲜保家卫国的战斗中，还是回到祖国和平时期的建设中，都对自己严格要求，并教导儿女们永远不忘党的恩，感念党的情。

16 岁在家门口参军，经过战火的洗礼，又回到了自己的家乡。张兴旺一直以家乡为荣，并在以后几十年的岁月中，时刻以一名共产党员严格要求自己。即使现在，他仍义务为群众做着力所能及的工作。虽然都是些芝麻粒大的琐碎事，但他仍快快乐乐地工作着、奉献着。

正应了那句话，生命在平凡中见真实，见伟大。人们从张兴旺的身上，看到了一团火，一团不熄的生命之火。张兴旺在不同岗位任过职，当过乡镇武装部部长，也当过乡镇纪检委书记和人大主席团常务主席，不管在哪里，他都把祖国和人民的责任记于心头。在武装部任职时，他亲手送过许多年轻人参军，总要嘱托他们，去了部队，一定要好好锻炼自己，争取当个好兵，争取立功受奖，不要辜负部队的培养教育。看着一茬茬的年轻人走进军营，张兴旺心里也像重新当了一回兵那样高兴。

离休后，张兴旺更是闲不住，热心公益事，并且尽自己的能力，帮助那些生活比较贫困的人。经历过生与死，他更懂得生命的可贵，倍加珍惜今天的幸福生活。他常说："我们不能忘记历史，但也不能沉醉于过去，我们要继续创造美好生活，要像夕阳一样，把最后的美，留在人间。"

永远的青春之歌

张老讲述完，主动提出要唱首歌儿。正当我们担忧他因长时间的讲述而疲惫的身体时，他已经站起身，整理了一下衣襟，十分投入地唱了起来：

雄赳赳，气昂昂，跨过鸭绿江，
保和平，卫祖国，就是保家乡。
……

没有渲染的背景，没有伴奏的音乐，就这么清唱着，却让人听得热泪盈眶、热血沸腾。一首传唱了 71 年的老歌，在一个已经快 90 岁的老人心里生动地回响着。歌词，记得那么准确；声音，还是那么洪亮！在座的每一个人，都为之动容动情。

战旗为什么美如画，那是英雄的鲜血染红它；歌声为什么这么动听，那是青春的热血写就它。我很想问张兴旺老人为什么要唱这首歌，却又不忍心问出来。因为这是 71 年前所有出国参战的志愿军将士一首心中的歌，所有的光荣和自豪，所有的无畏和牺牲，都来自对祖国和人民的热爱，对死去战友最深切的怀念。

《中国人民志愿军战歌》，一首诞生于战火中的歌，一首鼓动中国人民挺起身站起来的歌，穿越世纪风雨，至今仍给人奋进的勇气和力量。有多少人，就是在这歌声里，踏上异国的土地，为世界和平付出一切；有多少人，唱着这首战歌，勇敢地扑向了敌人的枪眼。时至今日，《中国人民志愿军战歌》仍是鼓舞民族精神的号角，也是整整一代人的青春之歌和军魂之歌。

告别了张兴旺老人，走出小区，我又停下来回望，突然感觉眼前的一切，都是那么亲切美好。想当年，从太原来古交要走几个小时，而今穿越 15 公里的太古隧道，竟只用短短二十几分钟，真是天翻地覆慨而慷啊。

个体生命终究是微小的，当它融入时代的洪流中，便会散放出别样的光彩。我敬重每一位像张兴旺这样的老战士，当他们义无反顾地把自己的生命托付给祖国和人民的时候，他们的青春，就已经定格在时代的天幕上。他们的青春之歌，其实也是新生的共和国的青春之歌；他们的成长之路，其实也是共和国的成长之路。

每一位死去的烈士，都是一座纪念碑。每一位活着的老兵，都是我们的英雄。

崔庆轩

崔庆轩背上急救包开始冲锋。眼前是冲天的火光，耳边是地动山摇的爆炸声和炒豆子一般的机关枪声，脚下是被炮弹炸焦的土地，空气中弥漫着呛人的硝烟和飞扬的尘土。他时而奔跑，时而匍匐，在黑暗与炮火交织的战地上穿插前行，巧妙地突破敌军火力网的封锁，下到六七米深的壕沟底去抢救伤员……沟底随处都有埋设的地雷，头顶上还不时有从“梅花”碉堡里丢出的手雷，稍不小心就有中弹的危险。

不拿枪的战士也是英雄

董增红

“我们团有两大特点，一个是擅长打阻击战，一个是注重军民关系。”崔庆轩老人一边掰着手指，一边如数家珍地介绍他所在部队的历史，不急不缓的语气里，带出一种自信、一份自豪。冬日的阳光穿过玻璃窗子照射在老人的身上，在他花白的头发边缘勾勒出金色的轮廓。尽管已经是89岁的高龄，但他思路清晰，表达顺畅，炯炯有神的眼睛里闪烁着经过战火淬炼的刚毅沉稳的光泽。

随着老人的讲述，我们仿佛回到那个硝烟弥漫、战火纷飞的年代。

1947年秋季的一天，我华北三纵队20团在保定一个叫作“十五汲”的村子里，被国民党“剿共总司令”孙连仲部所围困。为了掩护主力部队突围，我军某部一营担负起阻击敌军的任务，将敌军拦截在村口，拖住其进攻节奏。由于敌我力量悬殊太大，战斗进行得异常惨烈。敌方误以为指挥所在此位置，疯狂地进行炮击，每分钟以20多枚炮弹猛烈轰炸，一营某连90多人的连队拼到最后只剩下7人，弹药都打光了。这时，敌人叫嚣着“抓活的”，蜂拥而上围住“指挥所”，最后7名战士宁死不做俘虏，点燃茅草集体自焚，为主力部队的胜利突围争取了时间。彼时，崔庆轩正是一营卫生队的一名看护员，他身在离“十五汲”不远的刘庄，战友们的英雄壮举深深地震撼了这位入伍才一年多的新兵。

阻击战，是军事斗争中最为残酷的战斗形式之一，往往是处于被动一方以少搏多、以弱搏强的战术选择，换句话讲，阻击战意味着更大的伤亡和牺牲。作为一名以打阻击战而闻名的部队的军医，崔庆轩不仅与战友们一道共同经历了数不清的生死考验，更是以自己的机智勇敢和精湛的战地救护业务超常地履行着救死扶伤的天职。这一行，他从懵懂少年干到满头白发，从祖国大地干到朝鲜战场，从战争时期干到和平年代，从普通的看护员干到专业军医。一双不拿枪的手，抢救了多少握枪保卫和平的生命，医好了多少战斗英雄身上的伤！

军中“娃娃兵”

20 世纪 30 年代的中国，处在一个军阀割据的动荡时期，日本帝国主义的战火已经在我国领土上燃烧，中国人民如坠火坑，民不聊生。沧州，一个古代用于发配流放囚犯的偏远之地，社会动荡，农村经济濒临破产，当地农民生活十分悲惨。

1932 年 3 月 14 日，崔庆轩出生于河北省沧州交河县西关乡岳庄村一个普通农民家庭。那个寒冷的春天，他的出生给这个贫困的农家带来一丝喜气。作为家中最小的儿子，父母自是十分宠爱。但在那个时代，苦于生计的压力，崔庆轩得到的宠爱也就是牙牙学语的几年，稍大一些后，由于父亲和兄长们在外奔劳，做饭和料理家务的担子便早早地落在了尚属童年的崔庆轩肩头，穷人的孩子早当家。

一转眼，到了该上学的年纪，崔庆轩多么希望能够进入学堂里读书啊，可家里连锅都快揭不开了，哪有余钱供他上学。小小年纪的他便把家里种的瓜果梨桃等应时水果以及小食品等挑到县城去叫卖，将卖得的钱积攒下来，充当学杂费用。就这样一点一点地积攒，直到 11 岁那年，崔庆轩才得以在县城读上小学。强烈的求知欲望和艰苦生活的磨炼，使他异常珍惜这来之不易的读书时光，天性聪颖的他加上勤奋努力，使他在历次的学校考试中从来都在前三名之列。由于成绩优异，崔庆轩创造了连续跳级的纪录，用两年半的时间读了小学五年的课程。

抗战胜利后，崔庆轩又在边区政府开办的学校学文化、学技能，其间他懂得了“打土豪分田地”的道理，组织和参加了“查路条”“斗地主”“站岗放哨”

减租减息等活动，从那个时候起，红色的种子便在少年崔庆轩的心里生了根，发了芽。这段岁月是崔庆轩人生中最为快乐的时光。他从来没有意识到，正是这两年半的文化知识铺垫，使他走上了一生从医的道路，而这两年半的社会实践活动，也奠定了他一生向党，追求革命理想，投身于火热的革命战争的重要基础。

1946年，第二次国共合作谈判破裂。以蒋介石为首的国民党反动派发动内战，抢夺抗战胜利的果实，战争的阴云再次笼罩着华夏大地。为响应党中央扩编军队以保卫解放区胜利果实的号召，当年10月，14岁的崔庆轩毅然报名参军，是当年沧州地区2000多名应征入伍新兵中最年轻的一个，并作为新兵代表作了表态发言。

刚入伍时，崔庆轩还没有一枝直立的步枪高，身材也比较瘦弱，显然还不够进入战斗序列人员的条件，但他反应机敏，又比其他人多了一点文化，于是，就被安排到新兵团一连给副团长当警卫员，平时负责首长起居安全的警戒，行军时则随着首长的身影，承担各种信息传递的任务。3个月后，根据部队工作需要，他被调到了华北野战军第三纵队第七旅20团卫生队，从事伤员看护工作。两年后，由团部卫生队调入3营7连当卫生员，从事战场救治与伤员护理工作，正式开启他30多年的医疗卫生生涯。

攻打双塔寺

公元1949年4月，三年解放战争进入最后的收官阶段，攻克国民党华北战场最顽固的堡垒——太原的战役即将打响。太原战役，是解放战争中历时最长、战斗最激烈、付出代价最大的城市攻坚战。这一役，中国人民解放军浴血奋战6个多月，伤亡4.5万人。

阎锡山以太原城为中心，以城郊双塔寺、卧虎山、剪子湾、钢铁厂等“要塞”为防御的主要支撑点，环城筑有碉堡5000多个。每个山头都有一个碉堡群，有10个左右钢筋水泥或水泥、片石筑成的各式碉堡，拱卫在外壕劈坡之上。

双塔寺战斗前线

劈坡是就山势削成的，有的多达十几层，每层都有丈余高；外壕深 3 丈有余，并有坑道同各个碉堡相通。各个山头、各个碉堡之间相互呼应，构成严密的火力掎角之势。同时还敷设无数的铁丝网、地雷、鹿寨等障碍物，形成了多侧面、大纵深、鳞次交织的集团防御体系。城内有守敌近 10 万人，敌军高级将领几乎都是被阎锡山洗脑的死硬顽抗分子，这是太原城守敌的特点，也是我军攻打太原的难点。

经过近半年的围困之后，1949 年 4 月 20 日，由彭德怀、徐向前等挂帅的我军三个大兵团近 40 万人向太原外围发起了总攻，打响了解放华北的最后一仗。

其时，原华北野战军第三纵队改称中国人民解放军第 63 军，崔庆轩所在的 187 师 560 团承担了攻打双塔寺及攻城战任务。

双塔寺，因两座高耸的古塔而得名，塔始建于明万历年间，本名为“宣文塔”，此处却被阎锡山将其作为武装防守的要塞。阎军在双塔寺院内设有防区指挥部，50 米高的古塔内设有炮兵观察所。守敌以双塔寺为核心，在正面 1000 米、纵深 400 米的地域内，以 48 个碉堡为骨干（其中大碉堡 13 个、小碉堡 35 个）构筑的堑壕，辅以地雷，铁丝网、鹿寨等构成 3 道防御工事、4 个炮兵阵地。守敌共计 4400 余人。

崔庆轩所在7连的主要目标是攻打双塔寺周围的“顶天碉”。“顶天碉”其实是一组碉堡群，由“梅花”碉、“卧虎”碉、暗碉、“无奈何”碉等各式碉堡组成，号称“铜墙铁壁”的严密工事，散布在双塔寺的四周。因其地势较高，守方处于居高临下的优势，故称“顶天碉”。

4月20日深夜，暮春的夜空像靛蓝的绸缎，缀着点点寒星，笼罩着太原的天。这时，三颗绿色的信号弹划破夜幕，猛烈的攻城战打响了。随着我军引爆预先埋在敌阵地前沿的炸药，上百门各种口径的大炮炮筒几乎同时发出吼声，喷发出的炮弹如冰雹一般密集地倾泻在敌方的城墙和碉堡上，炮火将暗夜彻底撕开，映红了大半个天空，炮声、机关枪声和喊杀声疾风暴雨般地震撼着太原城。

按照预定的攻城方案，7连组成了若干爆破组，在强大的火力掩护下，战士们携带炸药扑向敌方的碉堡群和工事设施。由于敌方明碉暗堡数量多且隐蔽性强，爆破任务进行得异常艰难，每前进一步都付出极大的代价。面对敌方纵横交错的密集火力网，我军指战员毫不畏惧，爆破组战士一批倒下去，又一批跟上来，与敌方展开殊死的争夺战。

崔庆轩接到火线救护的命令，迅速将战斗一线伤员运送至后方。

我军素有“轻伤不下火线”的传统，能跑能冲的都带伤勇敢冲杀。需要崔庆轩抢救的几乎都是重伤战士，有的背部被炸得血肉模糊，有的头部被弹片击中昏倒，还有的是从几十米高的攻城云梯上摔下来而昏厥，倒在城墙下的壕沟里。

崔庆轩背上急救包开始冲锋。眼前是冲天的火光，耳边是地动山摇的爆炸声和炒豆子一般的机关枪声，脚下是被炮弹炸焦的土地，空气中弥漫着呛人的硝烟和飞扬的尘土。他时而奔跑，时而匍匐，在黑暗与炮火交织的战地上穿插前行，巧妙地突破敌军火力网的封锁，下到六七米深的壕沟底去抢救伤员。由于壕沟太深，又是黑夜，攀爬所用的木梯长度有限，爬上爬下都不是一件容易的事。沟底随处都有埋设的地雷，头顶上还不时有从“梅花”碉堡里丢出的手雷，稍不小心就有中弹的危险。

他顾不得这些，他的心里只有一个念头：及时抢救伤员，就是与时间赛跑，就是与死神争夺生命，就是抢救和保存我军的有生战斗力量。在搜寻伤员和施救过程中，他始终坚持着两条原则，一条是绝不落下一个伤员，战场环境复杂，伤员并不一定只在开阔地，他仔细地在草丛里、壕沟中搜寻，不放过任何可能有伤员之处，只要发现有生命体征的伤员都要想方设法施救；另一条是绝不让伤员二次受伤，遇到附近有炮弹爆炸、石块飞溅时，他就用自己的身体压住伤员，让碎石弹片砸在自己身上，把危险留给自己，把安全留给伤员。

现场搜救过程中，他发现两侧壕沟的立面上有好多被炮弹炸出的类似窑洞的大洞，把它当作临时掩体相对安全。于是他机智地把伤员先挪到洞内进行紧急包扎处置，等到后面的爆破手第二次炸开封锁打开通道后，再将伤员背上壕沟进行转运护送。就这样在枪林弹雨中爬上爬下，来来回回也不知跑了多少趟，身上伤了多少地方，身上穿的军装与其叫衣服，不如叫裹了一身布条更合适。脸上身上流淌下来的分不清是汗水还是血水，是泥土还是烟尘。

激烈的战斗持续了整整一夜，天亮时，阵地上焦土厚达 1 米，草木摧折，手榴弹木柄整整铺满一地，敌军遗尸遍野。次日清晨，第 63 军全歼守军，攻克双塔寺，7 连全连参加攻打双塔寺的 108 人仅剩下了 12 人。这场战斗中，崔庆轩因其英勇机智的表现受到了团部的表彰，为他记了两个小功。

两天后的 4 月 24 日，太原全城解放。

强渡临津江

1950 年 6 月 25 日，朝鲜战争爆发。美帝国主义的战火从朝鲜境内很快蔓延到鸭绿江边。为了抗美援朝，保家卫国，数十万中国人民志愿军跨过了鸭绿江。

1951 年 3 月，崔庆轩随中国人民志愿军第 63 军第 187 师 560 团赴朝参战。并在次月参加了抗美援朝第五次战役，痛击侵略者。

临津江是朝鲜中部的一条大江，处于三八线附近的数百里地段上。以美国为首“联合国军”依托这条江水，在南岸构筑了坚固的防御体系，堑壕、交通壕、地堡、铁丝网、地雷布满了各个大小山头，妄想凭借着临津江天险长期设防，来阻挡我军的反击。

1951 年 4 月 22 日，星期天。黄昏时分，在三八线附近的数百里地段上，志愿军万炮齐轰敌阵，打响了第五次战役。当天夜里，崔庆轩所在 63 军 187 师 560 团接到了渡江命令，由车辆、骡马及数以千计的士兵组成的渡江大军，涉入百尺宽、齐腰深的江水，冒着铺天盖地的炮火，似决堤的洪水般向前涌动，向对岸的守敌发起冲锋。

4 月的朝鲜尚处在春寒料峭之时，临津江江水冰冷刺骨，河床里到处都是光滑的鹅卵石，河岸堤坝陡峭处还结了冰，举步维艰。行进的困难还不算什么，最大的威胁还是来自对岸敌人的炮击以及天空上敌机的俯冲扫射和轰炸。“天不怕地不怕，就怕飞机拉粑粑”，朝鲜战场与国内战场最大的区别就是来自天上的袭击。美国人自诩的“空中优势”确实对擅长于打地面战的我军构成极大的威胁。因而，在渡江过程中我军伤亡严重。

崔庆轩及卫生队全体人员负责将渡江受伤人员护送和转移至后方，在北岸与南岸之间冰冷的江水里穿梭。他刚刚将一名伤员背到北岸，接着再跨进齐腰

崔庆轩（右一）在朝鲜战场与战友合影

志愿军战士在炮火掩护上抢占临津江滩头阵地

深的江水里到南岸接收新的伤员。湍急的水流冲击腰部和两条腿，走到河中间时，江水已经漫到他的腋下。他的右腿不知被什么重重地撞了一下，钻心地疼，为了及时护送伤员，他强忍着剧痛坚持走到了江对岸，从急救包中抽出一包绷带简单地给自己做了个小包扎，一瘸一拐地继续往前走。到了宿营地后整个小腿已是血肉模糊，经进一步检查才发现是小腿肌腱损伤。虽经过治疗得以痊愈，可仍然留下了后遗症，至今，他走路时仍有些跛。

4 月 22 日夜 23 时，我军终于撕破“联合国军”在临津江沿线设立的防线，强行突破了天险临津江，向雪马里地区挺进。至 4 月 25 日，560 团在雪马里地区全歼英军王牌精锐部队——英 29 旅皇家格劳斯特群团 1 营 3 个步兵连、1 个炮兵队和 1 个重坦克连，俘虏敌军 500 余人。这是自鸦片战争以来，中国人第一次在英国人面前打出了威风的一役。亲身经历和参与了这场战役的崔庆轩只要一提起这场战斗，言语里充满了骄傲和自豪，他腿上的那块伤疤，成了他终身佩戴的以鲜血凝成的勋章！

初心永不忘

最让崔庆轩难忘的，是参与中共七届二中全会保卫任务的那一次行动。

1949年3月5日至13日，党中央在河北平山县西柏坡村召开七届二中全会。为确保会议的安全顺利召开，560团奉命执行安全保卫任务，驻扎于北京海淀，并更名为中央警卫三团。除了正常的警卫任务，部队还得以及时了解和学习了会议精神。

“那时候我们文化水平不高，对毛主席的讲话理解的程度有限，但对两句话印象特别深，并且随着时间的推移，越来越明白主席的高瞻远瞩，明白伟人的伟大之处。”崔庆轩老人感慨地说，这两句话指的就是“两个务必”和“警惕糖衣炮弹的攻击”。

据崔老介绍，自打他入伍以后，他所在的部队无论番号如何变化，有一个优良的传统一直没有变，那就是始终重视军民之间的鱼水关系。仗打到哪里，就把军民亲如一家的作风带到哪里。从说话、做事到相识、相处，都把当地群众的利益和感受放在首位，不光是坚决认真执行“三大纪律，八项注意”，还细致地了解当地的民风民俗，生活习惯。

1947年攻打寿阳时，部队行至寿阳县一个偏僻的小山村安营扎寨。由于阎锡山对我党我军的恶意宣传，当地老百姓都吓得躲进山里不敢出来。部队驻扎后，规定不得动老百姓一砖一瓦，包括使用了村民的井水也要付钱。有一次，一名战士在井口打水时不慎将村民的瓦盆碰在地上摔破了，连队立即将5000元边区票（解放区货币）连同一张写有部队编号的赔偿字条压在盆底下。这一举动被躲在屋里窥视动静的一个村民看在眼里，他深受感动，主动从躲藏之处出来，让战士们进屋喝水休息。同时，打发家人到山里把村民们都叫了回来，主动把各家的闲置门板等物品拿出来给部队做工事用。而部队则在门板上贴上写有各家姓名的纸条，用完后挨家挨户还回老百姓，如果损坏了还要照价赔偿。

这样的事情可以说走到哪里，做到哪里。在天津，借用了老百姓的水桶，

1953 年 9 月，停战谈判间歇，崔庆轩（中排右二）
和战友们在山坡上留影

归还时都要为老百姓的水缸挑满水再还；在宁夏、银川，甚至要了解当地的方言俚语，避免文化差异带来的交流禁忌。560 团就是这样，战场上是勇猛杀敌的威武之师，百姓当中是敬民如父母的仁义之师，以自己的言行实践着“人民军队”的本质。

时隔半个世纪的风云变幻，今天的世界发生了翻天覆地的变化，我们党重提“两个务必”，特别强调保持党的纯洁性，不忘初心、牢记使命。“这个是对的，我打心眼里赞成，”年届九十的崔老语重心长地说，“我们当年那么多年轻的生命牺牲在战场，还不就是为了人民的生活幸福与安宁吗？有些干部腐败变质，不就是忘记了‘两个务必’，被糖衣炮弹所击垮的吗？所以，一定不能忘记‘全心全意为人民服务’这个本心。”

1953 年 3 月，崔庆轩从朝鲜战场回国后，被任命为 187 师 560 团后勤处助理军医，开始了他和平环境的军旅生活。他潜心钻研业务，在中西医方面都取得了显著的成绩，多次获得师、军级的功勋和嘉奖，他参与编写的《中国人民解放军战伤自救互救手册》，曾作为教材下发至全军各部队的基层连队。

1984年，崔庆轩离职休养，告别了戎马军旅生活。但他不改对医学事业的执着追求，潜心研究并总结出一套以改善青少年视力为目的“捧气贯目功”，通过对几所学校几千名学生的实验，使许多学生摘掉了眼镜。因此，荣获了“太原市双拥模范先进个人”称号，并出席了“山西省精神文明先进集体和个人表彰大会”。他撰写的《“捧气贯目功”——治疗青少年近视眼的研究》，荣获了北京军区“科技进步”四等奖。

军人分两类，一类是在前线冲锋陷阵的战斗人员，一类是保障军队战斗力量的非战斗人员。崔庆轩无疑属于后一类战士，从最简单的看护员，到卫生员、卫生班副班长，再到专业要求越来越高的专职护士和正式军医。他随着战事的变化和部队的足迹，从华北到西北，从国内到朝鲜，历经无数大小战事。他获得的每一枚军功章背后，都是血与火的凝结，都是生与死的擦肩而过，都是一段可歌可泣的感人故事。他是不拿枪的战士，他是平凡的英雄。

刘文修

因为没有制空权，敌人飞机不停地疯狂轰炸。起初为了减少伤亡，只能白天躲避敌机轰炸，晚上一刻不停地强行军，极度疲惫和寒冷，许多战士一旦睡下，就再也叫不醒了。

刘文修和其他志愿军战士一样，衣服不断被汗水浸透，湿寒阴冷，一步一跤地在积雪里行进，还要不断躲避敌机。夜间行军，数不清摔了多少跤。刘文修的脸和嘴都摔肿了，门牙也磕出了裂隙，顾不上疼和冷，只有一个信念——前进……前进……

激情燃烧的岁月　战火纷飞的青春

亓祥平

太原市九丰路，坐落着一栋栋旧式小楼，静谧、祥和，抗美援朝老兵刘文修的家就在这里——太原市军休一所。

刘文修，1930 年 11 月出生，山东沂水人，1948 年 1 月参军，1953 年 8 月入党，先后参加过淮海战役、渡江战役、抗美援朝等。1950 年入朝作战期间，荣立二等功一次、三等功两次。

已经是 91 岁高龄的刘文修，依旧声音洪亮、思维敏捷，腿脚灵便、身姿挺拔，眉宇间仍透露着军人血性阳刚的气质。

在他简单朴素的家中，书桌抽屉里珍藏着渡江胜利纪念、淮海战役纪念、中华人民共和国解放、抗美援朝纪念等奖章、徽章、证书，记录着他激情燃烧的岁月，讲述着他卓著的功勋。

1948 年 1 月参军以后，他历经大小战斗数百次，七次负伤，其中两次与死神擦肩而过，伤及眼睛和太阳穴旁，如果再偏一点，不是打瞎眼睛，就是危及性命。直到现在，遇到阴雨寒冷天气，老人受过伤的部位还会隐隐作痛。满身的伤痕印记着他战火纷飞的青春岁月。

在这个临近春节的祥和冬日，我有幸走近英雄刘文修，听他讲述跌宕起伏的战斗故事，和老人一道分享那难忘的峥嵘岁月……

小小儿童团长

刘文修出生在山东沂水县东朱陈村，村庄西面是绵延的沂蒙山区，东边是平川广野，距离沂水县城15里地。1944年，时年只有14岁的刘文修，就当起了村儿童团长。当时东朱陈村是八路军的一个联络点，他凭借着聪颖机智胆大心细的秉性，经常为大山里的八路军送信。

那时，沂水县城里有日本鬼子的据点，周围挖着深深的壕沟，灌满了水，只有放下跳板，才能进出。据点里面驻扎着日本鬼子和汉奸保安队，保安队的诸队长，其实是地下党员。刘文修要给八路军送的信，就是送给这个诸队长。

说到送信，必须胆大心细。刘文修最感困难的是自己没文化不识字，又不认识与自己接头的那个诸队长，既不能问，还不能说，又不会写。信到底怎么送？接头人如何识别？

刘文修说，当时让他送信的八路军同志教给他两个办法，一是看人品，二是看行为。去找收信接头人，既要听听周围的人是否反感他，如果反感就不是，又要看看他平时做的事，问清职务，看是不是保安队长。为人不错，做事不差，职务能对得上，十有八九就找对人了。八路军的同志告诉他，你就以保安队诸队长二叔的名义去找他，说："家里老人没钱花了，让我来要钱。"以此为借口和他取得联系，一定不能畏畏缩缩，要胆大心细不能出事。

刘文修不负期望，顺利与诸队长接上了头，成了诸队长固定的情报员。后来据点里的汉奸们都认识了他，知道他是诸队长村里的二叔，再去送信的时候，就容易了许多。盘查搜身也不严格，有时候他会把情报藏在鞋里，送给诸队长。

刘文修说，为了安全，诸队长和他都是单线联系，一般不见别人，只见自己。送信的频次也不高，只是有急事才去。有时候就是给诸队长带一句像"奶奶病了"的话，这话里就是情报，诸队长会骑着摩托车来村里与八路军的人接头。

战斗中成长

刘文修所在的东朱陈村是一个只有 300 多户人家的小村子，没有地主。与之相距 7 里的西朱陈村，1946 年开展“打土豪、分田地”运动，时为少年的刘文修好奇赶场去看热闹，目睹了穷人分到田地的喜悦场面，感慨至深。革命形势教育人。

1948 年，解放军进驻刘文修家乡东朱陈村休整期间，宣传动员招募新兵，深受革命影响的刘文修应征入伍。母亲得知后依依不舍，分别那天哭得特别伤心。

刘文修刚入伍的第五天就参加了战斗，第一次上战场就感受到了战争的惨烈，当时连里卫生员牺牲了，连长看他个子小，便随口让他去当卫生员，那时他虚岁才 18 岁。

接过卫生员带血的药箱，刘文修当时就蒙了。药箱里有止血带、夹板、绷带和各种各样的小瓶瓶，写满了字，可自己没文化，不识字。正值部队在临沂地区打仗，伤员很多，需要包扎、处理伤口。

刘文修没有学过护理，勉强能简单处理一下胳膊和腿，一旦遇到头颅脸部伤就不知道该如何下手了，又不识字，没有办法给伤员用药。面对流血的战友，他急得大哭，卫生员工作实在是拿不下来。

刘文修的“解放奖章”证书

连长一看，卫生员他干不了，觉得他还算机灵，就让他到连部当通信员，负责联络、跑腿送信。经过这番波折，刘文修格外珍惜当通信员，吃得辛苦练就了一双飞毛腿。

后来连部骑兵通信员调走当了排长，刘文修接替当上了骑兵通信员。马跑得比腿可快多了，有了战马如鱼得水，他爱马胜过爱自己，还经常把自己不多的口粮喂给马吃。为更好地执行任务，在送信之余，他还苦练骑术和马上射击，练就一身好本领。

在一次执行任务途中，偶遇团长，团长也是去刘文修送信的地方开会，他当时不认识团长，策马扬鞭飞快地超过了团长一行。

见他马骑得飞快，团长放马去追也没追上，心想："这个小鬼，骑马骑得比我都快。"心生爱才之意。等他送了信，又遇到团长，团长提出来，"小鬼，我们比比。比骑马，看谁的速度快；比马上射击，看谁枪法好。"

骑马，刘文修赢了；马上射击，比了平局。团长说："小鬼，以后就跟着我吧。"就这样，刘文修调到了团部，开始担任团长的警卫员和通信兵。

跨过鸭绿江

1950 年抗美援朝战争打响后，朝鲜军情如火，战事吃紧。刘文修所在的第九兵团是第二批入朝部队，他从山东坐绿皮闷罐火车直接到丹东。第九兵团司令员宋时轮、副司令员陶勇都是身经百战的骁将，所率的 3 个军都是经过革命战争千锤百炼的劲旅。作为原定的攻台主力，3 个军都是超额编制，每个团都是四四制甚至五五制加强营。

1950 年 11 月，部队到达鸭绿江畔，刘文修带着部队配发的 1 斤多饼子、100 多发子弹和 4 颗手榴弹，随军队夜行，跨过鸭绿江。入朝参战时他是骑兵通信员，也是团部首长的警卫员，主要任务是传递消息和保护首长。

朝鲜多山，山高林密。刘文修的部队一进入朝鲜境内，就穿行在崎岖的山路，山上林木繁盛，山间道路狭窄，鲜有人烟。为了不被敌人发现，免受敌机轰炸，部队只好在夜间行军，天黑时出发，天快亮的时候就隐蔽起来。

朝鲜的冬夜特别寒冷，温度在零下 20 摄氏度左右，积雪很深，像天然的大冰窖。风雪交加的严寒气候，山高路窄的复杂地形。寒风刺骨，吹在脸上，像刀割一样疼，呼出去的热气，在头发、眉毛、鼻梁处结为冰霜，寒风吹走身上的热气，人冻得透心凉。

刘文修回忆：鞋里都是雪水，鞋袜全都湿了，越湿越冷，直至脚上结冰，鞋袜和脚冻到一起，很难脱下鞋子。有经验的北方兵，会忍着疼痛，使劲用雪将冻僵的地方搓热。连续的急行军，会渐渐让僵硬的身体恢复知觉，像猫挠似地痒，明明是刺骨地冷，却火辣辣地疼。

担心被敌机发现，部队不敢生火做饭、取暖。即使是隐蔽休息，也是保持战备状态，队伍不乱，武器在手，每个班的战士，靠在一起取暖。

即使这样小心，行军途中还是经常遭遇敌机轰炸，敌人飞机一出动就是一群几十架，遮天蔽日。阵阵炸雷撕裂天空，轰隆隆的爆炸声连绵不断。炸弹在四周落下，石头被炸得四处乱飞，大地在颤抖，趴在地上，心脏震得都疼。密集的轰炸，打得人都无法抬起头来。

轰炸过后，炮团损失最严重，大量辎重损毁，骡马死伤严重，部分还能使用的大炮，也只能靠战士们肩挑背驮。战马死的死、伤的伤，就连首长们也和战士一样，只能徒步加快步伐赶路。

即使是经历了解放战争，参加过淮海战役、渡江战役，从战争的硝烟中一路成长起来的铁血男儿，刘文修也会感慨抗美援朝出国作战的艰苦。

一片狼藉的战场，满眼硝烟弥漫，能见度很低，翻译牺牲了，语言不通，无法问路，团长一遍遍问刘文修，“能认得出方位吗？能认得出方位吗？”

说到这里，刘文修情绪有些激动，仿佛又回到战火纷飞的战场。“能。平时苦练的技能在战场上就是生存能力。但战场更残酷的是，炮火就是方位，路是要靠我们自己用枪炮打出来的。‘一寸山河一寸血’，和平也是打出来的，没有战场上的胜利，就没有谈判桌上的话语权。”

刘文修说：“除了语言不通，环境恶劣，严寒酷冷，还有一个大困难就是物资匮乏。”美军的疯狂轰炸，造成作战前线物资一度非常短缺，食品供应不足。朝鲜本身又缺粮，最困难的时候，一个人一天只能分一个鸡蛋大小的土豆或十几粒黄豆。土豆虽然是煮熟的，但严寒的天气下，很快就冻得发黑，硬得像石头，吃到嘴里会发苦，可在战士眼里却是无比珍贵。

刘文修记忆中唯一一次最开心的是临近春节吃饺子，饺子还没有煮好，敌机已经开始了轰炸，最终还是没有吃到饺子。

“一口炒面一口雪”是当时的真实写照。炒面是战士们最常见的食物，炒面是高粱米加黄豆，炒熟了，磨成面，口感干，没有热水，只能就着雪水下咽。当时的后勤补给非常困难，炒面的供应量也很有限，两三天才能分到一两碗，根本不能饱腹，只能勉强维持基本的生存。

在朝鲜，刘文修还经历了细菌战。敌机投掷细菌弹后，雪地上出现了许多跳蚤、虱子、蟑螂、老鼠等和冬季不应该出现的昆虫——苍蝇……

这些动物有一个特点，不怕冷，不会轻易被冻死，是带有细菌的生物武器。战士们奋力扑打，尽量消灭掉这些有害有毒的动物，但投掷的实在太多，很难全部清理。部队一些战士受到了细菌的感染，有的浑身红肿，尤其是腿部，有的因此得了伤寒。

刘文修和战友们一起投入到全员反细菌战，开展防疫工作，既照顾染病的病员，又注意防护和隔离，敌人的细菌战并没有达到预期目的。

刘文修回忆说：“当兵最重要的是，服从命令，听指挥。敌人来了，不管是什么情况，也要立刻拿起枪杆子去打仗。即使往前冲是牺牲，也会义无反顾。”吃不到炒面、土豆时，战士们就强忍着。刘文修不止一次强调：“受冻挨饿，不仅是当兵的，首长也一样，官兵一个样。”全体志愿军将士用钢铁一样的意志，战胜了常人难以想象的艰苦环境，体现出中国军人的革命斗志。

特殊的本领

刘文修是一个特别有智慧的老兵。善于思考，作战灵活，多年的通信兵生涯，练就了他能够凭借自然环境准确分辨方向，凭借脚步和感觉就可以准确计量路程的本领。这个特殊的本领，让他在抗美援朝战场上荣立了二等军功。

一次战役前夕，在阵地前方潜伏着我们的一支总攻先遣部队，为了确保隐蔽而不被敌人发现，部队必须保持安静，无线话报机必须保持静默，只能靠通讯员传递消息。与此同时，在阵地附近另一方，还发现一个美军炮团，需要侦察进一步探明情况。

团指挥部已经派出两拨侦察兵前去侦察，都有去无回，极有可能遭遇不测。首长们焦急万分，为了尽快探明情况，需要再次派出侦察人员，谁更合适呢？在一个伸手不见五指的漆黑夜晚，团长带着连同刘文修在内的 3 个通信兵，到指挥部外面的空地，让他们分辨方向，只有刘文修一个人能准确分辨。

看着自己一手带起来的刘文修，团长交给了他前两拨侦察兵都没能完成的任务：一是摸清美军炮群情况；二是给潜伏部队送去近期要总攻的信息。

由于敌方的炮群和我军潜伏部队并不在同一个方向，执行这两项任务需要来回运动，颇费周折，危险性非常大，随时可能牺牲。

刘文修对团长说："我需要的时间可能会长些。"

团长问刘文修："你打算怎么走？"

刘文修说："我避开探照灯走。"

团长夸他："小刘越来越聪明了。"

这个时候，刘文修想起了淮海战役。在枣庄，经过一个铁路时，自己不慎摔倒趴在铁轨上，正好听到清脆的火车车轮声，他告诉班长，火车很近了。班长趴下听了听，告诉他："至少还有三四十里，你经验少，晚上静，声音传得远。"刘文修记住了。

为了安全起见，这次执行任务，刘文修选的是没有月光的黑暗天气。为避开敌人的探照灯，他穿梭绕行在黑暗的地段，两眼一抹黑，什么也看不见。只能依靠"听铁轨的经验"，走一段，就趴下听一听，听有没有动静。

借助微弱的声音，来辨识黑暗里的情况。他通过分辨敌人炮群哨兵来回走动的声音，准确发现了炮群所在的方位。

美国炮群哨兵，冲着自己方向走来时，声音渐大、清晰，反方向走去时，声音渐小、模糊。他一直听着声音，哨兵往自己方向走时，他就趴着不动，哨兵往对面走时，他就往前爬。

就这样，一直爬到炮群最前面，清楚地看到了各种火炮。山炮长、细，榴弹炮粗、短，还有各种各样的小炮，属于典型的综合炮群。摸清了炮群的情况，刘文修趴着，想了一下，任务只完成了一半，下一步该往哪里走？

经过思考，刘文修认为摸清炮群情况意义更为重大，必须尽快将此情况汇报团指挥部，避免我军更大的伤亡，防止部队面临的致命威胁。至于给潜伏部队送去进攻指令，情况紧急时，也可以启用无线话报机联系发起攻击。想到这里，他决定先潜回团指挥部，汇报炮群情况。

他小心翼翼，还是听着声音，不发出任何声响，慢慢地爬出了炮群。回到团指挥部，刘文修连岗哨的问话都没顾上回答，就直接冲进了指挥部。

他对参谋长说："我没有完成任务。"

参谋长说道："没有完成任务，你回来干啥？"

刘文修说："我搞清炮群的情况了，先回来汇报，需要送信我再去。"

这时，团首长听见刘文修回来了，给他端了一杯水，让他别着急，坐下慢慢说。

刘文修汇报了敌军炮群的详细情况，团首长听罢情况说："小刘，这个炮群阵地的情况实在太重要了，你立大功了，不用再去送信了。"但直到现在讲述时，刘文修老人眼里还含着泪花，惦记着还有一桩任务没有完成。他说："只要是完成了任务，我就是牺牲了，也不怕了。怕的是完不成任务。"

冰血长津湖

抗美援朝战争是中华人民共和国成立后的首战，1950 年 11 月打响的第二次战役中，最著名的就是东线的长津湖战役，刘文修所在的第九兵团，打出了全歼美军一个整团的漂亮战例。这是抗美援朝当中的唯一一次。然而，长津湖战役的残酷也是空前绝后。

长津湖和赴战湖在高寒的盖马高原东北部，两大湖泊及其附近地区被称为长津湖地区。两湖周围丛山林立，平均海拔 1300 米，几乎全是崇山峻岭。当时，长津湖普降大雪，气温已经降到零下 30 摄氏度，战场环境异常险恶，基本生存都不容易。

1950年，在这个朝鲜50年一遇气温最低的冬天，长津湖最低气温已经降到零下近50度，美军所有的机械化车辆每2小时必须发动15分钟，否则就再也不能动了。卡宾枪冻得和干树枝一样，一碰就断。恶劣的气候连钢铁都受不了。

就是在这样的极端天气下，为了不引起美军注意，作战的志愿军第九兵团10多万将士冒着严寒，踩着厚厚的积雪徒步翻山越岭抵达了美军必经之路，埋伏在两侧的阵地上。

依靠坚强的信念与意志，趴在零下45度的雪原中，紧握手中钢枪，11月27日晚上10点，10万名仿佛穿着银色盔甲的志愿军将士扑下山，成功将美七师和陆战第一师包围，砍成五截，分割包围十分顺利，但消灭被围之敌却艰难无比。

被围的美军用200余辆坦克在3处主要被围地域组成环形防线。志愿军的每个团只有八九门老式火箭筒，很难冲破坦克防卫圈。只有中小口径的迫击炮掩护步兵冲锋，迫击炮受酷寒天气影响，打出去的炮弹三分之二成了哑弹！步兵只能用步枪、机枪去冲击敌人的钢铁堡垒。

冻饿交加，炮火又跟不上，无法全歼敌人，眼看到嘴的鸭子要飞。九兵团司令宋时轮，急令刘文修所在的部队前来支援。当时部队还在离前线有100多公里的地方布防，监视着美军的一个主力师，防止他们增援长津湖。

长津湖战役打响后，刘文修所在部队的行踪已经无法做到隐蔽开进。美军掌握了情报，侦察机过后，轰炸机轰炸，成群而来，轰炸不断，炸弹、定时炸弹投在部队的必经之路。空袭严重阻碍了部队的前进，人员损伤严重。

因为没有制空权，敌人飞机不停地疯狂轰炸。起初为了减少伤亡，只能白天躲避敌机轰炸，晚上一刻不停地强行军，极度疲惫和寒冷，许多战士一旦睡下，就再也叫不醒了。

刘文修和其他志愿军战士一样，衣服不断被汗水浸透，湿寒阴冷，一步一跤地在积雪里行进，还要不断躲避敌机。夜间行军，数不清摔了多少跤。刘文修的脸和嘴都摔肿了，门牙也磕出了裂隙，顾不上疼和冷，只有一个信念——

战士们跨越 1700 多米的雪山向长津湖挺进

前进、前进……

为了抢时间，他们冒着敌机的轰炸，昼夜兼程，到达了指定地点，与敌军展开激烈的战斗。

刘文修哽咽着讲述，长津湖战役中，在美军撤退路上，志愿军最擅长的扎口袋的阻击战术，却没能发挥作用。志愿军后续部队开上阵地时，发现提前部署在此阻击敌人的部队战士已经都被冻死了。他们就那样静静趴在地上，手里握着步枪，眼睛盯着山下，远看是一个静悄悄的阻击阵地，战士们依然保持着战斗姿态，可是已冻成冰雕。

在整理战士们遗物的时候，发现了来自上海战士宋阿毛的绝笔：

我爱亲人和祖国

更爱我的荣誉

我是一名光荣的志愿军战士

冰雪啊！我决不屈服于你

哪怕是冻死

我也要高傲的耸立在我的阵地上！

战士们英勇无畏、前仆后继、视死如归的精神，让对手也肃然起敬。美军陆战第一师师长史密斯感叹：“长津湖战役，是钢铁部队在和钢铁的人作战。”

志愿军“冰雕连”的壮烈场景，保留在美军的镜头下，美国人充满敬意地记载着：“这些中国士兵忠诚地执行了他们的任务，没有一个人投降，顽强战斗到底，全部坚守阵地直到战死，无一人生还。”

刘文修回忆说，牺牲在长津湖战役的“特级英雄”杨根思说过，“只要有我们的勇敢，就没有敌人的顽强。”在驻守1072高地的战斗中，杨根思面对强敌，喊出了“三个不相信”的战斗宣言：“在革命战士面前，不相信有完不成的任务，不相信有战胜不了的困难，不相信有战胜不了的敌人。”带领着官兵持续打退敌人8次进攻，最后阵地上只剩3人，杨根思下令让两个负伤的战士撤下去，自己收集了阵地上所有的炸药，抱起炸药包与敌人同归于尽。

从朝鲜战场归来，刘文修的手指甲、脚指甲全部冻成了乌黑色，过了半年以后，双手和双脚的指甲，一个一个全部脱落了，又慢慢长出新的指甲。直到今天，他的手指温度也始终较低。

在朝鲜战场上，刘文修和他的战友们用钢铁般的意志和伟大的爱国主义精神，战胜了恶劣的环境，用普通装备创造了战争史上的奇迹，打出了军威、国威。抗美援朝精神成为我们宝贵的精神财富。

精神代代传

1952年9月，刘文修从朝鲜回国后，被选送到解放军第三运输学校学习，成为首批汽车运输兵，学汽修、学航海等，因为成绩优异，留校担任教员，1969年他回到总后勤部工作，一直为部队后勤建设作贡献，直至离休。在自己的工作岗位上，他始终没有忘记技术革新，发挥自己善于思考、擅长动手的特长，在总后华北物资局太原供应站工作时，他改装了半吨小铲车，实现了库房运输机械化，华北地区其他4个供应站都来观摩学习。

热血男儿亦柔情。怕母亲心疼，直至母亲去世，刘文修也没和母亲提起过

刘文修的部分立功奖章及立功证书

朝鲜战场上的艰苦。比他小5岁的妻子李英吉，是母亲在山东老家给他挑选的媳妇，两人共同养育了3个孩子，相依相携，如今依然幸福相伴。

刘文修老人吃了没文化的亏，特别重视子女的教育，3个孩子，都非常优秀。他说当年自己没有当好卫生员，一直非常遗憾。为了弥补老人的遗憾，刘老的女儿把孩子培养成了医生，实现了刘老的一个心愿。

1986年，刘文修又把1969年出生的小儿子刘峻，送去参军入伍。1986年底到1988年夏，刘峻在云南参加了对越自卫反击战，参战时间近两年。

在对越自卫反击战中，刘峻是炮兵，亲眼看见我军的炮群怒吼着打红了天空的景象。战场上的“猫耳洞”，让他更加理解了父亲讲述的志愿军用双手挖出长达1250公里的坑道，筑起了无数条地下长城。那时，一个连队1个月就常常凿秃上千把钢凿，将几百把十字镐磨成锤子一样的铁块。每个团的担架连，战时运送伤员，平时挖凿坑道。任何一名战士伸开的手掌，都有一层层坚硬的血茧。

看着炮弹打出的美丽抛物线，刘峻才真正明白当年父辈的智慧。志愿军战士利用大山做掩体，用自己的双手挖出了卓有成效的坑道防御网，在20至30公里的纵深挖掘堑壕，在反斜面挖掘可以连通的长长横洞。1952年，以坑道工事为骨干、支撑点式的防御体系逐步形成。敌人炮火强烈的时候，利用山体躲避，敌军进攻的时候，利用堑壕攻击，有效降低了人员伤亡，筑起了难以逾越的坚固防线。美国人将志愿军称为“闭居洞中的龙”，阵地坚固到“联合国军”不敢再贸然下手的程度。战场上真正理解父亲的时候，刘峻用痛击敌人的炮火，向远方的父亲致敬！

刘峻说，在对越自卫反击战中，我军装备较朝鲜战争时发生了翻天覆地的变化，可谓是武器装备精良，后勤保障有力。吃、穿、用、行完全可以满足作战需要，吃有野战干粮及各种辅助食材，穿有专用的作战服装，行有各种运输车辆，打有各种口径的大炮，性能优良的各式武器弹药充足，再也不用打在朝鲜战场上受制于后勤补给不足、被“联合国军”总司令李奇微称之为“礼拜攻势”“月夜攻势”那样攻击力不足的辛苦战斗了。

家人问刘文修，你参军吃的苦还不够？为啥还让儿子也参军？刘文修老人说：“让儿子参军，保家卫国，是我一辈子最大的心愿。”老人饱含深情地说，这辈子他就认准了共产党，认准了我们的军队是全心全意为人民服务的军队，是党和人民军队把自己从一个小山村的穷苦娃娃培养成党员和革命战士，使全家过上了幸福的生活。

直到现在刘老还保持着锻炼身体、早睡早起的部队生活习惯，每天清晨 5 点起床。当年战场上的硝烟已经散尽，作为一名老兵，他依然时常记起那段血与火的光荣岁月，深深地祝福伟大的祖国永远和平安定。

刘老现在很知足，他说：“现在的日子比蜜都甜。国家给了良好的保障，住房、医疗、养老，完全没有后顾之忧，可以幸福生活，安享晚年。”他家风很严，教育儿女勤俭节约的优良传统不能丢，要珍惜来之不易的生活。铭记历史，不忘来路，今天的幸福生活是无数先烈用生命换来的。

有抗美援朝战场遭受敌机轰炸的经历，刘老一直很关注中国航天和空军建设，看到北斗组网、天问问天、嫦五探月，看到我国自主研发的第四代隐形战机歼 20 首次亮相庆祝建军 90 周年阅兵式。刘老感慨万千：“大国重器，长空利剑，保我华夏，卫我中华。过去我们有强大的人民，强大的军队，今天，我们不仅有强大的人民，强大的军队，更有强大的国防、强大的祖国。”

吕　良

1953 年 2 月 12 日。天上仍然飘着雪花，我们从这个连队工地走到另一个连队工地，演唱……

傍晚，在一个山坡上拉手风琴时，雪越下越大，冷风扑面而来，手风琴风箱上全是冰和雪，键盘上也结了冰，手指冻得僵硬、生疼。有位战士把他的棉手套脱下来，让我暖手，我婉言谢绝。解开风纪扣，我把右手从领口伸进去，用体温使手指恢复了知觉后，用结了冰的琴，继续为战友们演奏。

——节选自吕良战场日记《抗美援朝笔作枪》

中國
人民志願軍

战地琴声

焦淑梅

一台1960年的老式手风琴，一位年届87岁高龄的老兵。一曲斗志昂扬的《四渡赤水出奇兵》，从老兵尚很灵动的指尖有节奏地弹出。琴音袅袅，抑扬顿挫。老兵神情凝重，随着时缓时急的音乐节拍，他微微摆动的身子，单薄，却努力坐得挺直。那台手风琴，饱经岁月磨砺，已经看不出外漆的原色，古老，像老兵褐色的脸，布满皱纹。手风琴一张一合，收缩之间，倾注了老兵全部的力量，全身心的爱。

2020年12月25日上午9时，明媚的阳光照进老兵家的客厅。室外气温很低，屋内却温暖如春，沉醉乐声中的老兵额头微沁点点汗珠。在客厅东墙正上方，挂一张毛泽东主席的大幅照片，伟人神采奕奕，威严又慈祥。西墙正上方，挂一张“致敬最可爱的人”楷书书法条幅，两张老兵抗美援朝时的战地照片，一张装上了镜框的老兵欢度国庆70周年时的喜庆红色剪纸。

听说我们要来，他盛装以待——脚蹬战时演出穿的一双及膝黑马靴，腰束一条老旧的武装带，一身绿军装笔挺、干净。胸前金光闪闪，挂满各式军功章数十枚。

茶几上，有一个印有“赠给最可爱的人”字样的搪瓷缸子，还有分类归置的一册册老照片。

……

战时物件，家里随处可见。显然，它们是老兵的至宝、挚爱。这么多年，默默地陪伴老兵，守护着老兵的白天黑夜，琴声澎湃——

战士双脚走天下，
四渡赤水出奇兵。
乌江天险重飞渡，
兵临贵阳逼昆明。
敌人弃甲丢烟枪，
我军乘胜赶路程。
……

旋律悠扬，起起伏伏。跳动的音符寄托家国情怀，如浪花中舞起的一道道急流，不断向前推进，那段战火纷飞的岁月，浮现在眼前，那么远又那么近。

红色家风代代传

老兵名叫吕良，原名吕眉寿，1934 年 3 月 19 日出生于山西省稷山县。

1937 年抗日战争全面爆发。日军到处烧杀抢掠，百姓苦不堪言。

“揪尾巴，揪尾巴……”三四岁孩童小吕良，每晚在母亲的摇篮曲中入睡。为什么要“揪尾巴”？这疑问一直困惑着童年的吕良。依稀记得，每当母亲唱起这首歌时，总是神情黯然，眉头紧锁。直到吕良七八岁左右，才知道，母亲哄他入睡的“揪尾巴”歌，是抗日爱国歌曲《松花江上》。

我的家在东北松花江上，
那里有森林煤矿，
还有漫山遍野的大豆高粱。
“九一八”“九一八”
从那个悲惨的时候，
脱离了我的家乡，
抛弃那无尽的宝藏，
流浪！流浪！

吕良又动情地唱起来，眼角有泪。

他是出生在红色革命家庭中的苦孩子。

父亲吕光辰是村里一名小学教员。1936 年中国人民红军抗日先锋军从陕西渡黄河东征时，他加入了队伍。国难当头，吕光辰毅然投笔从戎。母亲李海竹是稷山县牺牲同盟救国会的妇救会主任，从小吕良会说话时起，母亲就开始教他唱革命歌曲，《流亡三部曲》《救亡进行曲》和《游击队之歌》等歌曲。吕良说，打小就亲眼看见了太多的烧杀抢掠。日本侵略者穷凶极恶，爷爷、奶奶，邻居婶子、大娘，还有一起玩耍的小伙伴们，死的死，伤的伤，太惨了！

他家除了年老的祖母和他七婶是家庭妇女外，全家人不是共产党员就是共青团员，或者少年儿童团团员、少先队队员。生于 1916 年的叔叔吕光都，逃难离家出走，1937 年秘密加入中国共产党，1949 年被授予“三级自由勋章”“解放勋章”等荣誉。叔叔在抗美援朝时任志愿军后方勤务某分部政治委员，一次战斗中，以身殉职，壮烈牺牲。他抚摸着叔叔吕光都的一张照片，哽咽了，眼泪滴滴落下——那是一张多么清秀的面庞啊，一身军装，英气勃勃。照片下面一行字“山西稷山七十师补充二团步炮连，吕光都”。

这么多年，他忘不了自己的叔叔。

1937 年，叔叔在忻口战役中负伤，住院期间，途经稷山县城时回家停留了片刻，顺带给了小吕良一个礼物——一个口琴。吕良爱不释手。此后，白天吹，黑夜吹，饱了吹，饿着肚子也吹。反复吹，吹啊吹！一年又一年！琴音，高高低低，长长短短，飘出成调或者不成调的音律。那个口琴，是苦难岁月里可以充饥的食物，给凄苦的生活带来了难得的笑声。烽火燃烧的岁月，不仅在他幼小的心灵上留下血与火的记忆，也让音乐的种子在心里结结实实地生根发芽。

1948 年，吕良进入吕梁军区十分区财经干部学校学习。在校期间，自学学会了吹笛子。同年入伍，成为一名随军文艺战士。

难忘太原解放战

太原战役是解放战争后期的一场大型战役，始于 1948 年 10 月 5 日，终于 1949 年 4 月 24 日。太原战役是解放战争中战斗最激烈、付出代价最大的城市攻坚战。

1948 年，吕良作为西北野战军 10 旅宣传队的一名宣传员，随军开赴太原前线。在晋中战役的一次战斗中，部队缴获了阎锡山军的1架日制纽扣式手风琴，宣传队队长把它交给了吕良说：“以后你弄这个。”手风琴的入门难点主要在左右手的配合，基础配音、音节、换位、力度等练习，每一步都需要花不少时间。单有兴趣爱好远远不够，必须有“不到长城非好汉”的意志力，方可达到一般的演出水平。不服输的吕良很快就啃下了这块硬骨头。更是没想到，他的琴声飘过了后来 70 年岁月的荣光。

“别以为我们文艺战士就会吹拉弹唱。队伍休整时，我们演出，但是，如果战场需要，我们随时随地服从部队指令。我们也上前线，打击敌人。”

说起太原战役，有两件事吕良印象最深。

1948 年 10 月 17 日晚上，解放军攻打牛驼寨。他被分配到卫生队，在战地医院，抢救伤员。

牛驼寨争夺战非常激烈，阵地几次“拉锯”，血流成河，垂死挣扎的敌人最多时一天疯狂反扑达八九次之多，我方战士不断有人受伤。一个又一个的伤员，密集地从前方战场抬到战地医院。战地医院，就是战场旁的一个村子，分布在村里乡亲的院中、家中。轰隆隆的枪炮声不绝于耳，炸弹的爆炸震得简易的房子不时摇晃。吕良暂时放下了他心爱的手风琴，和其他卫生员一起，不停为伤员洗脸擦血、喂水喂饭、包扎清洗伤口、端屎端尿，还帮忙抬担架。

吕良又一次停下，说不下去了。

太残酷了，太残酷了！

他抬起手，擦了擦眼角的泪。

按规定，重伤员要转到汾阳后方医院治疗。吕良说，有个腿部受重伤的战士，需马上转到后方院医院方可保命。可是，那个战士怒目圆睁，和卫生员发脾气，说他还能扔手榴弹，他要回战场打敌人，不转院。吕良回忆说："你真的不能不被我们战士那种大无畏精神打动。他们上了战场，舍生忘死！我们有这样的勇士、这样的队伍，怎能不取得最后的胜利？"

吕良拿出一张当时抢救伤员的照片，抚摸着，两眼灼亮，无限深情。他说："看，看，乡亲们多热情啊！"我们在老乡家里抢救伤员，老乡们有人的出人，有物的出物，他们一刻也不闲着，他们把战士当自己的孩子看待。有一次，担架不够用了，几个老乡竟然毫不犹豫地把自家的门板卸下来，奔跑着帮忙用门板抬送伤员。

"你们看，你们看！"——拿着照片，吕良连连说。

这是一张发黄的黑白照。两个头扎绷带的伤员半躺着，他们跟前各有一个老乡，正在用勺子喂他们吃饭，老乡的神情认真、细致，有掩饰不住的那种心疼。一张简易的木桌旁，一位大姐在缝补着战士被子弹打破的衣服……一幕一幕，吕良一直没忘，也忘不了。

"解放太原，我军不仅对敌人施以强大的军事压力，也广泛开展政治攻势。针对敌军士气低落普遍厌战的情绪，我们喊话，瓦解敌军。"

吕良拿出一张他在战地喊话的照片，不停地抚摸。

吕良在太原战役前线喊话展开政治攻势

那是1948年12月，一个严寒冬夜。镜头里，冻结的汾河河面，泛着寒冷的白光，两个战士，棉军帽，棉军衣，借着夜色的掩护，藏身于汾河这边的堤堰后，他们的头顶，微微高出堤堰。左边手持大铁皮喇叭喊话的，正是吕良。在他右边，紧挨着的一个战友，凝视远方，神情庄严。

“和我一起执行任务的战友叫侯树长，我俩带着一个敌军投诚士兵，轮番喊话。他的名字，记不清了。”

“毛连长，陈排长，我是……我在这边，吃得好，穿得好，不用挨饿受冻。在兰村，解放军热情接待我，还给我发了回家的路费。”吕良清楚地记得那个投诚士兵喊话的内容。

原来，1948 年秋后，太原城变成了“饿死城”，敌军好多士兵得了“夜盲症”，不少人想跑出城去逃个活命。

“解放战士多喊叫，给他指出一条路。人人口中吐飞刀，直刺敌人的心巢。万把飞刀天天放，他不投降心动摇。”说起喊话的战斗情节，吕良很兴奋。他仿佛又置身于那段岁月，他还是那个朝气蓬勃的 14 岁战士，双目炯炯，眼里全是必胜的信念。

“我们一喊话，对方就用小钢炮隔河射击，有一次喊话时，一枚炮弹在身边不远处落下爆炸，碎石沙土劈头盖脸地落了我们一身，很是危险。但我们毫不畏惧。”吕良补充说。

后来得知，这一时期投诚的阎军越来越多，有时是一个班、一个排。太原战役，我军瓦解阎军达 3 万人左右，可见“嘴巴仗”的威力。

吕良不停歇地讲述着，他生怕错过记忆中储存的每一个细节。

抗美援朝笔作枪

一张吕良在朝鲜战地专心创作的照片，引人注目。

天尔山麓，野外，一派荒凉。镜头近处是几棵歪歪斜斜的树木。他一身厚厚的棉军装，戴一顶棉军帽，坐在茂密的枯草丛中。几页纸放在支起的膝盖上，正专注地谱曲。身子左侧，紧挨着他的是他形影不离的“战友”——那架手风琴。他在 1953 年 2 月 28 日写于朝鲜万合寺的一首小诗《笔作枪》，记录了当时的情形——

离祖国，到邻邦，天尔山麓扎营房/文艺兵，上前方，抗美援朝笔作枪/半山腰，松树旁，就是我的写作廊/草为椅，膝当桌，灌木森森做围墙/头顶密布青枝叶，投下束束太阳光/我右手紧握解放笔，左手托腮细思量/上级把创作任务交给我，我要用实际行动回答党/提起党，有力量，一口气写了七八张/写罢操琴来试奏，同时放声唱一唱/抗美援朝我尽微力，无愧于胸前那闪闪的纪念章。

……

那段血与火的岁月，他深深铭记于心。

1953年元旦刚过，政治部张主任宣布，部队要开往抗美援朝第一线，新番号“中国人民志愿军七〇五大队文工队”，战士们摩拳擦掌，都争着去抢着去。不几日便乘闷罐车，西上北进……子夜，跨过鸭绿江，到达朝鲜，开始了新的战斗。

“联合国军”在武器装备方面占有优势，不仅有技术精良的装甲兵、炮兵，而且有制空权，机动性很强。敌军猛烈的炮火不分黑夜白天地轰炸，道路桥梁遭到严重破坏，使部队的后勤物质保障工作受到了空前的考验。

兵马未动，粮草先行，打仗就是打后勤，打保障。为了有效反制艾森豪威尔在朝鲜中部的冒险计划，我军需抢修新的战备运输线。毛主席和党中央命令，“1953年4月以前必须修好！”

吕良在朝鲜战场上

没有机器，主要靠洋镐、铁锹。为了保证工程进度如期实现，要从文工队抽38个文艺兵去工地。

吕良和其他战友同时写了请战书。人员名单公布了，没有他！吕良那个急啊！他不能静下心来拉手风琴了，他一门心思想去工地。他去找李队长，又找指导员。他甚至着急地说，上一线，才能创作出更好的文艺作品。指导员哭笑不得，批评他是“个人英雄主义表现”，说留在队里还有其他任务，只要把分配给自己的工作干好，就是为抗美援朝尽自己的力量。一通思想工作后，他才勉强同意。

没料到，机会来了。吕良说，那一瞬间他欢快的神情，像个孩子。原来，工地开工后，他去泰川工地卫生所见了战友马金凯，小马生病不能去工地干活。吕良就又去找李队长，请求顶替小马。他还动心思专门写了个“保证书”交给李队长：一是保证按要求完成工地施工任务；二是不影响留守分配的演出伴奏任务；三是队里随时有新的任务分配，一定立即执行。

1 至 2 月的朝鲜，气温零下 30 多摄氏度。寒凝大地，千里冰封，万里雪飘。只有把地面上一米多的冻土揭去，方能开始实际的施工。按规定每人每天平均要完成 2.5 立方米的任务。吕良和战友们不停地挥镐，一镐一镐下力气开凿。汗水湿透了身上的衣服，衣服结成了冰块。他说，当时，顾不得冷，干起活来也根本不觉得冷。只是，每晚从工地回去后，衣服冻得直挺挺的，满手是血泡。连续数天，他们每天人均完成 3 立方米取土，名列全师第一。

铁道兵不怕苦不怕累，冒着生命危险在工地战斗，殷龟铁路在 3 月 31 日正式通车——比预期竣工时间提前了一个月！他们创造了 65 天建成 129 公里山区铁路的奇迹！

战士们斗志昂扬。

吕良所在的文工队，既要在工地干活，还要挤时间进行新作品的创作、排练，为战士们演出。

文工队战士，以苦为乐，毫无怨言。

吕良，放下镐头，就拿起手风琴。

且看他的部分战地日记：

2 月 11 日。今天下小雪，我们演唱组到工地演出。到了九连就像回到家一样，战士们要我拉《三个坦克战士》。连队开晚会时，我用手风琴拉了《解放军进行曲》《全世界人民一条心》等，掌声经久不息。最后一首苏联歌曲《三个坦克手》结束，战士们听得意犹未尽，战士们开心得很，战斗热情高涨，围住我问东问西。我好不容易才走出来。

2月12日。天上仍然飘着雪花，我们从这个连队工地走到另一个连队工地，演唱。傍晚，在一个山坡上拉手风琴时，雪越下越大，冷风扑面而来，手风琴风箱上全是冰和雪，键盘上也结了冰，手指冻得僵硬、生疼。有位战士把他的棉手套脱下来，让我暖手，我婉言谢绝。解开风纪扣，我把右手从领口伸进去，用体温使手指恢复了知觉后，用结了冰的琴，继续为战友们演奏。

2月14日（春节）。在朝鲜过年，为欢庆佳节，我们演出更频繁。从早到晚，过沟爬山，沿着师直工地，一站接一站，给英勇顽强、日夜奋战的广大指战员拜年。

2月15日。我回到北安里与朝鲜人民节日联欢。由于连年战争，男子尽数从军，村里只剩妇女和儿童，巧古娜（姑娘）们把自制的年糕和米酒端到我们面前说："吉原公道木（志愿军同志），告马思密达（谢谢）！"我们用《在泉边》《阳山道》《新疆舞》等演奏做了回敬。最后，大家携手并肩一起唱跳，暂时忘却了残酷战争带来的创伤。中朝人民亲密团结，我们相信，我们必定能取胜，战斗友谊万古流芳！

……

吕良他们用文艺方式把毛泽东思想深入宣传，把战士们的战斗情绪鼓得高涨。

从吕良拿上那架手风琴开始，没有专业老师教他演奏、谱曲，没有专业老师教他填词、表演。如何提高创作和表演水平，一直是吕良孜孜以求的目标。他抓住一切可以提高技艺的机会，学习，学习，再学习。

1953年2月中下旬，朝鲜人民军铁道司令部军乐队代表朝鲜军民，来慰问志愿军新建铁路指挥局全体指战员。朝鲜军乐队里有个手风琴手叫曹锡权，他中国话讲得好，手风琴技艺也非常娴熟。表演结束后，吕良三步并作两步，跑到曹锡权跟前请教。曹锡权很热情，悉心教了他四种手风琴的左手指法。左手指法相对不固定，比较灵活，大拇指不触键，可以控制风箱，其余四指都可以从一个键钮跳到另一个键钮，而右手不允许这样。第二天，就《杜鹃圆舞曲》的演奏方法、指法和艺术处理，吕良又和曹锡权交流，请教。曹锡权的指点有如春风化雨，好学上进的吕良听后如醍醐灌顶，琴技进一步提高。所以，至今他念念不忘那位朝军战友曹锡权。

吕良在朝鲜战场上慰问演出

吕良把他的手风琴看得比命重。有一次，他挎着心爱的手风琴随文工团一起去担架二营和新兵二、四营慰问演出。路上，一条一米多深、一米五宽的壕沟横在眼前。他不顾危险用力一跳，没想到手风琴的一根背带突然绷断，眼看手风琴就要甩出去，他飞速一把抱住琴，却猛不防一个跟头跌进壕沟。还好，琴完好，人无大碍。从壕沟爬上来，他左胳膊肘处棉衣服洇出了一片血迹，才知道左胳膊擦破一大块皮。战友们说赶紧先处理一下伤口，吕良连说没事没事。他却弯下腰，割下半截棉鞋带子，捆住手风琴的背带。到营地后，继续用受伤的胳膊弹奏，顺利完成了那次演出任务。表演一结束，李队长命令吕良赶紧包扎胳膊，他却轻松地说："队长放心，不要紧！"反而惦记着该交党费了，由于队伍一直在各个战场转战，吕良不知道把党费交到哪里。他非常郑重地把钱交到李队长手里，请李队长给他代交。李队长不由得摸了一下他的头，心疼地说了句："小鬼，好样的。"极度严寒的天气，战士们一张口说话，就哈气成冰。但是，他们心里都燃烧着一团火，力量无穷。

营房里，半夜的灯影下，常有吕良专注创作的身影。用废寝忘食来形容他，一点也不过分。3 月 20 日那天晚上，他正沉醉于《铁道战士修路歌》的细节修改，一阵剧烈的爆炸声传来，震得他双耳一阵钻心的疼。那一刻，地动山摇。吕良和战友们赶紧跑到室外的防空洞。敌机马达发出刺耳的嗡嗡声，爆炸声如同滚雷暴雨，一阵紧过一阵，空中，道道刺眼的白光晃得人睁不开眼。敌军又在疯狂轰炸！忽然，一架敌机被我方的高射炮击中，在空中爆炸。吕良和战友们非常高兴，暗暗为英雄的高射炮兵喝彩。不久，敌机逃走，四野又恢复了安静。回到营房的吕良无法入睡，他拿出纸笔，改改画画，继续创作——似乎唯有如此，才能表达出对战友的爱，发泄出对敌军的恨。

3 至 5 月，白天，吕良和战友们不停地挖防空洞，晚上就搞创作。《铁道战士修路歌》在 5 月 21 日基本完稿。5 月 22 日，他又开始了新的创作，写歌曲《英雄的铁道战士》。也许是连续熬夜睡眠不足，刚要写第四段，突然，头"嗡"一下，像被谁猛烈击打，非常疼。他闭上眼，缓了缓，坚持写完第四段后，再也撑不住，昏昏睡去。次日早起，还头晕。下午开会，要传达上级对文工队思想建设的指示和二期工程任务中如何开展工作的安排，战友劝他别去了，他不听，坚持到会。会上，又坚定地接受了另一项作曲任务，并向队长保证"坚决完成任务"。吕良说，忙起来忘了头疼；会后，竟然一点也不头疼了。

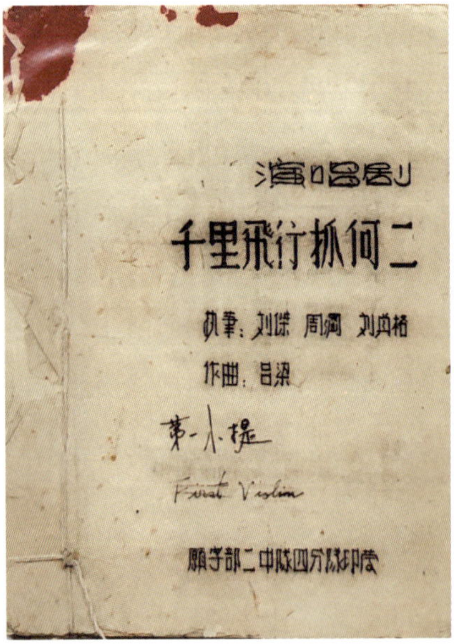

吕良创作的剧本《千里飞行抓何二》

"一线的英雄战士激励着我，我应该写出更好的作品为战友服务。"他说，他对付敌人的有力武器是手中的笔、怀里的琴！

"干一行，爱一行，专一行"，他向同志学习，向书本学习，不断探索、研究，创作一首首脍炙人口的战歌，在我军传唱。包括《消灭细菌战》《拥军》《到保卫祖国的最前线去》《小王追小张》《抢修新线》《铁道战士修路歌》等作品。在 1953 年 7 月中国人民志愿军新建铁路指挥局第一届文艺汇演时，吕良获得“优秀演员”的称号，他创作的《铁道战士修路歌》获作品“二等奖”。

1954 年，吕良作为志愿军归国慰问团团员参加了“全国人民慰问人民解放军代表团”活动，2 月 14 日，在北京饭店开会，廖承志主持会议，总团长董必武副总理亲自动员、布置任务，贺龙将军介绍了赴朝慰问的经验。从 17 日开始，他们第二分团到山东军区作了为期 40 天的慰问演出，把毛主席、党和人民的关怀，送到驻守在海防线上的全体官兵。鲜花送英雄，掌声送给最可爱的人。他们所到之处，掌声经久不息。

朝鲜战争胜利后，部队归国。吕良的作品队列歌曲《把铁路修进森林宝库》、大合唱《故乡》《太阳爬上了东山坡》《打通铁牛关》等备受好评，荣记部队三等功一次。

八年的军旅生活，他由一个少年，成长为一个有坚定政治方向、成绩优秀的革命文艺战士。回忆往事，他抑制不住内心的激动和自豪。他说，这是他一生中最辉煌的时刻。

愿得此身长报国

1955 年，吕良从铁道兵文工团转业到山西人民歌舞团，在音工组为合唱团伴奏。工作中，他高标准严要求，取得了思想艺术双丰收。1957 年，他到蒙古人民共和国，参加中、苏、蒙三国铁路青年联欢活动，担任手风琴独奏和独唱、小合唱伴奏。1958 年，歌舞团改为山西省实验剧院歌舞团，他任歌舞队副队长。1964 年出席全国剧团工作会议，应邀在中央人民广播电台新闻联播时间介绍经验。1965 年在昔阳县大寨深入生活时，他第二次见到了周总理，总理与歌舞团的演员一一握手。他记得总理关切地问“生活得怎样”，他回答“很好”。他说，真后悔怎么就没和总理说句“谢谢”。1984 年，他调任音舞研究所当副所长，承担国家重点科研项目《中国民族舞蹈集成·山西卷》的主编兼音乐编辑任务。在此期间，获得过文化部颁发的“文艺集成志书编纂成果奖”、山西省文化厅颁发的“先进工作者”证书，多次被文化厅评为“优秀党员干部”。1998 年离休后，继续从事音乐和舞蹈研究，为文化厅老年大学声乐班代课……

整个上午，老兵吕良滔滔不绝。他重复最多的一句话是：“我自豪，我是一个兵，是一名共产党员。”家庭的教育，战争的熏陶，让吕良对党有着淳朴、真挚而又深厚的感情。

几近中午，此刻，阳光明媚。

战争已远去。神态安详又热情饱满的吕良，抱起心爱的手风琴，即兴拉起《铁道战士修路歌》：

逢山打开洞，遇水架桥梁。
河水结冰刺骨寒，冰块厚，打桩难。
跳下河挖开冰，保证车到修桥成。

敌机扰乱挡不住，注意伪装继续干。
紧张抢修不停闲，敌机越疯狂，咱们越勇敢。

河上架钢桥，高山拦腰断。
火车飞奔一溜烟，粮食弹药送上前。
前线胜仗打得好，铁道战士有贡献。
前方后方配合好，粉碎美帝登陆战。
……

他像爱自己的孩子一样爱他的手风琴，他像熟悉自己的掌纹一样熟悉他手风琴每一个琴键的位置和音色。

我们记住了他——吕良，中华人民共和国第一代手风琴演奏家。

在他一曲手风琴《东方红》的演奏声中，我们庄重地举起右手，给英雄敬礼，挥手告别。琴声铿锵，他的琴声，一定能传到更远更远的地方。

杜府文

杜府文不肯，倔强地说：“谁值班就是谁值班，我不用你们替！”台长再次命令他：“赶快撤离！不得延误！”杜府文也急了，他猛地站起来朝台长、主任敬了个军礼说：“我不能让你们替我牺牲，那样我就再没脸见人了！生不如死！”台长又说：“脸要紧还是命要紧？我们是共产党员，要牺牲也该让我们牺牲！”撕扯一番，杜府文还是红着眼睛站着不动，三个人撵不动他，只好匆匆撤离。临走，台长说了一句：“瞧这小子这股倔劲，像咱共产党员！”

悠悠电波情

李小娟

上午9点,冬日的阳光准时前来报道,窗台上的绿萝叶子油亮亮地闪起了光,杜老新的一天开始了。

今天是2020年11月30日，靠墙的白板第3行赫然写着：市文联来采访。

客厅不大,简单素净。玻璃茶几,沙发瘦瘦的。杜老身穿军装端坐在沙发上,胸前的五六枚奖章闪闪发光。茶几上是一个鲜红的布面匣子，一看就是这家里的宝贝。

随行的工作人员嘱我说话大声点，老人惭愧地笑笑，随即又变得一本正经，安静如初。88岁高龄的他除了表情略有些僵，眼神是少有的睿智明亮。

我们要聊的自然是70年前的那场战争。那场让世界不得不对我华夏民族重新定义的抗美援朝战争。然而无论历史怎样厚重，它都逃不开岁月的淘洗，时光飞逝，随着亲历者的减少，历史的洪潮骤然退去，多少人、多少事都会随之灰飞烟灭。

有幸历史的余温尚在。杜府文老人就是现今为数不多的抗美援朝老兵之一。70年，时代着实盛不下这许多岁月，他的记忆却崭新如昨。

我要入党

70年前的朝鲜战场上，“杜府文是谁”还不是个值得一提的问题。光辉岁月中有太多光辉的名字，杜府文从没想过有一天他会成为主角，会成为志愿军最后的代表。他说：“我代表不了他们，他们是英雄，我不是。我只是个发报员，发报员怎么能算是英雄？何况我还是个初次参战的‘嫩瓜’！”

杜府文的青春时光

1950年10月10日晚9时，上级紧急通知杜府文参加志愿军入朝。次日凌晨3时，他们便乘火车赴丹东新组成的志愿军司令部（简称“志司”）报到，杜府文被安排到电台工作。那年他18岁，是个瘦子。那时的年轻人都很瘦，他又是瘦子里面的“极品”。

10月19日晚7时，指挥所乘汽车开过鸭绿江大桥直奔朝鲜前线，前面的几辆吉普车上坐着彭德怀司令员和参谋、警卫，后面大卡车里坐着电台人员和勤杂人员，坐在卡车里能听到车外志愿军急行军步兵铿锵有力的脚步声。道路被炸出了许多大坑，汽车不停地上下颠簸。敌机在空中盘旋，不时地扔下照明弹、炸弹，炮弹擦着耳边炸响，每一声都像要掀掉人的脑壳。

初入朝鲜，白天必须隐蔽，部队行军和后勤供给全部在夜间。每个山头上都有防空哨，发现敌机马上鸣枪，汽车听到枪声立即闭灯向前慢行一段路程方可停下来。有一次行军转移，敌机来扫射，大家赶紧下车隐蔽，一位司令部的文书因为没有来得及下车隐蔽，而被敌机机关炮击中牺牲了。这时，杜府文坐在蒙着篷布的大卡车里，用身体紧紧护着收报机。因为彭总要靠这个电台和军委、驻朝使馆以及各个兵团联络。谁都不知道那时他有多激动，因为在那一刻他着实做好了为电台牺牲的准备。牺牲，是每一个志愿军战士最崇高的信仰，死，则完全是另一回事。

收发报机是什么？在那个没有其他先进通信设备的年代，它就是部队的“千里眼”“顺风耳”。杜府文的电台在“志司”担负着彭总与军委、驻朝使馆以及其他部门联络的工作，他是发报员。电文由作战科拟定，再转入译电科，最后转到发报员手上。发报员要做的就是把一串一串的数字转换成“滴滴答答”的电码，这是拼记忆、拼速度、拼细心，同时也是拼体力的工作。责任重于泰山。电台安装好后，杜府文迅速以战斗的姿态投入到了工作中，此后的3年，他的生活中除了“滴答”，便再无其他。

电台建在山根底下，形似一个大一点的地窖。里面又潮又冷，却比前方安全得多。当时志愿军没有空军，敌机很猖狂，炮弹常常在头顶炸开，地动山摇的。“他们炸他们的，我们干我们的。”18岁的杜府文和他的战友们在那时都超乎寻常的镇定。有人说战争可以让人在一夜之间长大，杜府文却说，这很简单，当时你的心里只有一个声音——任务紧急！担子压在你肩上，你没有时间停下来考虑其他。

电台也不是绝对安全。1950年11月中旬的一天，志愿军得到情报，敌军要派大批飞机轰炸“志司”，那天正好轮到杜府文值班。台长一声令下，“全部撤退！”其他人都迅速转移，跑去了远处的山洞里防空。最后就留下了杜府文、台长、主任和共产党员武广成。他们都抢着说：“小杜，你也去防空洞，今天我替你值班。”杜府文不肯，倔强地说：“谁值班就是谁值班，我不用你们替！”台长再次命令他：“赶快撤离！不得延误！”杜府文也急了，他猛地站起来朝台长、主任敬了个军礼说：“我不能让你们替我牺牲，那样我就再没脸见人了！生不如死！”台长又说：“脸要紧还是命要紧？我们是共产党员，要牺牲也该让我们牺牲！”撕扯一番，杜府文还是红着眼睛站着不动，三个人撵不动他，只好匆匆撤离。临走，台长说了一句：“瞧这小子这股倔劲，像咱共产党员！”就在那时，一个誓言在杜府文的心里生根发芽，“我也要成为共产党员！”

那天外面出奇的安静，杜府文心里却是翻江倒海。他一个人守着电台，回想自己的父亲和当兵以来的一幕幕，他多么庆幸自己跟了一支好队伍。他说：“一个人能在那样年轻的时候有方向、不迷惘，心里充满了归属感，你很难想象，当时我有多么幸福。”

1932年，杜府文出生于山西省清徐县王答乡王答村的一个耕读家庭。他父

1948年，杜府文在平遥学习电讯技术

亲曾在黑龙江绥化经商，日军入侵后，社会动荡，商铺倒闭，他们只能回到清徐老家靠不多的田产维持生计。尽管如此，父亲仍支持他上学，告诉他：“做人一定要做一个有用的人，学好文化练好本领是关键。或许有一天，你的文化和本领还会成为救国的武器。如果将来真的有机会为国家效力，那是咱们家族的荣耀。”杜府文从小爱学习，16岁时考上中国人民解放军华北军区电讯工程专科学校。毕业前，军委三局的崔伦处长到校从200多名学员中选了50名技术、政治兼优的学员到军委总台工作，他幸运地被选上了。那时他选择军校也是因为听父亲说，亲眼看到共产党的队伍对老百姓最好，跟着共产党肯定没错。现在他自己明白了，不仅如此，多少共产党员还都像台长一样不怕牺牲，救国救民，他崇敬他们，他也想要成为那样的人。

结果这天敌机没来，有惊无险。而不幸最终发生在1950年11月25日。那天天刚闪亮，敌机突然来袭，非值班人员还都在营房休息。大家听到防空哨响，就都躲到了厨房里防空（当时他们住的是民房，朝鲜的厨房地板比地面低一米）。敌机来势汹汹，轰炸扫射势如急雨。防空解除后大家得知，司令部有两位参谋牺牲了，其中一位就是毛岸英同志。伟大领袖毛主席让他的儿子跟全国青年一样，参加志愿军赴朝抗敌，杜府文又一次看到了共产党员的无私和担当。共产党员始终把责任放在第一位，无论何时都与百姓共进退，这种无产阶级的革命奉献精神深深打动了杜府文，悲痛气愤之余，他更加坚定了要入党的决心。“从此，我一定要做到听党指挥，服务人民，英勇善战。”这是发自内心的声音，时刻回响在耳边。

接受考验

都知道朝鲜战场上缺水，前方战士没有水喝，后勤用水也很困难。自从去了朝鲜，战士们几乎都忘了“洗澡”是怎么回事，换洗衣服就更是奢望。初入朝鲜第一年，大家住在山洞里，人挤着人睡在地上的干草铺上。说是干草，其实潮得能拧出水来。被褥也是湿冷湿冷的，晚上好不容易用体温烘干，第二天依旧冰冷如初。睡觉很让人发愁，只是睡前一段时光极为有趣。山洞中间点上一堆火，战士们都把身上的棉衣脱下来拿到火堆旁去烤，只听得“噼里啪啦”，是数以万计的虱子葬身火海的声音。有时大家还开玩笑说：“谁的棉衣噼啪声更响，谁的肉就更香。”

有战士说，虱子比美国鬼子还厉害，美国鬼子胆子贼小。虱子呢，千军万马，前赴后继，白天拼命生，晚上玩命死，死不了的就要开枝散叶，争分夺秒。

哈哈……虱子精神可嘉。战友们笑着，烤得虱子越发噼啪响。又有战士说，“那就烤他个片甲不留！”

这些吸人血的东西，谁都知道它们手无寸铁，还以为它们成不了大器。直到营房里流行开了“斑疹伤寒”，大家才参透了这些虱子的阴谋。

1952年，杜府文在志愿军后勤司令部留影

原来这些家伙都是病毒传播的“高手”。可是谁身上没有虱子，谁能不跟人接触？晚上睡前大家还是围着火堆烤棉衣，“噼里啪啦”的声响里再没有乐呵呵的笑声了。不是大家怕死，是怕死得“轻于鸿毛”。

所有人都心照不宣，只有战死沙场才算死得其所。

斑疹伤寒病毒最终在虱子们夜以继日的搬运中泛滥成灾了。“志后”八台所有报务人员全部感染，其中一名病情最重，不过几天的工夫就病亡了。其他人也都症状明显，不能再上机工作。这时正值1951年秋，我军由进攻转入防御，前方部队要后撤休整，国内的部队要到前线锻炼，军事部署调整十分频繁。电报又多又急，电台联络任务十分艰巨。

必须有人调到八台工作，谁去呢？台长看中了杜府文。杜府文当时在一台工作，“这个小鬼精通业务，而且以前在八台干过，肯定没问题。”

台长一声令下，杜府文丝毫没有犹豫，一个军礼，一声回答：“是！”就奔去了那危险之地。台长不知道，此时的杜府文正背着一个重重的“思想包袱”。那时军邮刚刚开通，杜府文收到了家信，信上说在他走后的一年中，父亲和祖父都相继去世，家中只剩下了70多岁的老祖母和不到10岁的弟弟妹妹，母亲早在他当兵前就已经过世，现在家里老的老小的小，生活困难可想而知。杜府文心里又着急又难过，偷偷抹了两把眼泪后，他赶紧写信安慰老人，又写信给亲戚们请求帮忙。这些事他没跟任何人说，他知道在战场上只有国没有家。所有的伤心事都是“思想包袱”，要想好好工作，必须甩掉“思想包袱”，轻装上阵。亲人过世都顾不得痛快哭一场，哪里还能顾得上斑疹伤寒的危险？杜府文1个人撑起了8台，1人顶3人的班，一连工作10多天，每天上机18个小时以上。杜府文一个人保证了“志司”和军委的正常联络。

“一个人对国家对人民有多大的用处，他活着就有多大的价值。”

“一个人只要能活出价值，不管吃什么苦吃多少苦，他都是幸福的。”

每当他困得睁不开眼，累得直不起腰时，他就会想起少年时父亲对他的教诲，他坚信如果他父母活着，他们一定会支持他的。

1952年评功时杜府文立了三等功。部队以朝鲜人民委员会委员长康良煜的名义，发给他军功章一枚。杜府文家里收到了立功喜报。他说，那就是他对逝去的亲人最好的安慰。

战地“保尔”

工作，那不是问题，因为死都不怕。前线的志愿军官兵经常是一把炒面一把雪，“志司”机关人员也是糙米饭（带皮的黏高粱饭）和地瓜干充饥。因为缺乏营养，杜府文和部分同志都得了夜盲症，太阳落山就什么都看不见了。就算吃糙米饭、地瓜干，就算住山洞、铺干草，就算浑身上下虱子千千万，在杜府文看来，这些都不是问题。他说：“我的问题小得不值一提，可那几年最折磨我的就是这些小问题，一个接一个。”时隔多年，谈起这段往事，杜府文还是哭笑不得：“说来惭愧，那时大家都叫我‘十不全’，‘志后’（志愿军后勤部）的‘保尔’，敌人没把我打残，我自己残了。”

先是脓疮。入朝前杜府文的左胸处就有个大脓疮，为了能顺利入朝，他偷偷隐瞒了病情。抗美援朝，保家卫国，那是多少中华儿女的梦想，他可不想失去这个机会。再说“轻伤不下火线”，年轻人生个脓疮算什么，疼几天不就好了？谁知去了朝鲜后，因为住宿条件差，卫生条件差，那个脓疮严重感染，糜烂越来越深。没办法，杜府文只好隔一天去卫生所换一次药。从电台去卫生所要走1里的山路，一路上常有敌机在头顶盘旋，这些家伙飞得很低，闷声闷气地吼着，就像一只只硕大无比的银灰色大鸟，上面的英文都能一个个辨认清楚。这是杜府文第一次近距离看飞机，他对这些东西一向是又爱又恨，如果不是因为战争，他想我们的国家也能制造出这些家伙，多少像他一样的热血青年愿意一心向学，想要靠科技兴国。而今造不来飞机，只能学着躲飞机了。战友们教给了他很多的躲机战术，他自己也越来越有经验。一般情况下，远远的，他看见飞机来了，把头一抱就地一趴，闭一会眼睛，飞机就过去了。

就这样换着药，脓疮还是不见好。轻轻一碰，就跟刀割一样疼。有时夜间翻一翻身，都能疼出一头大汗。可不管怎样，这个疮整天在军装里藏着，大家看不见。只要大家看不见，他就是个健康人。杜府文这样想，这点疼都忍不了，还当什么解放军？

紧接着，伴随杜府文一生的“病”来了。1952 年秋，朝鲜大雨连绵，电台在山脚下的隐蔽部进了 1 米深的水，战友们只好把电台搬到民房的厨房里。朝鲜都是地炕，室内温度极高。为了防空，凡是透光的地方都给蒙上了雨布，屋子里闷热难耐。杜府文他们连续几小时在机上工作，浑身上下总是大汗淋漓。一天深夜他出去解手，回来不多一会儿，就觉得右脸僵了，右眼不会眨了，口水也收不住了，第二天让医生一看，才知道他得了面部神经麻痹，嘴歪眼斜，滑稽得很。战友们一个个都笑他，连那一对朝鲜母女房主都忍不住笑他，还说：“小杜，这样子怎么好娶媳妇？”一开始杜府文窘得厉害，出来进去总低个头不好意思见人，慢慢的，他看到大家笑自己也开心了，身负保家卫国的重任，破个相算什么？部队里没什么开心事，能逗大家一乐也不错！

这病不光破人的相，要命的是吃饭嘴漏，说话大舌头，睡觉时右眼闭不上，难受得很。卫生所没有其他治疗办法，只能给杜府文开了些维生素 B1 帮助缓解病情，吃了一段时间，果然有所好转，但右眼难闭、笑时嘴歪这两样毛病从此就跟着他不离不弃，如影随形了。

到了 4 年后，一次感冒，杜府文左侧三叉神经发炎，致使双面患病，说话、吃饭更加困难，不能吹灯，不能吐痰。这时朝鲜早已停战，他被送往丹东治疗了一段时间，病情好转不少，但仍留下了后遗症。这就是文章一开始说他面部表情有些僵，说话时嘴巴不太自然的原因了。

还是回到 1952 年。杜府文因为工作出色，担任了“中心报务员”，带领同班 18 个人上机工作。10 月，上甘岭战役打响，在随后的 40 天里，除了本职工作外，他还负责处理其他人工作中遇到的各种难题。许是因为工作太繁重，他胸部的脓疮感染严重了。到了第二年年初，脓疮感染成了多发性脓肿。刚刚习惯了面瘫后遗症的杜府文，又得对付全身上下数不清的疮。

“那段时间真难熬啊，腿上生疮走路疼，前胸后腰生疮翻身疼，最要命的是屁股上也生了疮，一天十几个小时要坐着干活，疼得人要命。

“就在那时，战友们给我起了个绰号——‘志后’的‘保尔’，还有人叫我‘十不全’，我疼得‘哎呀’叫一声，大家就忍不住笑，我也忍不住笑了。他们又逗我说，小杜不是一般人，一般人疼了便哭，小杜疼了是笑呢。我呢，又疼又笑，笑着笑着，眼泪就下来了。

“开玩笑归开玩笑，战友们对我可照顾了。因为我生病，大家吃的用的都让着我，都说病号优先，我一个年轻人享受病号待遇，真是羞愧。

“谁能想到，一个年轻人，害疮能害两年多。直到停战后才慢慢好起来。”杜府文说，“不怕你们笑，这些疮是要给我抢功呢。”

这一年是 1953 年，战争已接近尾声，美军伤亡不少，装备损失更大。他们想多占些地盘，把停战线向北推进，显得美军仍然是胜利者。我方的原则是不能让敌人占任何便宜，要彻底击垮美军的傲气。所以前方的战斗十分激烈，作为“志后”，必须及时掌握前线的物资需求，还要指挥后勤各分部把物资运到前方。这样电台的工作更加重要了，为了激励大家好好工作，“志后”通讯处开展了红旗班组竞赛活动，杜府文所带班完成任务最好，被评为了“红旗班”，他本人还因为带病工作立了二等功，并得到了朝鲜的三级国旗勋章。

对于杜府文来说，虽说这一年多灾多难，好事也接二连三。5 月，刚满 20 岁的杜府文被评为了模范团员；7 月 27 日朝鲜停战协定签字生效，战争宣告结束；到了 8 月 3 日，杜府文迎来了他一生中最重要的时刻：他终于通过了党的考验，光荣地加入了中国共产党。

那时，朝鲜首都平壤电灯通亮，全境一片欢腾，正是我们军民同舞、共庆胜利的时节……

“滴滴—答滴—答—滴答”，冬日正午的暖阳中，杜府文老人安静地坐在沙发上，他双目微阖，右手按在沙发扶手上熟稔地向下轻叩，我们都知道，他是在弹奏他最爱的旋律，那姿势像雕塑般永恒。

他说，他的眼前常常会出现一片红色，是漫山遍野的金达莱花，是烈士们鲜血流成的河，是国旗，是党旗，是他的青春灼灼燃烧的光与影。

在那炽烈的光与影中，我依稀看到了一个年轻俊朗、英姿飒爽的中国兵。

卢尚志

驾机飞越天安门接受国庆大阅兵，是卢尚志军旅生涯最为辉煌荣耀的时刻，但背后所承担的压力不亲身经历是很难体会到的，“钢铁战士”名不虚传。

正式训练从五月份开始，最紧张的时候逢上北京的盛夏。卢尚志他们克服高温炎热，从不叫苦叫累。每次编队飞行，不管是谁若偶尔出现正负 1 米的误差，不用首长批评，自己就难过得直掉眼泪。任务艰巨而重大，只能成功不能有任何闪失，每个人都压力巨大。卢尚志知道，机遇、荣誉与挑战、压力并存。

从放牛娃到战斗机飞行员

丹　菲

2021年春节过后，我们如约登门拜访曾3次驾机飞过天安门受阅的卢尚志先生。敲门进去时，夫妻俩和儿子儿媳都站在窄窄的过道里欢迎我们，卢尚志和老伴，一对将近90岁的老人扶着助步器，那种简易的四脚老年拐杖。淳朴的氛围中充盈着一种说不出的隆重，我即刻被感动了。

一家人对我们的到来很是重视，尤其是卢老，情绪还有些激动。因为病痛，他行动有些不便，四肢活动不太利落，但他精神饱满，思路清晰，特别愿意回忆人生往事，尤其愿意分享那些在战斗机上的特殊日子。

岁月珍存：一只慰问袋的情结

1934年，卢尚志出生于山西省神池县马连塔村，黄土高原上一个十年九旱、贫穷偏僻的小山村。童年最主要的任务就是放牛放羊。

1948年10月，本村的姐夫李俊才回家探亲。卢尚志看到姐夫一身戎装很是威武，心生羡慕，得到父母亲的同意后，卢尚志便毅然跟着姐夫加入了解放军队伍。那时他14岁。同年2月份，他将比他大两岁的未婚妻白莲芝娶进家门。

卢尚志跟着姐夫到了山西省兴县中国人民解放军晋绥军区，先是给政治部主任钟振邦当马兵。这是他第一次出门，要独立生活工作，部队条件艰苦，开始有点不适应，想家想得不行，晚上躲在被窝里偷偷地哭。不过，要强的卢尚志很快就在革命队伍的熔炉中成长了。

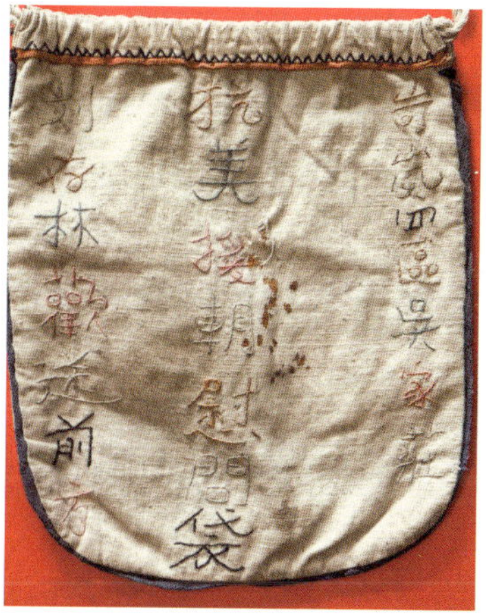

抗美援朝慰问袋

1951 年春，卢尚志被挑选为坦克兵，转到北京长辛店华北军区第一坦克兵学校。因朝鲜战争吃紧，他们只待了十来天，便直接调入华北军区坦克一师二团三连，驻扎在北京丰台。当卢尚志第一眼看到 60 吨重的“斯大林 4 型”大坦克，被震撼到了，那么威武雄壮。随车配备驾驶员、车长、炮长、装填手各一名，卢尚志负责装填。每个坦克兵还享受吃中灶（中等伙食）待遇，卢尚志心里美美的，他非常热爱这个新岗位。

全军开展扫盲教育，推广“祁建华速成识字法”，学习拼音识字。卢尚志对此投入十二分的热情。不久，团里传达了中央军委命令，坦克一师将赴朝作战。文化学习暂时停止，白天进行备战训练，晚上轻装做好随时赴朝的准备。连队杀猪，改善伙食，地方上的慰问团也来到部队驻地发送慰问品。整个军营群情激昂，动员大会、誓师大会连连召开，人人都写了上战场的决心书。卢尚志更是兴奋，摩拳擦掌，只等一声令下，即刻奔赴朝鲜战场保家卫国。

一天晚上，熄灯号吹过，卢尚志刚躺下，连里的通讯员跑来通知他，让他赶紧去团部人事股。卢尚志迅速穿好衣服出了门，他心里有些紧张，不知道什么事。到了团部，他发现还有几位战友也被召集到。团领导说，地面跑的变成天上飞的了，你们 5 个人去支援空军，连夜出发，到天津市战车师后勤医院做体检。如果检查可以上飞行员，行李背包将派人送去；检查不上，再回来。当时卢尚志很不愿意离开，一心想着跟随坦克部队赶紧入朝打美帝。再说自己没文化，咋能开飞机呢？会不会去了只是当个勤杂工呢？

卢尚志体检合格，几天后就转去位于北京西郊的华北大军区招待所。1 个多月后，集中的 31 个兵坐上闷罐火车，一路上为赴朝军队让路，直走了三天四夜，最终到达长春市南岭空军第一航空预科总队。从此，卢尚志的军旅生涯转了弯。

因为他没有跨过鸭绿江，没有真正上到战场，因此原先发的抗美援朝纪念章后来被收回。而那只麻布绣慰问袋被他一时找不到了，就意外地留了下来，此刻正紧紧地攥在卢尚志的手里。他格外开心，就像一个渴望受到大人肯定的孩子，想告诉人们，这只慰问袋见证了他曾踏上赴朝作战之路，曾代表过他的一个青春战斗梦。他高兴地对我们说，这只抗美援朝慰问袋越放越让他喜欢，因为倾注了他的一段人生。

刚刚萌发的坦克兵生涯就这样戛然而止，但命运之神又给他开启了另一扇通向蓝天的大门。他依然是被时代潮流选中的幸运儿。

圆梦蓝天：青春飞向未来

卢尚志被分配到空军第一航空预科总队三大队十五中队。1952 年正是朝鲜战争打得紧张的时候，培养飞行员、建设空军迫在眉睫。但卢尚志的文化基础太差，不能直接进行航空理论学习，只好先编到扫盲班。这样，学习时间延长，等到他航校毕业，抗美援朝战斗也停止了，他又错过了驾机入朝的机会。

在预科总队学习，身体训练的第一个科目是打旋梯。有的学员练了几天都过不去，有的头晕呕吐不能吃饭，但卢尚志第一次上旋梯就通过了，而且连着打了十几个圈，受到教官表扬。他开心极了，感恩爹妈给了他一个好身体，天生就是当飞行员的料。也就是从这刻起，他信心倍增，热爱上了飞行这一行。在自信的基础上，走上一生的自强之路。

卢尚志在预科总队学习一年多，光荣地加入了中国共产党。1953 年，他转到山东省济南市的第五航空学校，开始航空理论学习。“世上无难事，只怕有心人。”这句谚语在卢尚志身上完美地体现。代数、三角函数、物理、化学，这些起初让他听得一头雾水的课程愣是被他一门门地啃下来，达到了毕业要求。1954 年春，卢尚志转到河南省新乡市七里营飞机场，被编入五航校第一飞行训练团。经过漫长的文化和理论基础课程学习，终于进入真正的飞行学习。

雅克 –18 是苏联雅科夫列夫设计局在第二次世界大战后设计生产的一种双座初级教练机。飞机结构简单，重量较轻，操纵容易，能在土质跑道上起降，

1954 年，卢尚志在河南新乡

可使学员在各种初级训练科目完成后很快掌握飞机基本驾驶技能。卢尚志所在的航校就是引进此种飞机作为初级教练机。卢尚志学习劲头分外足，他不仅将相关数据背得滚瓜烂熟，还常利用休息日，一个人跑到教室的座舱里，反复练习每一个驾驶动作和要领。

终于盼到了上天的机会，卢尚志激动万分，前一天晚上他担心睡不着觉，还吃了安眠药。第二天上机前，教员再次叮嘱卢尚志：“这是第一次感觉飞行，你的任务就是当好乘客。”但当飞机滑出跑道，升上天空，耳边充斥着发动机的轰鸣声，卢尚志又紧张又兴奋，他只顾东张西望，脑子却一片空白。教员问他：“新乡市在哪里？”他根本答不上来。后来，教员操纵飞机压了个坡度，卢尚志才看到机翼之下的新乡市。这时，他才意识到，自己真的上天了，上天了！那种俯瞰大地的梦幻感觉，让他记忆犹新，终生难忘。

后来，卢尚志在山东省淄博周村机场五航校二团飞雅克 –11 中级教练机时，教员告诉他：五航校校长、顾问兼教官克里科夫要亲自跟机飞行，检查学员训练质量。团里将这一任务交给了中队，并选择了卢尚志。克里科夫是出了名的严要求教官，脾气很大，大家都害怕他。飞行当天，教员送卢尚志上了飞机，系好安全带，再次叮咛：“一切按照准备的去操作，不要紧张，就当后舱压着一块大石头。”当人高马大、一脸严肃的克里科夫坐到后舱，卢尚志发动飞机，滑到起飞线，对准跑道，请示塔台，起飞爬高进入空域，并按规定做了一个大坡度盘旋和水平八字。这时，他在耳机里听到后舱的克里科夫叽里咕噜地说着什么，他听不懂，只能继续遵照预设程序操纵着。克里科夫看卢尚志没反应，便摇晃着驾驶杆示意他离开，自己接过来驾驶，干净利落地做了下滑倒转、俯冲、跟斗、半跟斗翻转、横滚等一整套特技动作，然后对准跑道下滑回场着陆。他关车下了飞机，没理卢尚志就走了。

卢尚志心里咯噔一下，以为克里科夫生气了。他使劲回想刚才的飞行操作，实在想不出有哪里违反了规定。这时教员跑了过来，卢尚志将苏联校长中途停止他的飞行操作的事作了汇报，教员的脸上也一下浮现出紧张神情，赶紧追到休息室去找克里科夫询问。卢尚志这下真慌神了，以为自己表现不好，给中队抹黑了。不一会儿，中队长和教员又一起跑了过来，卢尚志远远地就看见他俩满脸喜气。中队长拉着卢尚志的手使劲摇晃，高兴地说：“你可给咱中队增光了，苏联顾问伸出大拇指直夸你‘哈罗少’（俄语‘好的’意思）。”卢尚志长长地舒了一口气，那块压在心里的大石头总算落了地。

1955 年，卢尚志又去了济南的第五航空学校第三飞行训练团，学习高级教练机的飞行驾驶技术。飞的是乌米格 15 型双座喷气式教练机，与他之后放单飞的米格 –15 单座喷气式战斗机性能完全一样。1956 年，前后经过三年的刻苦学习训练，卢尚志从航校毕业，并被评为优秀学员。毕业后，卢尚志被分配到北京军区空六军歼击航空兵第十七师，驻防沙河机场，正式成为一名中国人民解放军歼击机飞行员。这个曾经的放牛娃从心底生出无限的荣耀感。

和平与战争：只要飞行就进入战场

1959 年 10 月，伊拉克军事代表团访问我国期间要参观我军航空学校，上级决定到河北定县第六航空学校三团参访。因为航校教官不会飞五机小编队低空表演，因此抽调 49 团一大队承担此次任务。五人组成员：长机李继武，左内僚机卢尚志，左外僚机张文启，右内僚机刘竞明，右外僚机王子盛，5 个人临时扮演航校教官完成此次外事任务。表演时间是 10 月 15 日。本计划 13 日转场到定兴机场，但倾盆大雨一直下个不停，直到 14 日中午一点左右雨才转小，上级命令他们迅速到场起飞。

到场后，他们连通电检查飞机的时间都没有，直接发动飞机起飞。可是，飞机刚刚滑上跑道，豆大的雨点又落下来，5 个人憋足一股劲驾驶飞机全部升空。没想到，雨越下越大，返回本场着陆已根本不可能。这时已升空飞行的卢尚志和同志们，只能稳定情绪，紧咬牙关，坚持朝着定兴机场飞。北京的西面是山区，

1960 年，卢尚志在福建前线

飞低了怕撞到山，拉起高度又怕飞过了定兴机场，所以，他们只好慢慢地下降高度。当他们隐约看到铁路时，便顺着铁路飞，最后看到定兴机场，立即向塔台报告。塔台指挥员十分惊讶，大赞空军居然有这么高超技术的飞行员敢在大雨中飞。5 架飞机有惊无险地安全着陆于定兴机场，并于第二天上午，圆满完成了飞行表演。

1960 年初，盘踞在台湾的蒋介石集团常常派飞机到福建沿海一带进行低空侦察。空军航空兵 17 师于 1960 年 4 月奉命入闽对蒋作战，守卫东南沿海。当时，卢尚志的儿子刚出生不久，还没过百日。虽然他在 1948 年参军前便结了婚，但直到 1959 年，妻子才按部队规定随军，夫妻团圆。49 团选了 8 名飞行员，组成八机尖刀大队，进驻福建漳州机场，卢尚志被编为 8 号机。在漳州机场驻守的近三年时间里，我军战斗起飞 200 多次，胜利地完成了驱逐敌机的光荣任务。

这一特殊战斗经历，让卢尚志终生难忘。福建地面温度高，在机舱里全副武装处于一等战备状态时，人像待在蒸笼里。而到了高空，机舱结冰双腿受寒。他抚着自己的双膝说，膝关节炎主要就是那个时候受了冻落下的。而与敌机打空战，动作量大，负荷大，心脏承受压力大。卢尚志在 70 岁时，得了心脏病。心跳越来越缓，每分钟心跳 40 来次，药物效果已不明显，医生建议安装起搏器。卢尚志实在过不了心里的坎，他觉得自己当初能当飞行员，最大的优点就是身体超级棒，为此，他思想斗争了足足一年。老伴看他一直犟着，只好最后声明，如果他再不安装心脏起搏器，就不跟他睡一张床了，因为怕他在睡梦中睡过去，难以承受。实在拗不过医生和单位、家人的关心，卢尚志最终接受了现代的医疗手段，心脏不仅安装了起搏器，后来还不得不安了 4 个支架。专家说，这些都是多年飞行造成的职业病。

从福建回来不久，1963 年秋，卢尚志所在部队又转场到云南，执行抗美援越任务。美国飞机只要胆敢越境，中国空军就立即追击敌机作战。此外，卢尚志他们还负责打击美国高空 U–2 型无人驾驶侦察机骚扰我国，期间有过很多惊心动魄的遭遇战。

就这样，在全国人民享受和平的年代，不为人知的局部还有像卢尚志这样的军人在执行战斗任务。中华人民共和国成立后，这两次真刀真枪的局部战斗，卢尚志都参加了，他很自豪，不枉开着中国空军的战斗机。1965 年 7 月，卢尚志所在团队退出轮战，撤回河北唐山机场。

飞越天安门：参加国庆盛大阅兵

三次飞越天安门接受国庆大阅兵，是卢尚志军旅生涯最为辉煌荣耀的时刻，但背后所承担的压力不亲身经历是很难体会到的，“钢铁战士”名不虚传。1957 年，春节过后，空军 17 师召开作战训练会议，宣读了中央军委关于参加当年国庆阅兵的命令。具体任务是：由 24 架飞机组成 8 个三机编队，高度 500 米，以每小时 500 公里的速度飞过天安门，接受毛泽东主席以及基地党和国家领导人的检阅。之后，从全师飞行员中挑选确定了 20 多名飞行员参加训练，卢尚志在列。他被编为第 5 个三机编队：长机蔡春芝，右僚机藏树谦，卢尚志飞左僚机。

正式训练从 5 月份开始，最紧张的时候逢上北京的盛夏。卢尚志他们克服高温炎热，从不叫苦叫累。每次编队飞行，不管是谁若偶尔出现正负 1 米的误差，不用首长批评，自己就难过得直掉眼泪。任务艰巨而重大，只能成功不能有任何闪失，每个人都压力巨大。卢尚志知道，机遇、荣誉与挑战、压力并存。执行命令是军人的职责，决不能有任何思想负担。卢尚志一向个人意志坚强，他训练分外刻苦，毫不含糊。

10 月 1 日上午，卢尚志他们按时到达沙河机场，进机舱前，先各自拿出小飞机模型做了最后一次演练。讲到此，卢尚志示意家人将一个盒子里的小飞机模型给他。当他将小飞机模型一拿到手里，便咧开嘴笑起来，“我最会表演这个了！”他两眼放光，双手也突然灵活起来，熟练地给我们比画起飞、拉升、平飞、转弯、下滑等动作。他感叹，这小飞机对飞行员实在太重要了。战斗机转场，其他啥都不能带，但必须携带这两样：小飞机模型和口袋本《毛主席语录》，这两样都易于携带，随身揣在口袋里。每当改装新飞机时，卢尚志他们都极为激动地正步走上主席台领取这两样东西，场面十分庄严隆重。

第一次参加国庆大阅兵，卢尚志牢记使命，不做他想，努力减轻心理压力。飞行中，他两眼紧紧地盯着编队长机，高度集中精力，在安全操纵中严格确保自己的位置，以保持编队造型。他们要绝对保证站在天安门城楼上的毛主席、周总理等党和国家领导人抬头向上 30 度，正好可以看到飞机飞越天安门广场。飞机从北京沙河机场起飞，一直向东，到河北省蓟县大堂会村，180 度大转弯，向西对准天安门的位置飞，最后转弯飞回沙河机场着陆。整个飞行十分顺畅，卢尚志他们圆满地完成了受阅任务。

1958 年，卢尚志再次被选为国庆受阅部队的飞行员，这一次，他的心情放松了许多，毕竟是有经验了。1959 年，中华人民共和国成立 10 周年，祖国大地已发生了翻天覆地的变化，中华人民共和国社会主义建设取得了伟大成就。这次国庆大典加大了规模，并且邀请了 80 多个国家的首脑前来参加庆典。为此，空中受阅飞机增加到 155 架，大多数是国产飞机；三机编队改为五机编队；飞行高度降低到 300 米；飞行速度增加到每小时 800 公里。整体难度提高了许多。卢尚志又一次被选中，在第一梯队的第一个五机编队，其中成员：长机李官升，左内僚机卢尚志，左外僚机金平洲，右内僚机李继武，右外僚机胡仲荣。卢尚志伸开左手五指向我们比画，十分生动形象，他飞的是无名指。他们这次驾驶的是我国自主研发制造的喷气式歼 5 战斗机。

五机编队只能先三机起飞，紧接着再同时起飞两架，转弯切半径迅速赶上去，集合编队，难度比前两次有较大的提高。10 月 1 日 10 点整，国庆盛大阅兵正式开始，当地面装甲兵坦克方队通过天安门广场时，空军部队庞大的机群准时飞过上空，全场一片欢腾。以后，每当卢尚志在屏幕上看到毛主席手搭凉棚仰望天空的珍贵镜头，他心中总是想，当时毛主席肯定是看到他了，因为他在第一个五机编队，万众瞩目。当晚，卢尚志他们被安排在广场旗杆周围最好的位置，参加焰火歌舞晚会。当毛主席等国家领导人再次走上天安门观礼台时，卢尚志与战友王子盛胳膊挽着胳膊，高呼着“毛主席万岁！毛主席万岁！”涌向金水桥，他清清楚楚地看到了日思夜想的毛主席、周总理、朱总司令等中央领导正向人民群众频频挥手致意。他们继续奋力高呼着口号，一瞬间，卢尚志发现毛主席正向他们这边挥手。这一热烈幸福的场面，之后多次重现在他的梦中。

生死瞬间：崇高信念与钢铁意志的支撑

交谈中，卢尚志起身借助步器走到墙边，指着一张画对我说，这是他为怀念战友而创作设计的。画面主体是中国航空博物馆外观图，左边一块是部分烈士名单，其中有两个人名用了乳黄色，是卢尚志牺牲的战友：孙长和、仝增光。说到此，他声音有些哽咽。

卢尚志当年在北京沙河机场驻防时，3 个人 1 间宿舍，他左边床是中队长孙长和，时年 26 岁；右边床是潘存元，时年 25 岁。3 个人亲如兄弟，一张桌子吃饭，一同飞行训练，一同战斗值班，几乎是昼夜形影不离。发了工资，都放在一个抽屉里，不分你我，亲密无间。1958 年 3 月，潘存元因为飞行压坏耳膜治疗休养，飞行间断时间超过规定，需要教练机带飞、检查，中队长孙长和负责带他飞行。没想到，刚起飞收好起落架，飞机起火，塔台指挥员命令他们拉起上升好争取高度跳伞。紧急中，他俩一边上升一边转弯，想转回对准跑道落地，但就在此时，飞机一头栽了下来，坠地爆炸。卢尚志就在现场，眼睁睁看着战友在事故中牺牲。

卢尚志回到宿舍，不一会儿，有人便将两位牺牲战友的行李撤走了。卢尚志到了食堂，饭一口也吃不下去。晚上睡觉，房间空落落的，两位早上还说说笑笑、精神抖擞的战友已分隔阴阳。那一晚，卢尚志以泪洗面，昔日两位兄弟的影子不停地在眼前晃动，他一夜未眠。第二天开追悼会，主席台上停放着两口黑色的大棺材，哀乐一响，卢尚志终于绷不住放声大哭。事后调查，是因为涡轮叶片断了两片，打进后油箱里造成起火，酿成悲剧。

在我国空军初期建设阶段，各方面条件有限，飞行员尤其是战斗机飞行员，是风险度极高的岗位，需要崇高信念与钢铁意志支撑。

就在 1957 年，卢尚志他们为国庆大阅兵训练飞“三机编队”时，战友仝增光不幸牺牲。当时，“三机编队”其中的一个是由长机韩东福、左僚机仝增光、右僚机孙树平组成。一次训练中，孙树平发现飞机的减速板收不起来，便请示指挥台后先期返场，韩东福和仝增光继续训练完全部科目后才返场，但就在这时，前方突然飘来一片乌云，两人的飞机一头扎进了乌云里。那时，他们还没有专门训练飞过复杂气象，仪表技术也不行，因此低空钻进云里十分危险。地面上所有人的心都提到了嗓子眼，塔台指挥员季尧业团长紧急用无线电与飞行员联络。当时，卢尚志也在塔台，担任记分员。一抬头，便看到一架飞机冲出乌云，快速向地面俯冲下去。季团长着急得大喊：“跳伞！跳伞！”但眨眼间，地面上腾起一团蘑菇云，继而火光冲天，所有人都惊呆了。就这样，曾经在陆军打过仗、立过大功的仝增光牺牲在了国庆阅兵前的训练事故中。

卢尚志又蹒跚着领我到门口走廊，墙上有仝增光的儿子仝志新为他写的一首诗。那年，仝志新从新闻里得到卢尚志的消息，便找到太原，来看望父亲当年的战友、他的卢叔叔。二人相见分外激动，仝志新将卢叔叔视如父亲般爱戴，卢尚志对这个战友的儿子也投注了一颗父亲般的心。

并肩作战的战友在和平年代牺牲，卢尚志只要想起来就心痛心酸。但他深知，作为一名战斗机飞行员一旦飞上蓝天，就要随时做好牺牲的思想准备。卢尚志也有与死神擦肩而过的惊心动魄的经历。

1966 年，卢尚志在河北唐山机场驾驶歼 6 飞机执行改装训练的最后一次任务“高空复杂特技”。当他在空域按规定要求做完最后一套动作，收油门准备返场时，突然发现飞机漏电，驾驶杆、油门、方向舵上到处都是电，根本无法触摸，飞机失控了。高度表显示当时在 12000 米，但卢尚志看到升降速度表上，飞机正以每秒钟 200 多米的速度一圈一圈的快速坠落着。速度太大，跳伞已不可能。卢尚志异常紧张，他清楚地知道这将意味着什么。但他强迫自己保持镇静，一定要沉着。就在千钧一发之际，他突然回忆起，有一年国庆阅兵训练时，空中无线电一发话，他的飞行帽耳朵后边就感到有电击他；落地后经地勤人员检查，是因为他飞行中出汗过多，造成无线电漏电的缘故。于是，卢尚志关闭了飞机上的无线电源，再一摸驾驶杆，不再漏电了，他赶紧恢复正常操纵。油量也显不足，他先是飞到地面指挥台上空左右摇晃机翼，传递飞机的无线电出了故障的信息，以便塔台及时指挥其他飞机在着陆时给他让路。

这时，卢尚志又意识到，此时飞机的高度只有500米，如果再次漏电，就不好处理了。为了确保安全，他果断地将飞机上的蓄电瓶、发电机、电门全部关闭，只依靠肉眼和经验判断驾驶飞机。并用应急措施放下起落架，对正跑道，调整好下滑速度，在没有减速伞的情况下，用应急刹车将他心爱的战机稳稳地停在了跑道上。这次化险为夷，不仅为国家避免了巨大的损失，而且还给他的战友们树立了一个临危不乱、凭着坚定信念和良好技术取得胜利的优秀范例。事后，卢尚志荣获一次二等功。

卢尚志军旅生涯32年，战斗机飞行22年，是全天候甲类飞行员。飞过8个机型，总计飞行4200多起落架次，空中飞行时间1500多个小时，多次立功受奖。他将一生中最好的年华献给了保卫祖国领空的神圣事业。他做过次数最多的梦就是飞行，他还驾着他心爱的战斗机。如今，受身体限制，他无法下楼活动，只能扶着助步器，站到窗户前，望望小区的绿树和行人。偶尔遇到有飞机从天空经过，他都会目不转睛地看着，直到飞机在远方消失了最后一丝飞翔的影子。

卢尚志曾是一个放牛娃，走出那个山村时，大字不识，但他一步步成长为一个优秀的空军战斗机飞行员，多次出色地完成了党和国家交给的艰巨任务。1979年转业到太原市公共交通总公司工作。他有一个幸福之家，夫妻恩爱，儿女双全。回顾一生的付出与获得，他满足而骄傲，他感恩。他每天雷打不动地收看“新闻联播”和“焦点访谈”，越来越体会到中国特色社会主义国家的优越性，越来越体会到共产党对人民的恩情。说到这些，他一下子激动起来，眼含泪花，声音哽咽。他说，过去年代的战争，因美国军事实力强，尤其掌握着制空权，中国人受了不少苦。而如今中国越来越强大，作为一个共产党培养出来的战斗机飞行员，他由衷地感到振奋和骄傲，尤其讲到中国在这场全球抗疫战争中所取得的成绩，豪迈之情溢于言表。2020年，武汉封城，卢尚志在电视上看到国家以作战作风空运医务人员和医疗器械设备到武汉，激动得几夜睡不着党。在单位还未号召员工捐款前，他便主动捐出了1万元。卢尚志从内心深处涌出的对党、对祖国和人民的爱深似海，这份大爱，因为经历了战斗成长岁月的人，而感悟更加深刻。他是一个平凡的人，但他做了很多不平凡的事。

以英雄为榜样做镜子。

像雷锋一样艰苦朴素不忘本。

像王杰、麦贤得一样勇敢地完成任务。

像焦裕禄一样全心全意为人民。

这是卢尚志写于1966年2月16日的一则日记。虽是当时写在本子上的自勉，但如今再读，却极准确地概括了他的军旅生涯以至整个人生。

杨崇穆

上海解放后，我军在市郊罗店评功选模，入伍不到一年、18岁的杨崇穆，和战友张柏良一起，荣立一等功。1949年6月15日，全团庆功大会上，师政委陈履仁将一等功证章戴在杨崇穆胸前，紧握他的手说："小鬼，打得很漂亮，希望你再接再厉，戒骄戒躁，为人民再立战功！"杨崇穆激动得不知说啥好，没头没脑地说了一句："一定把坏蛋杀光！"逗得首长和同志们哈哈大笑。陈政委笑着说："我看这小家伙有出息！"

1950年4月，在浙江温州东南状元桥，由贾义元、张柏良同志介绍，19岁的杨崇穆光荣加入中国共产党。

坚定理想不动摇　千难万险都闯过

申毅敏

2020 年大雪节气刚过，仲冬的太原又添寒意。我们如约来到许坦西街太原市军队离退休干部第三休养所，拜访九旬老兵杨崇穆老人。轻轻敲门，开门的是杨老的儿子杨林，他说：“我父亲早就下楼了，说要在大门口等你们。”呀，这么冷的天，让九旬老人在寒风中等我们，多么不忍哪！赶紧电话联系。杨老回来了，我们握住老人冰凉的手，送上问候与歉意。杨老微笑着摆摆手说：“没事，不冷，习惯喽，我每天都要下楼锻炼的。”

“我耳朵背，眼睛还行。”杨老说话温和，带湖南口音，个不高，有点瘦，白发稀疏，着中山装，像邻家可亲的“小老头”。但分明又不同，老人家站在那儿，身板挺直，目光坚定，浑身上下透露着果敢坚毅的军人气质，连手机铃声都设的是起床号。

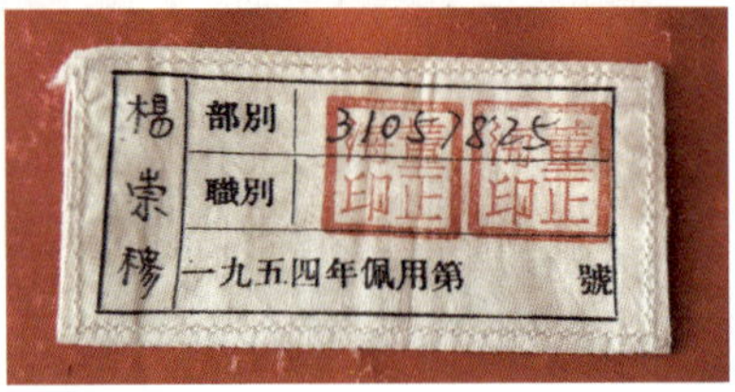

杨崇穆同志参加过淮海战役、渡江战役和抗美援朝战争，打了五年仗，负过三次伤，现为因战五级残疾军人，荣立一等功、三等功九次，并获多种嘉奖，多次参加天安门观礼和人民大会堂颁奖大会。那战火纷飞、硝烟弥漫的军旅岁月，早已刻在老人的心底。

杨老卧室墙上，斜挂一把带鞘的宝剑，上面系着鲜艳的红领巾，这是老人强身健体的称手宝贝，床头的《中国老年》杂志，每日必读。穿过卧室，杨老打开阳台靠墙的书柜，找出一本本笔记、剪贴本和老照片，开始慢慢讲述，让时光回到七八十年前，那些刻骨铭心的峥嵘岁月。

兵荒马乱　死里求生

1931年农历五月二十七，杨崇穆出生在湖南省益阳县武潭乡山和铺三保村一间四面透风的木草房里。体弱消瘦的母亲周源铺，用破旧衣布把这个小生命裹起来，泪水禁不住流在孩子的小脸蛋上，她自言自语地说："又多了一张嘴，往后的日子该怎么过呀？"崇穆是家中老小，出生时已有三个哥哥一个姐姐。兵荒马乱，父亲杨禄铭跟着毛委员闹革命，打土豪，分田地，受到蒋介石反革命势力的大肆捕杀。之后，父亲被迫给地主当牛做马扛了长工，不分昼夜辛苦劳作，换来的却是全家衣不遮体、食不果腹的生活，四儿一女都要找爹娘吃穿，娘眼里的泪水就没有干过。

为挣钱度日，母亲忍着内心的痛苦，为一周姓人家奶了个男孩，小崇穆不到半岁，就被迫不吃亲娘奶乳了。娘每当将奶头塞进那个婴儿嘴里时，心中就像针刺着一样，两眼泪汪汪地望着自己的孩子。崇穆一开始还哭闹着不让娘抱那个小孩，时间久了，便把他当成了小弟弟，再也不哭闹了。就这样有一顿没一顿，忍饥挨饿，在死亡线上挣扎。身材瘦小、面黄肌瘦的崇穆，8岁就干起了重农活。

1938年春天的一天早晨，在通往山和铺的一条弯曲小道上，在田里割草的崇穆，看见同龄的两个孩子，背着书包连跑带跳去了学校，羡慕不已，跑回家扑进娘怀里哭闹，也要上学。亲娘是最了解也最疼爱儿女的，娘抚摸着小儿子的头，温和又无可奈何地说："伢子，我们家三天两头吃不到嘴，哪能和有钱人家一样进学堂……"这时，父亲进了门，他天不亮就去干活，累得满头大汗，肚里饿得咕噜噜直响，听说小儿子想去念书，骂崇穆不懂事。这是父亲第一次对他发那么大的火气。

打这以后，进学堂门的念头，在崇穆脑海里慢慢消失了，天天打交道的，是那头老吃不饱的大水牛和割草刀、砍柴刀，挂星星起床，明月照当头回家，吃点残饭凉菜，裹衣躺倒，常累得话也不想说，幼小的心灵是何等的伤悲！

幸运的是，在三哥杨崇稻好友的帮助下，加上二哥、三哥支持，父母不顾家中如何贫困，1940 年 2 月，终于将 9 岁的杨崇穆送到益阳县武潭乡第二保校上了学。校长瞿清泉是地主，常欺诈贫民，年轻的教书先生，对有钱人家孩子满脸带笑，对穷孩子则常动手打骂，没有一个穷学生敢反抗。贫富悬殊、不平等受欺负的遭遇，烙在了崇穆心里。

1942 年下半年，杨崇穆到安化县二都乡黑塘坪永庆小学念书，校长和教书先生也都是地主、富农出身，不平等依然存在，崇穆在这里只念了两年，因家中实在揭不开锅，1944 年 6 月被迫退学。虽只上过四年半小学，但给他以后的人生创造了基本的认知基础。

就在他退学时，国民党白天黑夜搜捕青年农民抓壮丁，给杨家送来“喜信”，说他二哥中了壮丁签，杨家将全家的“命根子”——二亩半田卖给地主，换来钱送给“狗腿子”，二哥才躲过这一关。此后，家中更穷，十来岁的崇穆给人打短工，炎炎夏日，在滚热的泥水中翻田；大雪纷纷，到山沟里砍柴，一次手脚冻僵陷进雪窝，差点送命，多亏大哥找见，将弟弟背回了家。

越是接近灭亡，敌人越要垂死挣扎。1947 年，在解放军大力攻歼下，国民党狗急跳墙，蹂躏百姓，杨家相继有人病死、饿死、战死。1948 年 8 月 18 日，杨崇穆和堂兄杨栋梁从地里回家吃早饭，走到村里石桥头时，遇见挑菜的国民党，说兄弟俩没给他们让路，便对二人踢打绑缚，抓了壮丁。闻讯赶来的娘和家人眼泪纷纷，借了两块钱塞到崇穆手里。崇穆强忍内心的怒火和悲伤，泪别家乡，被迫做了“国军”挑夫，跟着蒋军辗转益阳、长沙、武汉，后到了河南、安徽，一路上随时遭受蒋军的训斥、辱骂和殴打。11 月 26 日深夜，在安徽蒙城地区，两军激战时，挑夫们高喊：“解放军救命啊，我们是抓来的老百姓！”在解放军掩护下，他们跑过敌人前沿阵地，杨崇穆和另外两名挑夫得救，走进了解放军军营。

淮海战役 新兵成长

得救的第二天，一位30多岁、戴红五星军帽、佩红领章的解放军首长，把杨崇穆叫到跟前，问他这么小年纪怎么出来的。小杨一五一十讲了来龙去脉。首长挺干脆，说：“放你回家。”转头吩咐一个解放军干部：“发给这个小鬼五块钱路费。”话音刚落又问小杨：“你家在哪里？”“湖南益阳。”首长听后摇了摇头：“不行，那里还没有解放，回不去。”他犹豫了一下开口道：“留下当‘小鬼’，等你家乡解放了再回去。”便叫小杨跟那个干部走。后来杨崇穆才知道，首长是那个团的团长，叫吴军。

从这天起，17岁的杨崇穆走进了解放军这所大学，在首长的培育、战友的帮助、战争的磨砺下，一步步锻炼成长。他加入了华东野战军第7纵队19师55团警通连二排贾义元为班长的班里。

从这天起，杨崇穆与老班长贾义元的战友情贯穿一生。

贾义元是安徽湖东人，当时20出头，参加革命早，作战勇敢，待人诚实，对战友的过错也从不放过，及时纠正。杨崇穆有个“急性鬼”的外号，就是在淮海战役执行爆破任务时，贾班长对他严肃批评后留下的。

淮海战役是解放战争时期三大战役之一，于1948年11月6日至1949年1月10日，由解放军华东野战军、中原野战军协同作战，在以徐州为中心的淮海地区，对国民党军队进行的战略性进攻战役。

1948年12月1日，贾义元班长带领战士们投入战斗，入伍三四天，初步学了点瞄准、射击知识的小战士杨崇穆，一同上了前线。

12月5日夜，淮海战役第二阶段发起总攻。14日，我军攻占尖谷堆，迫使国民党残敌退到双堆集附近核心阵地。各部队乘胜歼敌，上级命令第55团向敌人心脏插进一刀。22时左右，夜幕下的阵地枪声大作，火光冲天，关键时刻，敌方突然出现了暗火力点，两挺机枪发狂地向我进攻部队扫射，我军被迫原地卧倒，停止冲锋。

吴团长当机立断，命令炸掉敌暗火力点。二排立即组织三个爆破组，分头迂回接近敌碉堡。贾义元班长带领杨崇穆和张柏良为第一组，从左侧匍匐前进，快接近敌碉堡时，被侧翼敌人发现，封锁了去路。贾班长目光凝重，重新选择有利地形，杨崇穆和张柏良同时用冲锋枪对准敌射击孔点射。接着，杨崇穆抱起炸药包，一跃而起，冲向敌碉堡的一瞬间，被贾班长发现，立即把他按倒在地。瞬间，敌集中火力向我军扫射过来，好险哪！贾班长气愤地批评杨崇穆："你这个急性鬼，差点送了命！"在贾班长指挥下，杨崇穆和张柏良滚到几个坟堆之间，在火力掩护下，张柏良从杨崇穆手中拿上炸药包，从侧面爬到敌碉堡上，拉火！待他滚向低坑时，一声巨响，敌人的暗火力点在烟雾中消逝。嘹亮的冲锋号吹响，"冲啊……"我军杀声震天，很快攻占了双堆集这个顽固据点。

淮海战役进入第三阶段时，55团开赴安徽泗县富家凹待命，总结会上，杨崇穆检讨了爆破行动中的错误，贾义元班长肯定了他的勇敢，严肃指出今后切忌急躁冒进，同意张柏良提出为小杨请功的建议。经上级党委批准，杨崇穆第一次立了战功，"急性鬼"检讨、立功故事在全连传开了。

我七纵队奉命南下，与兄弟部队一起经过两个多月激战，彻底打垮了国民党精锐部队，使蒋介石输光了打内战的本钱，淮海战役胜利结束。经过战斗考验，杨崇穆迅速锻炼成为一名革命战士，只要听说有任务，全身就涌出一股虎劲，抢先要求参加，立志为党为人民立新功。

渡江送令　一等战功

1949年3月，杨崇穆所在的华东野战军第七纵队19师55团整编为第二十五军特务团，他在一营一连，随部队从淮海战区开赴安徽省无为县汤家沟，为强渡长江做准备。

4月20日夜，遵照中央军委命令，二十五军所有船只于夜幕下翻坝入江，22时，一连跟着团司令部在汤家沟起渡，除担任警戒任务外，随时准备投入战斗。

我军沿江北岸阵地的大炮一起发射，向长江南岸轰击。班长贾义元、老战士张柏良、新战士盖同贵和杨崇穆组成一个战斗小组，登上战船。舵手们奋勇驾驶，几百条战船“嗖嗖”向前，快速向长江南岸靠近，敌炮发射的炮弹在船四周不断爆炸。“沉住气，听我指挥！”“快靠岸了，把武器准备好！”“跟我跳下去！”贾班长一路指挥。船头一昂，大家敏捷跳船上岸。在兄弟部队有力配合下，迅速夺取敌前沿阵地，保障后续部队安全渡江。

战斗激烈进行时刻，团司令部命令贾班长派两人送急令到二营指挥所。杨崇穆和张柏良几乎同时报名，接着，是一个接一个“我去、我去……”的报告声。贾班长扫视全班，果断命令：“张柏良、杨崇穆出发，要保证迅速完成任务，立即返回。”

二人机警地穿过阵地，很快把急令送到二营指挥所。返回途中，快要走出一个树林时，突然发现迎面来了几个敌人。突遇敌情，杨崇穆有点沉不住气，准备开枪迎击。张柏良眼快沉着，叫他迅速原地卧倒。张柏良观察了一下，敌人并不多，环视附近地形后，低声告诉杨崇穆：“到前面土坎隐蔽好，不要让敌人发现，不要慌张，看我的手势再开枪。”说完，他从右边插过去，在一座坟墓边卧倒。这时，敌人离他们只有四五十米远了，杨崇穆打开保险，准备扣扳机，张柏良连连摆手。片刻后，张柏良大吼一声：“打！”并高声喊道：“一班跟我来！”杨崇穆连打几枪，放开嗓门高喊：“缴枪不杀，优待俘虏！”两人还将手榴弹从两侧扔到敌群里，炸得敌人失魂落魄，晕头转向，哀声嚎叫，连滚带爬。敌人是在兵败如山倒的大势下逃散的溃兵，以为又被我军包围，一个大胡子兵带头举起双手，其余几个匪军也放下枪乖乖投降。他们左侧敌人见势不妙，向后溃逃时，被一军官阻拦。这家伙已发现我军没有多少兵力，他们上了当，欲组织反击。千钧一发之际，55 团一个排听闻枪声追击上来，打得残敌落花流水。张柏良左臂负了重伤，杨崇穆去给他包扎，张柏良严肃拒绝：“我自己包，你快去杀敌……”这股敌人全部歼灭后，杨崇穆返回原地，扶着张柏良，跟随援兵，押着 5 个垂头丧气的俘虏，回到团部指挥所。

通过俘虏口供，了解了敌情，对全歼湾址镇守敌一个师起了很大作用，我军因而迅速逼近了国民党反动派统治中心——南京。

1950 年 4 月，杨崇穆在上海罗店入党时留念

上海解放后，我军在市郊罗店评功选模，入伍不到一年、18 岁的杨崇穆，和战友张柏良一起，荣立一等功。1949 年 6 月 15 日，全团庆功大会上，师政委陈履仁将一等功证章戴在杨崇穆胸前，紧握他的手说："小鬼，打得很漂亮，希望你再接再厉，戒骄戒躁，为人民再立战功！"杨崇穆激动得不知说啥好，没头没脑地说了一句："一定把坏蛋杀光！"逗得首长和同志们哈哈大笑。陈政委笑着说："我看这小家伙有出息！"

1950 年 4 月，在浙江温州东南状元桥，由贾义元、张柏良同志介绍，19 岁的杨崇穆光荣加入中国共产党。

朝鲜前线　千里神眼

1952 年，抗美援朝战争处于第二阶段，军事行动与停战谈判密切配合，边打边谈，以打促谈。

1952 年 9 月中旬，杨崇穆所在的 74 师从福建北上，来到早寒的鸭绿江边，进行入朝参战前短期练兵。9 月 25 日 17 时 10 分，跨过鸭绿江，踏上朝鲜土地。连续 18 天夜间行军，跨过朝鲜 4 个省，通过敌空军的一道道封锁线，步行 485 公里，10 月 13 日深夜到达东海岸元山附近甘屯里休整，12 月 31 日向前沿阵地进发。

杨崇穆所在的志愿军第 24 军 74 师 221 团，1953 年 1 月 10 日进入上甘岭以西的西方山，接替兄弟部队作战。为准确了解敌情，歼灭敌人，1 月 13 日成立 9 人组成的前线观察所，22 岁的杨崇穆任观察所党支部副书记、观察员。

观察所位于西方山前沿 16 号阵地，山沟环绕，正面高地有美军一个加强营。

敌交通要道亭渊里桥、敌团指挥所、敌各种炮兵阵地，均在我观察所观察控制之下。

观察所在山峰侧面，不易被敌发现，但可清楚看到敌人的愚蠢和恐怖，伺机狠狠打击。一个寒冬的中午，离我前沿阵地 800 多米的亭渊里桥附近公路上，有 4 个美国大鼻子查电话线，他们傲然地跑着笑着，接电线的当儿，忽然，从我方阵地飞去两发炮弹，在他们身边开了花，几个美国鬼子吓破了胆，抱头没命地向河沟逃窜。

1 月 23 日傍晚，高地敌人忽然发现我方阵地山下，停着两辆“坦克”，愚蠢的敌人便集中大炮、小炮向“坦克”“轰”“咣”开火，“坦克”却一炮未发，原地不动。轰了半天，敌人才发现“坦克”是经过伪装的山脚尖突出的巨石。敌人气炸了肺，调转炮口，向我观察所山头猛轰。正在执行观察任务的杨崇穆，头部被四散的弹片打伤，同志们来替换他，但他坚守阵地，不下火线，及时准确向团指挥所报告敌情。顿时，我军的炮弹像长了眼睛一样，一发发在敌人心脏内开花，使美国鬼子的大炮成了哑巴。团首长电话里称赞观察所的同志们是“千里神眼”，对支援前线作战立了一功。

敌人对我军的这个前线观察所恨得要命，怕得要死，白天进行炮击、扫射，夜晚探照灯、照明弹把阵地照得通亮，机枪、火炮盲目地轰击着。但这只能壮壮鬼子们吓破了的狗胆，却吓不倒志愿军英勇的观察兵。在前线激战的日日夜夜，观察所把一个个敌情准确报告给各级指挥所，使我军的炮火狠狠打击了敌人，摧毁了敌运送到前沿的大批弹药和物品，有力支援了朝鲜中线战

1953 年在朝鲜前线，西方山战役间隙，杨崇穆（左）与战友沐贤涛合影

场歼敌3万多人的辉煌胜利，志愿军司令部、政治部通报表扬观察所，杨崇穆第二次荣立国际功。

无名高地　三次强袭

西方山前沿381东北无名高地，是一座不到两平方公里的山头，位于主要公路交叉咽喉，地形险要，易守难攻，在板门店谈判桌上成为争议的地区之一。为此，志愿军司令部命令221团，接连对该阵地进行了三次强袭。

1953年4月24日傍晚，绵绵小雨不停地下着，夜幕降临，221团观察所成员随同突击部队又一次对381高地发起强袭。杨崇穆所在的通信排一个班，在张柏良副排长带领下，配属第7连进入发起冲击的堑壕里。虽已初春，但阴雨数日，爬在泥土中待命，寒气逼人。为打击美帝国主义，争取谈判胜利，浑身湿透的志愿军，一动不动听候进攻命令。20时10分，三发红色信号弹凌空而起，顿时枪声大作，炮声隆隆，被美帝及其他走狗激起的愤怒，像凌空炸响的春雷，像横劈暗夜的闪电，震撼山河大地，志愿军向美军王牌部队的一个加强营发起猛烈冲击。

面对突然强攻，外强中干的美国鬼子吱哇乱叫。不到半个钟头，我军已冲到半山坡，打死100多名美军，俘虏10多人。全胜在即，突然山顶北侧出现敌人新火力点，密集的子弹截住我正面攻击部队。指挥员下达就地卧倒命令，组织爆炸组炸掉这个拦路虎。副排长张柏良把通信联络重任交给杨崇穆，身影立刻消失在夜幕中……

没多时，“轰隆”一声巨响，敌人新火力点火光一闪，机枪变哑。指挥员果断命令冲击，手榴弹在敌群中爆炸，刺刀在敌胸前闪光，不同语言的喊杀声混合在一起，我志愿军打退了敌人一次又一次反扑，美军这个王牌部队的加强营，被我221团彻底歼灭！

杨崇穆将眼前战况报告前线指挥所，消息迅速传到志愿军司令部，传到朝鲜人民军司令部，传到板门店谈判首席官那里……我军在敌心脏捅进一把尖刀，迫使美韩谈判代表在遣返战俘协议上签字，为进而争取和平解决朝鲜问题创造了条件。

当杨崇穆和战友奔向山头北侧时，只见张柏良副排长正与一个美国佬做最后拼斗，他们疾步上前，结果了鬼子。此刻，美军炮兵仍疯狂向阵地袭击，一发炮弹落在附近，张柏良身负重伤，杨崇穆左脚被炸伤，都被送到团卫生队。张柏良副排长经全力抢救无效，于 4 月 28 日凌晨光荣牺牲。当杨崇穆听到这个消息时，心都碎了……这位带领他战斗五年，帮他学会杀敌本领，多次同立战功，介绍他入党的好战友，万万没有想到，在抗美援朝战争就要胜利结束前夕，献出了年轻的宝贵生命，永远留在了朝鲜战场上。回忆与兄长般的好战友同生存共命运的日日夜夜，杨崇穆双泪直流，向张柏良同志遗体敬了三个军礼，永别战友。

事后得知，张柏良冒着炮火冲到敌碉堡上，将炸药包和集束手榴弹从枪眼扔进去，碉堡开了花。可堑壕的鬼子向张柏良猛扑过来，朝他左胸刺了一刀……

张柏良被追认为二级战斗英雄，特等功臣。入朝作战以来，杨崇穆四次荣立国际功，多次受嘉奖，被评为二等甲级伤残。

理想信念　坚如磐石

1953 年 7 月 27 日，朝鲜战争停战协议签订。杨崇穆所在部队继续留在朝鲜，加强战备训练的同时，帮助朝鲜人民重建家园，修建民房、河坝、公路等，一直到 1955 年 10 月 18 日才凯旋。

杨崇穆同志在解放军第 25 军、志愿军第 24 军、军委第二高级步校、山西省军区、武警山西总队历任通信员、对空联络员、文书、排长、参谋、学员、副团长、支队长、党委书记等。1983 年组建了武警太原市支队，是第一任支队长，在武警建设、抢险救灾、保一方平安等方面，作出了突出贡献。

“文革”期间，杨崇穆是非分明，坚持真理，受到迫害，多次住“学习班”，十几年后才平反。妻子赵茂英带着一双儿女与丈夫霜雪相依，顶住压力支持他：

“我们是苦水里泡大的，是共产党解救的，千万不能说半句假话坑害别人……”

2020 年秋，老伴赵茂英不幸离世，杨老悲痛不已。儿子杨林、女儿杨媛陪同父亲外出走走，去了淮海战役纪念馆、上海一大旧址等。在安徽淮北淮海战役烈士陵园，杨老深深鞠躬，怀念牺牲的战友，当年总攻双堆集的场面又浮现在眼前……

“我的宝贝有两样，一支钢笔一支枪；枪儿拿手中，钢笔挂胸膛；学习使钢笔，战斗端起枪……”在诗歌《抗美援朝两件宝》中，杨老这样写道。在朝鲜前线，他口袋里总装着一片纸、半截铅笔头，战斗间隙，爬在阵地上写消息，是《志愿军报》《解放军报》等报刊的优秀通讯员，通讯报道剪贴本攒了一大摞。他常告诫家人：“我多少战友都牺牲了，今天的幸福生活，是他们用生命换来的，一定要珍惜。任何时候我们都要保留本色，永远跟党走！”

“杨老，您这一生，出生入死，吃了很多苦头，什么样的敌人和困难都不在话下，什么个人得失和是非都置之度外，心中坚守的理想信念是什么？”杨老坦然答道：“我 17 岁入伍，一个农家苦伢子，不懂政治，不懂军事，文化半盲，是第一任班长贾义元和各级首长、领导长期培育，是党的抚育，我才不断成长成熟，走上革命道路的。我永远忘不了，淮海战役间隙，“猫耳洞”里，贾班长给我讲解放军的宗旨是为人民服务，讲我军光荣传统，讲战斗英雄的故事。这一辈子，无论何时，只要是党和人民的号召，我都是积极响应，带头执行，竭尽全力，心中坚定的理想，就是对党忠诚，为人民服务，为国家作贡献，实践党旗下的誓言，从没动摇！”

立春前一天，我又去看望杨老，他高兴地说：“看，我又找出一样宝贝！”这是一枚布制胸章，一面印着“中国人民志愿军”，一面写着名字“杨崇穆”、部别“31057825”、时间“一九五四年佩用”。在老人心里，这枚佩戴在军服上的胸章，和金光闪闪的军功章一样珍贵，都是战斗青春的印迹。

握手道别，老人执意送我到路口，我说：“杨老，祝您永葆青春！”他笑着说：“祝福我们的党永葆青春！”

这一刻，阳光正暖，春风在路上。

白长有

躺在床上，白长有的眼前一直浮现着往事，那些久远的记忆，此时一桩桩、一件件，挨个闪现在他的眼前。入朝行军路上的情景，也一直让他不停地回忆，那些画面，仿佛静止一样，每当他闭上双眼，它们就会出现。1951 年 8 月，他随部队 19 兵团 64 军从丹东入朝，一进朝鲜境内，所见便是战争惨象，到处是一片废墟。天空盘旋着美军的飞机，巨大的引擎"呜呜"地响着，每当发现行进的部队，马上就会投放炸弹，只听"轰轰"的声音响起，之后，到处便是弥漫的硝烟和刺眼的火光。

战火中的青春

刘利平

白长有 1933 年 5 月 18 日出生，对于他而言，时光有多漫长，生命就有多伟大。当岁月剔除所有的装饰时，他只剩下了对往事的记忆，一旦他身处这种状态，就会想起许多即将忘却的碎片。也许，没有人肯刻意地淡忘掉自己的历史，但时光的侵蚀，年龄的苍老，对于荣誉的看淡，一个曾经在血与火的战场中走过来的老兵，更多的是他对美好生活的珍惜，和对牺牲战友的追忆。

白长有老人躺在床上，88 岁高龄缘故，走路不慎摔倒，不能行动，需要在床上静养。他的身边摆放着自己一生所获的奖状，还有抗美援朝战争中所获得的勋章。因文联的同志要来，对他入朝参战的经历进行采访，他已经做了许久的准备，也一直在想，如何讲述这场战争。对于一名老兵而言，记忆最深的，是那场战争留给他的刻骨印象。

一个令他难忘的年份

躺在床上，白长有的眼前一直浮现着往事，那些久远的记忆，此时一桩桩、一件件，挨个闪现在他的眼前。入朝行军路上的情景，也一直让他不停地回忆，那些画面，仿佛静止一样，每当他闭上双眼，它们就会出现。1951 年 8 月，他随部队 19 兵团 64 军从丹东入朝，一进朝鲜境内，所见便是战争惨象，到处是一片废墟。天空盘旋着美军的飞机，巨大的引擎“呜呜”地响着，每当发现行进的部队，马上就会投放炸弹，只听“轰轰”的声音响起，之后，到处便是弥漫的硝烟和刺眼的火光。

接着，是战士们倒地的画面，还有他们受伤时痛苦的呼喊声，再接着，此起彼伏的机枪声响起，还有连续的高射炮的“隆隆”声。所有的印象一时交织在一起，让他的思绪停留在了那个瞬间，从而一直沉淀，一直让他冥想，战友似乎还在身边，他自己似乎也穿越在战场上，或驻守在司令部，那是一处隐藏着的掩体，或者是挖的防空洞，首长和战友们隐蔽地藏身其间，并全神贯注地审视着整个战场、整个战争。

白长有戎装照

这是一场正义对非正义、反侵略对侵略的战争，也是一场保家卫国的战争，国内千千万万的英雄儿女踊跃投入到了这场战争中，他们雄赳赳、气昂昂地跨过鸭绿江，以自己昂扬的斗志，奔赴前线，投身于这场伟大的爱国战争中。白长有在这场战争中，也有着强烈的报国之志，一直想去打头阵，冲到最前线，与敌人好好地干一场，尽展报国之志。

1951 年，是一个令他难忘的年份。那一年，他刚满 17 岁，参军的兵龄也才两年，作为一名“娃娃兵”，他一直被部队首长呵护着。只参加过解放大西北的战争，尚未在血雨腥风的战争中长期锤炼。入朝参战，对于他来说，充满了向往，他一心想要在战争中大显身手，杀敌立功，报效祖国。他当时所在部队为 64 军 191 师 572 团，这是一支老牌劲旅，是百色起义红七军余脉，参加过许多著名战役，威名远扬，团长为苟耀德，政委谷自珍。师长是谢正荣，1930 年参加革命，作战英勇，作风顽强。军长为曾思玉，1927 年参加革命，经历过一至五次反围剿，参加过长征、土地革命、抗日战争、解放战争，身经百战，战功卓著。

上级一声命令，他就坐上了闷罐车，随着部队出发，去到什么地方，他并不清楚，但他知道，这趟车，是拉着他们走向战场。坐在列车上，看着战友们一张张凝重而充满热血的面孔，他的思绪也随着他们的眼神，悄然奔向了远方。对他来说，能够踏上异国的土地，是他人生之中的一次奇异之旅，也许，他将在这片土地之上洒下自己的热血，或者，牺牲在战场上，他已经做好了牺牲的准备，面对武装到牙齿的美帝军队，当他踏上这列列车之际，他就有了心理准备。

文联派来的是一名作家和一名摄影家，白长有躺在床上，看着二位同志，让他们坐，两个人进门忙着和他的儿女打招呼，为了今天的采访，几个子女都在。看着他们客套，他的眼前似乎又浮现起了战地记者的身影，那时，英雄接受采访时，战友们也很高兴，就像今天这样的情景，但他没有成为一名战斗英雄，他是技术兵，这一直是他的遗憾，他曾向自己的首长请战："我要上前线。"但首长没有批准。

白长有听到大儿子在给前来采访的同志介绍自己，听他以充满自豪的声音在讲述自己的往事，白长有不觉在心里笑了，对于儿子的骄傲和自豪，他从心底有了一丝欣慰。儿子讲："我也当过兵，在我父亲的影响下，我选择当兵，并在当兵期间入了党。我父亲入朝参战时，是一名测绘员。"白长有顿时又心驰神往，70 年前，那段岁月终生难忘，他记得清清楚楚，感觉往事历历在目，但讲述时，感觉又不知从何讲起，那些熟悉的战友，有的踏上战场，就再没有回来。

摄影家要拍照，床上光线不好，儿子和女儿忙把奖状一张张地移到了茶几上，边移边讲解着每张奖状的来历，还有他在朝鲜战场上写的笔记。女儿还翻了几下，边翻边与摄影家介绍，白长有看着作家拿着手机录音，便自顾自讲起了往事。作家主要采访入朝参战那段历史，但他的记忆，却从战争之中，飞越到战争之后。

此时，他的眼前是战争之后，他在部队进行学习和训练的情景，他感觉自己的记忆似乎出了错，一旦到了朝鲜战场，似乎就有卡壳的感觉，每当自己讲述这段历史之时，总是跳带，"咔嚓"一声，就跨越到了宝鸡速成中学学习时的情景，那是战争结束之后了，每个团抽调 3 名战士去速成中学学习，课程有军事和文化课。他也是其中的一员，在那里，他努力学习了一段时间，并取得非常优异的成绩，之后，又回到了部队。

当问到朝鲜战争时的情况，他顿了顿，眼前一时出现了参谋的面孔，参谋总喊自己“小鬼”，那时，自己总向他喊着要打仗，当时的参谋总是温和一笑，说：“先掌握本领。”而他说的掌握本领，便是让他学文化，让他写文章。参谋是从战争中走过来的，白长有 1949 年参军，刚满 15 岁，参军之后，便是参加解放大西北的战争。他觉得自己成熟了，是个合格的战士，但参谋却总感觉他是个孩子，在他和团部的几名通讯员调皮的时候，总会被参谋逮住，给他们上忆苦思甜课，讲自己的亲身经历，直讲到他们哭得稀里哗啦。

又让白长有老人讲入朝参战的故事，他顿了顿，被迫中断自己的思绪，硬生生从速成中学的记忆中拉了回来。入朝作战的前一段时间，参谋让他和另一名战友，从所在 572 团去 191 师部学测绘，当他学成之后，就随部队上了前线，在侦察排。之后，在整个抗美援朝战争中，他就是一名测绘员，在司令部绘制地图。这是一个特殊的工作，常常由侦察员侦察回情况来后，由他在地图上进行标注，把侦测到的情况，如道路的软硬、河流的长宽及沟的深浅等，一一标注在上面。

白长有在朝鲜战场上

他记得很清楚，曾思玉军长在抗美援朝战争中，亲率单人坦克击退敌炮群。当时，向敌军发射 20 多发炮弹，炸毁敌火炮 4 门，伤敌 20 余人，逼迫敌炮兵转移阵地。而 191 师则参加了马良山战斗，激战 6 个昼夜，谢师长战斗在指挥第一线，指挥全师官兵战斗，6 天中歼敌 2600 人，全歼英联邦第 28 旅苏格兰皇家边防团 1 营，毙伤俘敌 1740 人，让马良山成为以美军为首的联军的“血岭”“伤心岭”。在马良山战斗中，572 团创造了两个排 15 分钟歼敌 1 个排的战例。赵清义是 572 团二连二排长，在坚守马良山西南无名高地时，指挥全排打垮敌人 1 个连的多次进攻，结合阵地反击，杀伤敌人百余名，固守阵地。在战斗中，他的身上、脸上、手上数处负伤，仍坚持指挥战斗，1 人杀伤敌人 20 余名，荣立一等功。

9 连 8 人坚守 238 高地，敌军在 4 架飞机和数十门榴弹炮的掩护下，以 3 个连兵力分数路进攻。连续 4 次进攻，都被他们打败，最后只剩 2 名战士与敌军 1 个连的兵力苦战，坚持 1 个白天，并取得胜利。在坚守 238 高地时，张选为 9 连副班长，就是存活下来的 2 名战士之一，在工事被摧毁后，他以炮弹坑作掩体，沉着顽强连续打退敌人 1 个多营兵力的多次攻击，1 天中杀伤敌人百余名，坚守了阵地，荣立一等功。这些事情，白长有记得非常清楚，并时时以英雄的事迹鞭策自己、鼓舞自己。

战争的残酷和危险

作为一名测绘员，他要在战时跟随部队首长将地图随时在战地上摆开，供首长使用，并答复首长有关地形方面的询问。很多时候，一旦双方战斗结束，测绘员的工作，首要的便是将夺取的敌人阵地的工事构筑、火力配置等情况，用简易测绘和写景图的方法，快速绘成草图，然后，再复制或制作成沙盘模型，供首长和指挥机关总结战斗经验和分析敌情使用。

在战争最激烈、战场最困难的时候，画图要在炮弹箱子上画，或趴在地上画，使用红蓝铅笔，有时，会用墨水。很多时候，也需要和侦察员们一起出去侦察情况。十几个人，并带一名翻译，从内地朝鲜族抽调而来，去了战场上，然后，根据指令各自迅速散开，按照之前分配好的任务，去迅速侦测。待情况侦察清楚之后，再集合，迅速回到指挥所，把侦察到的情况绘制在地图上。当测绘员有一个特点，就是对新事物接受快，能根据不同情况来改进与提高工作效率。

有时，在战斗中，也需要出去侦察情况。和侦察员们到了前沿，天上盘旋着敌机，不时就会掉下一颗颗炸弹，它们的杀伤力非常大，只见眼前火光一闪，便听“轰”的一声，地皮都在颤抖，感觉自己整个身子都在颤动。一些战友，就是在这种情况下牺牲的，只听头上飞机“呜”的一声，便是火光和爆炸声，之后就是弥漫的硝烟，战友卧倒的声音还在耳边，随后却见战友倒在了弹坑之中，浑身血肉模糊。

白长有的情绪有些激动，残酷的场面，让他不忍回忆，他又回到了战争之后的场景之中。那时，他随着部队后撤，驻守在了宽甸县，目的是保存实力，随时过江与敌人战斗。那时，他们住在山洞里，没有营房，也没有营地，都得自己建设，地方还把技术人员派过来，协助他们建设。那时他想，也许战争还会继续，但之后战争没再进行。再之后，就随部队接手了新的任务。

白长有又回忆起自己的首长。他一直跟着参谋，那是一个非常好的首长，是他一手把自己培养成了一名合格的战士。入朝时，在他的记忆中天很冷，寒冬腊月，行军路上都是雪，有的地方雪都过了膝盖，走过之后，战士们的鞋子和脚都能冻在一块儿。而且，敌机还在天空盘旋，只要部队一过，对方就投炸弹，拿机关枪扫射，只听首长一声喊：“卧倒！”再看时，身边的战友已经倒下了很多。好多战友就这样没了，来不及多看他们一眼，就这样仓促地走了。这让他感受到了战争的残酷和危险，也更激励了他的斗志。

敌机一过，战友们马上就投入到战斗之中，为了不让敌机发现，战友们需要保持不变的姿态，有的，就这样被冻死了。白长有的眼睛湿润了，他说：“我常教导我的子女，告诉他们，幸福生活来之不易，这份安宁和和平，都是前辈们浴血奋战，靠着他们舍生忘死打出来的，你们一定要珍惜这样的美好生活，当年，死了多少战士啊，一颗炸弹下来，活生生的战友们，一个个就那样突然之间倒下去了。”

白长有的思绪又在飞逝，他感觉，自己的情绪不能自控，他的思绪在回忆

白长有的部分立功奖章和纪念章

中不由自主地就会卡壳，就会跳带。战争停止了，他可以有休假了，第一次休假，想回去看望母亲。而且还在和战友一起逛街的时候，给她买了块布料，那是他们一起在速成中学学习期间买的。当时，他没带钱，到了百货店，一眼就瞅到了那块布料，战友看他爱不释手，就说：“你没带钱，我带着呢，你买吧。”他就买下了那块布料，并给母亲带了回去。之后，母亲一直盖着自己所买布料缝制的棉被。那块料子真好，一直没破，看上去很陈旧了，却还是那么结实。和平的日子真好。

白长有记得，他们的指挥所曾在一个村子里，之后，也跟着情况在变，有时，敌人的飞机也来侦察，一旦发现情况，就会往下投炸弹。有次，他正在桌上画地图，只听“轰轰”的声音响起，一时感觉地动山摇，耳边响起敌机飞来的轰鸣声，那种声音特别刺耳，他感到热血沸腾，恨不得端着机枪冲出去，把它打掉。那一次非常惊险，整个村子被炸得一片狼藉，指挥所也差点被炸掉。

他跟着首长到前线时，会在坑道里绘制地图。在一场战役中，战友们在坑道里射击，就见一发炮弹飞过来，“轰”的一声，整个阵地硝烟四散，战友们一下倒在了血泊之中，自己的图纸被溅起的砂石击碎，连自己也被落下的砂石所掩埋。牺牲的战友被卫生员往下一拖，另一个战士迅速把掩体稍加修固，马上填补上去，射击声再次响起。白长有把自己身前的砂石扒拉开，猫了腰站起身来，只听“嗖嗖”数声，感觉头皮一紧，几发子弹擦着帽檐呼啸而过，他额上顿时渗出了冷汗，心里虽紧张，但很快镇定下来，继续绘制自己的作战地图。

白长有看着稍显震惊的来访者，温和一笑，说：“战场上，这都是小事儿，经常性的，随首长奔波在战场之上，这样的情况经历很多。每次都是在生与死之间，有时，很长时间惊魂未定。见得多了，也就见而不怪了。那时，我们多躲在防空洞里，就是在地上挖上洞，隐伏于其中，既能防敌军飞机的侦察和扫射，还能防其炮弹的轰射。”白长有说得云淡风轻，一时让人感觉不出他此时真实的感情来，但他的内心波涛汹涌。当时随着部队入朝，背着炒面、饼干，还有喝水的水壶、枪和行装，把它们一背，这就跨过了鸭绿江，边走边唱“雄赳赳，气昂昂”，那是他一生经常唱的歌曲，即便是现在的日子，他也时而哼唱，一唱便泪流满面，每当他唱歌的时候，眼前就浮现出战友们。他记得很清楚，当时，部队接到的任务就是穿插，打到汉江，并消灭其附近美帝联军 8 个师，之后一直打到汉城，所以部队一直处于前进中。

胸中永远抹不去的痛

“如果他们还活着，我请他们来我这儿做客，好久未见他们了，来了，让他们住在这儿，我领着他们看看，现在的太原，是大城市。现在的蔡家坡也是大城市，但之前，那里只是个小车站，我们就从那里中转，踏上了朝鲜的战场。”白长有的眼前，又浮现出了战友们的面貌。战争之后，还在速成中学，他们一起学习，白长有喝醉了，战友守着他，没领导安排，战友怕他出事，整整守了他一夜。那是分别的前一天，他们聚了一次，一桌饭，两瓶酒，他喝了半杯就醉了，战友说，他念叨了一夜的母亲，说要回家去看母亲，要回去伺候母亲。

那时，他还不知道战争会不会再打，他会不会再上前线，一过宽甸县，对面就是朝鲜，那里是他战斗过的地方。作战期间，他为了绘制一幅精确的地图，有时和战友们在敌机的轰炸下，扛着测绘仪器，在冰天雪地之中去测绘前线的地形。饿了，就一口炒面，咬一口雪团子，冰冷的雪刚入口，感觉能把牙冰掉。有时，敌人的炮弹打过来，“嗖嗖”的从头顶上飞过，阵地上，还响着战士们的射击声，偶尔一发炮弹会落在身边，炸得冰花飞溅。有时着凉会发烧，感觉滚烫滚烫的，但脑子却很清醒，依旧坚持着完成任务。那时想，必须完成任务，必须保证让首长看到准确的地图，就这样撑着，一直和战友们完成了任务。有很多次，他相信自己快要死了，就要牺牲在战场上了，但硬是扛了过来。

后来，他还娶了媳妇，是舅舅给介绍的，自己一心想要找一个有文化、会针线活儿、能吃苦耐劳、会过日子的媳妇。但这样的条件很难找，不是有文化不会针线活儿，就是会针线活儿没文化。舅舅给找的这个，有文化，但读到初中，家穷辍学了。舅舅领着她来和自己相亲，他对舅舅讲："就她了，有文化就行，没钱，自己供。"后来，他一直把她供到了大学，学的生物系，毕业后，她被分到太原的一所中学教书，还当上了教研主任，桃李满天下。只是，老伴后来得了癌症，走得早。

白长有的思绪总是在这种战争和和平的情景中交替，一会儿想着战争，一会儿想到战争结束了，转换得非常快。当他的眼前出现惨烈的战争画面时，一时有些难以承受，战友们在战火中一个个倒下，那样的场面，让他承受不了，他在悲痛之际，总是禁不住让自己的思绪卡壳。那一次，几十万的人马被困在一个地方，敌人的炮弹发射，飞机轰炸，牺牲了那么多的战友。一想起来，心里就是仇恨，就是悲痛。

这些都是他胸中永远抹不去的痛。侦察员报告首长，说敌人发现了目标，让首长赶紧撤，首长确认了一下，决定撤离，他跟着首长往出走，刚出指挥所，忽然想到忘记带地图了，返身从墙上把地图摘下来，迅速抱着冲出了指挥所，前脚刚跨出，后面就"轰"的一声，敌人的一发炮弹准确地落在了指挥所，那简直是九死一生。很多时候、很多次就是这样，生与死就在一瞬间。为了保护好地图，随时为首长服务，回答首长对地形提问的情况，地图必须时时在，丢失地图，对于测绘员来说就是丢失阵地，守护好地图就是守护好了阵地，守护地图就是他的责任和使命，也是他义不容辞的任务。

战斗中，首长只要需要了解地形情况，白长有总是及时送来地图。在战场上，战争进行得非常残酷，敌军的轰炸机总是如影随形般来到，昼夜出行，只要发现目标，就会狂轰滥炸，封锁桥梁、渡口和主要道路交汇处，了解志愿军善于夜间偷袭后，就往出打照明弹，一串接一串，一旦空中侦察机发现目标，便过来轰炸。除了普通炸弹之外，还使用定时炸弹、凝固汽油弹、蝴蝶弹、子母弹和三角钉，无所不用其极，残忍到了极点。

有时，当指挥所设在村子里，他看到朝鲜大妈时，莫名便会想到自己的母亲，看到敌军轰炸无辜的朝鲜百姓，感觉就似他们在轰炸自己的亲人一般，顿时就会对侵略者产生仇恨心理。他们一家从小跟着父亲在太原做生意，父亲去世得早，由母亲一手把他拉扯大，为了生活，他很早就参了军，是娃娃兵。对母亲的思念，时时刻刻都有，一旦看到敌军对朝鲜大妈轰炸，他就想到自己的母亲，那种痛感同身受。

当他们隐藏到村子里时，也总是受到敌军轰炸机的“特殊关照”，有时，还未来得及隐藏，如蛆附骨的敌机随后就到，那些暴露在空地上的车马等物，就会被敌人的飞机轰炸掉。有的时候，指挥部的人员刚入防空洞，刚把人员疏散开，轰炸机就对指挥部进行轰炸，一时间，那些未来得及躲藏的村子里的百姓，就会被炸弹炸死。他能够从战场上活着回来，真是九死一生的奇迹。

一生都没有丢掉这种精神

白长有有时在想，活着的自己和那些牺牲的战友比，是无比幸运和幸福的。在朝鲜战场上，他们和自己一起经历了那么多的危险和困苦，他们留在了朝鲜的土地上，自己却活着回到了祖国，并见证了祖国的日渐强大。看到祖国一天天富裕和强盛，并在自己的理论、道路、文化和制度上越来越自信，让人民越来越有底气，越来越有干劲，感到这种精神，与当年朝鲜战场上的精神何其相似，不服输，不怕苦、不怕累、不怕死，敢于打、敢于冲，这些精神，正是一代代中国人所具有的优秀精神。

他觉得，70 年以前，一批批的中国志愿军战士，便是带着这种精神，踏上了朝鲜的战场，面对强敌，面对美帝纠集的十几国联军，他们没有怕过。即便面对他们的坚枪利炮，还有所谓的细菌武器，也未曾让志愿军战士屈服。白长有记得十分清楚，那时，他们长时间不能洗澡，穿着的棉衣棉裤里都生了虱子，有的地方还有跳蚤。

他记得当时的朝鲜战场，据说发现了细菌弹，里面有一些像黑蝇、跳蚤和蜘蛛的东西，志愿军卫生人员检验，发现上面带有病毒。当时很多战友都觉得并不可怕，但指挥部非常重视，及时组织人员进行宣传教育，发动群众进行防疫。敌军这样的行为，自然激起了战士们更大的仇恨，便有高机连战士打美军的投菌飞机，那时，就有一名战士打下了敌机。当白长有讲述这件事情的时候，他已记不起这位英雄的名字。那时，白长有特别渴望成为一名英雄，能够在战场上杀敌，但他始终坚守在了测绘员的岗位上，随时为首长服务。

战争结束后，白长有有了这样的体验。他印象中记得清清楚楚，后来他当了参谋，有段时期，上级要求机关兵必须下到基层去，而且每一个机关兵都要会打步枪、开汽车、开摩托、开坦克，目的为了加速部队建设的现代化。他到连队当了一名机枪排排长，当排长期间，他不仅指挥战士打，而且，也让战士指挥他打。他要求战士们在训练场上一定要严格训练，打出好成绩，然后，去北京，去见毛主席。战士们也很激动，以百倍的热情在训练场上训练，他们也想去北京，去见毛主席。

有了目标，白长有便和战士们刻苦训练，他们的目的是打出全团甚至全军第一，成为最优秀的机枪排。而要想这样，全排战士必须百分之百实靶，达到60% 的优秀，否则不算达标。他们的这个举动，很快就有人上报到了军里，军里知道后，马上决定来一个实弹射击表演。于是，团里下令，让他们准备出发，战士们问："去哪儿？"团里回答说："去军里进行射击表演，全军排以上干部现场观摩射击。"这让白长有些发愣。他说："团里打打就行了，还要让我们到军里出丑。"

但团里领导讲："必须去，而且，必须打好，若打不好，回来撤职。"他一听这话，说："保证完成任务。"其实，他胸有成竹。到了靶场，先让士兵打，移动靶要求打 6 个，战士打了 4 个，但在考核中 3 个便算优秀。这时，首长下令，让战士指挥着他打，此时，他只有打到 4 个，才不算出丑。他不慌不忙，上去便打，一下打了 5 个。首长一看，说："换一种姿势，把枪按到那儿打。"按着首长指令，他还是打了 5 个。他们的努力，获得了回报，随后团里对他们进行通令嘉奖。

白长有和战友合影

1953 年战争结束，白长有回国了。之后，他获得了朝鲜人民共和国颁发的朝鲜军功章，作为排一级以上的干部都有，算是对战士们参加战争的一种证明和肯定，也是终身荣誉。对于白长有来说，这更是他战争中获得的考试结业证，证明了他是一名合格的志愿军战士。现在，他已经 88 岁，是实实在在的老兵了，但他感觉自己思维依然清晰。退休的日子中，他更喜欢和自己的几个子女进行“辩论”，对他们工作及生活中所遇的一些困惑进行解疑。在和他们交流的过程中，他会把战火中的青春故事讲给他们听，以自己的亲身经历，激励着他们奋进，教导着他们向上，让他们在追求事业的过程中保持坚定和执着的信念。

70 年光阴岁月，眨眼就过去了。多少个日日夜夜，他在梦里依旧出现在战场上，他紧跟着首长，先是在团里，后来又到师里，又到军部，时刻把战场中的地形、地貌和周边环境熟悉并弄清，绘制成军用地图，为部队作战提供方便，给部队首长指挥战斗提供参考。

那场保家卫国的战争，他依然记忆犹新，战友们的英雄事迹依旧鼓舞着他、鞭策着他。很多时候，他眼前莫名就出现了英雄的身影：军部的文书，看到前线战事吃紧，一着急，背着枪就要冲上前线打仗去；战场上，敌军的炮火打来，通信线路很快被炸断，通信员去检查，找到线路断的地方，却联结不起来，只好用手捏住线，让部队通话，随后，敌人的炮弹打了过来，一轰炸，整个人瞬间被炸碎。这样的情形，如今他依旧记忆犹新。

白有长觉得，自己一生都没有丢掉这种精神，那就是老兵精神、抗美援朝精神，那是一种舍生忘死、不怕牺牲，守家卫国、保卫和平的精神。

吕俊生

吕俊生的衣服被点着了，头发被点着了，脑袋被震得嗡嗡作响，他在地上翻滚着边脱掉燃烧的衣服，边用土把身上的火苗灭掉。敌人以为阵地被彻底摧毁了，于是大着胆子低空俯冲，寻找打击残余的地面目标。吕俊生不顾伤痛，沉着冷静，把子弹烧软的弹簧替换下来，装好剩余的20余发子弹，瞄准猖狂俯冲的敌机——300米、200米、100米，飞机上美国飞行员的大鼻子都清晰可见了。这时，他狠狠地扣动扳机。瞬间，只见飞机冒着滚滚浓烟，呼啸着掠过他的头顶，在距他不到20米的地方掉落爆炸。好悬，没被敌机投下的炸弹炸死，倒险些被击落的飞机砸死。

福如東海長流水

革命意志永远旺盛的人

侯生龙

采访吕俊生老人之前查了些资料：

吕俊生，1930年出生，一位曾用高射机枪击落击伤7架敌机，令人敬仰的二级战斗英雄，获得“惩罚空中强盗能手”称号的一等功臣，一位既有身教又有言教，事迹上了《解放军报》头版头条的连队指导员，一位曾经多次被毛主席、周总理等党和国家领导人接见的共和国功勋战士。

不知老人近况如何，想着见面时，用拱手礼拜个晚年。没想到眼前的老人，是一个身板高大笔直、高抬右臂行标准军礼的老战士。

一时间我震惊了，也被深深感染了。慌乱中把行了一半的拱手礼改为军礼，仿佛自己也是一名军人。

落座后，老人告诉我们，由于疾病，他已经数月躺在床上，得知我们要来，特意穿上挂满军功章的军服等我们。

老人除了耳边有助听器，说话声音饱满，头脑清晰，思维活跃，看不出是一个卧床和病魔斗争的人。只是在讲话间歇时，会闭起眼睛，用下嘴唇使劲抵住上嘴唇停顿那么一小会儿。

“令我铭记一生、受用一生的，是在部队时军政委梁仁杰在全军干部大会上讲的一句话：‘吕俊生是一个革命意志永远旺盛的人。’”

老人话匣子打开，只一个小小提示，便领我们穿梭在激情燃烧的战斗岁月。

被国军抓捕的“叛逃者”和解放军识字模范

吕俊生 17 岁参军。不过起初参加的不是解放军，而是阎锡山的十总队炮兵部队。

吕俊生是山西省交城县西汾阳村人。当兵前，妈妈给他说好了一门亲事，让他和小他一岁的邻村女孩结婚。父亲死得早，家里大事都由母亲定夺。因为家里穷，吕俊生不想给母亲增加负担，因此不想马上结婚。见状，母亲连忙搬来吕俊生非常尊敬的舅舅当说客。姐姐卖掉毛驴，舅舅当掉马车，硬是这样让他把新媳妇娶进家门。可是结婚不到一个礼拜，吕俊生就被抓了壮丁。

在阎锡山部队上，吕俊生尝到了皮鞭的滋味。当时，阎锡山雇用的教官竟然是投降的日本军官，他们训练新兵就是用皮鞭，稍不如意皮鞭就抽上去，所有战士都挨过教官的皮鞭，加上军官、“兵油子”的自高自大和歧视、欺负新兵，吕俊生实在厌恶，一直想找机会逃离。忍了一年多，终于等来机会。

这时，解放军攻打太原的部队已经兵临城下。当了炮兵班长的吕俊生串联好 5 个在部队结拜的兄弟，密谋了一场“叛逃”——投奔解放军。

他让在总部当勤务员的一个兄弟偷出一张十总队司令部的空白介绍信，他要在上面写“由班长吕俊生带领弟兄们到敌占区进行正面侦察”。但是 5 个兄弟没有一个识字的。无奈，吕俊生找到他认识的一位做皮货生意的老乡帮助写好介绍信，然后拿着介绍信，从总部牛驼寨出发，往解放军这边“侦察”。5 个人大摇大摆出门，很快就被阎军部队发现。刚走到汾河上的“洋灰桥”（即现在的迎泽大桥），就被人骑着马追上，把 5 个人五花大绑捆个结实，关到一座山洞里，等候军法处置。

幸运的是，这时解放军的攻城炮火打响。为战事需要，一起被抓的一炮手吕俊生和同村老乡二炮手姚庆明被释放回到阵地炮位。本来就打算战场起义投奔解放军，怎么能把炮口对准解放军呢！炮没开，解放军大部队已赶到，他们立马配合解放军，调转炮口轰向十总队总部，用实际行动迎接了太原解放。随后，吕俊生主动要求加入中国人民解放军，被编入第六十八军二〇四师六一二团序列。

解放军官兵团结一致的作风和朝气蓬勃的精神，深深打动和感染着吕俊生。老排长的热情帮助，战友们的团结友好，吕俊生每天都在用心体会和感受着：和旧军队比，简直是天上地下。

有意思的是，刚到解放军部队，没文化的吕俊生根本听不懂班长每天强调的“严格遵守请销假制度”是什么意思。一次站岗，班长告诉他，请销假制度就是，比方你上茅房要报告上茅房，方便完了回来要报告回来了，这就是请销假制度。一番通俗解释，他才恍然大悟，原来每天自己都在执行这个制度。吕老如今将这段往事，当作一个笑话跟我们讲起，主要强调他原本只是一个大字不识的文盲。

这真是吃了不识字的亏。当时，部队不识字的干部战士很多，因此，部队每天就有了一个学习任务：扫盲识字。每天连队文化教员教战士们认两个字，吕俊生就主动找教员多学三个字。作训间隙、睡觉之前，只要有时间，他就在地上或者自己的身上默写，一个多月就认了200多个字。学了3个月，为了显示自己的学字成绩，吕俊生写了平生第一封信，是给母亲的。他说他至今都清楚地记得信的内容，于是当即就高声给我们读来：“母亲大人敬禀者：堂前膝下，万福金安，儿一切都好，这封信是我自己写的。”母亲收到信后抑制不住激动的心情，奔走全村，告诉每一位乡亲：“这是俊生亲手给我写的信，我儿会认字了！”

每每回忆起这则往事，吕俊生老人都会情绪激昂，语调自豪地背诵这封家书，仿佛有攻下敌人一座坚固堡垒后的喜悦和激动。

那时，吕俊生被评为工作学习模范，出席了团、师、军三级工学代表大会并作典型发言。入朝作战结束回国后，吕俊生被选送到第72速成学校学习，半年时间学完所有课程，并且门门课程全部满分，在1500名学生中名列第一。

以后，无论是在部队作报告，还是在地方领导岗位上发言，他都是亲自起草稿子。他很自豪自己有了不错的文笔。

就是拉在裤裆里，也绝不掉队

1951 年 6 月，粉碎敌人“秋季攻势”的第二批中国人民志愿军入朝作战。

吕俊生在朝鲜战场

部队乘着列车跨过鸭绿江，迎着美军飞机的狂轰滥炸开往前沿阵地。

吕俊生就在这列火车上，他的身份是中国人民志愿军某团高射机枪连一排二班班长，高射机枪手。他的身边都是像他一样的年轻人。一路上，他们看着被敌人飞机炮弹逼得走走停停的列车，恨不得立马赶到前沿阵地和敌人打上一场。然而，列车在到达德川时，还是被敌机扔下的炮弹击中，车头被毁，车厢着火，司机当场牺牲。这里离前沿阵地还有 500 多公里。没有任何办法，他们只能徒步朝前沿阵地行军。要躲避敌人的炮弹和飞机扫射，部队只能在夜间行军，白天休整。辎重武器由马车拉着，每人身背 20 多公斤重的粮食和子弹，每天 50 多公里的夜里急行军，加上夏天的雨水天气，许多人受伤生病。吕俊生的右脚感染化脓，脚肿得连鞋也穿不上，脓血和白布袜子粘在一起，每行走一步，都钻心地疼。为了不掉队，他一声不吭，咬牙坚持紧跟队伍。快坚持不下去时，就想想临出发前的誓言和血书“消灭美国鬼子”，这样脚伤疼痛似乎轻了些。

天气阴沉，道路泥泞。老天也像在有意考验吕俊生的意志力：脚伤未好，又得了痢疾开始拉肚子。行军时拉肚子真要命，每拉一次，都要被部队甩下一大截，等急急赶上，又要拉。连首长见他又是脚伤又拉肚子，劝他留在部队收容队，他急了，保证发誓就是连滚带爬也要跟随大部队行军，绝不拖后腿，这样才允许他继续跟随大部队行军。

又是一夜的急行军，黎明时，部队到了一个小山村，正准备就地宿营，突然七八架敌机在村子上空盘旋一遭扔了一通炸弹，村庄顿时一片火光。借着火光，吕俊生看到被炸弹炸死的妇女身旁，一个不满周岁的孩子正在哇哇大哭。吕俊生连忙抱起孩子，和战友们一起将孩子身上清理干净。

看着被炸成废墟的村庄，看着怀中不满周岁的婴儿，看着那地上无辜村民的残缺尸体，吕俊生恨不得抓住一个美国鬼子，当场把他狠狠揍一顿，为朝鲜人民报仇。他默默地握紧拳头，把一路积攒下来的愤怒、疼痛、狼狈以及那种刻骨铭心的苦楚，化成一股股能量。

继续行军往前沿走，碰到有人烟的村庄时，吕俊生将婴儿转交到一户朝鲜人家。

日后战场上，这股能量一直充盈着他偾张的血脉，滋养着他无畏的血性。

每每想起，吕俊生都会感叹："打仗并不算最苦，不怕死就行，但那次带着病急行军实在是苦，一生难忘。"

半个月，1 人打掉 7 架敌机

吕俊生所在的高射机枪连指战员大都是从军区各团挑选的优秀战士。全连共配备 9 挺苏制 12.7 毫米高射机枪。虽说这些战士之前都操弄过像德国马克沁之类的机枪，但面对新武器还是有点蒙。临出发前，武器才到，部队只好在火车上对战士们进行速成培训。

金秋十月，本该是层林尽染，可是眼前的阵地上却是遍地狼藉，弹坑累累，敌人的"秋季攻势"日益疯狂。吕俊生所在排的任务是，依托 902.8 高地，执行对空警戒，掩护上级前沿指挥所。

1951 年 10 月 10 日，这是一个令吕俊生终生难忘的日子。听着敌机隆隆的马达声越来越近，战士们迅速进入射击位置。最初是一架领航机在阵地上空盘旋，接着 4 架飞机同时出现在空中，盘旋一周后直接俯冲扫射扔炸弹。在连长

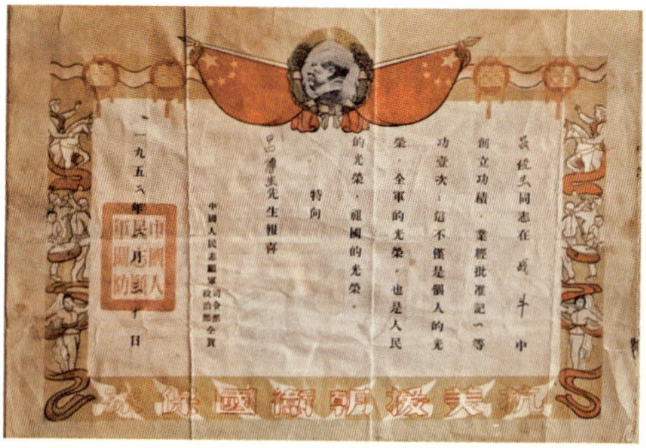

吕俊生在朝鲜战场上击落击伤敌机的立功奖状

指挥下，一排 3 挺高射机枪同时射向俯冲的领航敌机，没打中。紧接着是敌机的第二轮俯冲轰炸，仍没打中。敌机越来越嚣张猖狂，足足 20 多分钟，敌人的飞机不断找寻目标，恣意地低空俯冲扫射扔炸弹，但我军高射机枪的作用仍没有发挥出来。阵地上硝烟弥漫，连长牺牲了，好几挺高射机枪也损坏了。

吕俊生临阵不断调试机枪点位，用土夯实高射机枪支腿，再用较重的高射机枪配件稳定枪身。经过几轮瞄准，吕俊生终于摸索出规律来。当敌机再次肆无忌惮地俯冲扫射时，吕俊生提前两个机身位置瞄准并连扣扳机，动作一气呵成，几十发复仇的子弹全部射向敌机。当下敌机就在空中爆炸，翻滚着栽到阵地对面的山沟里。剩下的三架敌机见状立马组织反扑，如前法，吕俊生又打得一架飞机屁股冒烟，落荒而逃。

志愿军总部收到击落敌机的消息，立马派出战地记者拍摄敌机残骸，采访吕俊生，并带来团首长的嘉奖令。这是一次极其鼓舞士气人心的地空战。当时，战场上曾流传着这样的顺口溜："天不怕，地不怕，就怕飞机拉'粑粑'"。敌人依仗飞机掌握着制空权，进而实现战争控制权，实在可恶。

击落敌机对地面战斗取得胜利有着非凡意义。

吕俊生谈起那场战斗，仍能讲出许多充满革命乐观主义精神的细节来，比如看见敌机空中爆炸时战士们的激动与狂欢，比如把敌机上的合金板铺在防空洞的地面上，又防潮又光滑，比如把敌机上的红绿灯吊在防空洞的顶端，战士们称是“电灯电话，楼上楼下”。我问吕俊生老人：“当敌机向你扫射投弹时你害怕过吗？”“不怕。我们还希望他们来，不来没得打。”他幽默风趣地回答。

然而，战场是严酷的。这次击落了敌机，也暴露了目标，引来敌人报复性的反击。

连续多天，敌人派出 8 架战机进行密集轰炸，烟幕弹、炸弹、燃烧弹，机枪扫射，阵地一片焦土。许多战士牺牲了。

吕俊生的衣服被点着了，头发被点着了，脑袋被震得嗡嗡作响，他在地上翻滚着边脱掉燃烧的衣服，边用土把身上的火苗灭掉。敌人以为阵地被彻底摧毁了，于是大着胆子低空俯冲，寻找打击残余的地面目标。吕俊生不顾伤痛，沉着冷静，把子弹烧软的弹簧替换下来，装好剩余的 20 余发子弹，瞄准猖狂俯冲的敌机——300 米、200 米、100 米，飞机上美国飞行员的大鼻子都清晰可见了。这时，他狠狠地扣动扳机。瞬间，只见飞机冒着滚滚浓烟，呼啸着掠过他的头顶，在距他不到 20 米的地方掉落爆炸。好悬，没被敌机投下的炸弹炸死，倒险些被击落的飞机砸死。

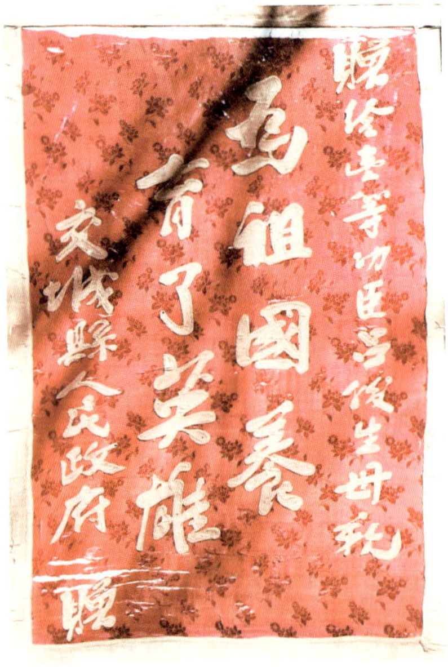

交城县人民政府赠给吕俊生母亲的锦旗

还有 1 架被吕俊生击落的敌机飞行员侥幸跳伞生还，可惜没跑掉，被降落伞挂在了树上。当时，被挂在树上的这名美军飞行员非常狼狈，急得想下来，但战地记者举着相机命令他，别先下来，直到拍够了照片。这个小插曲成为事后战士们常说的一个段子。

此后，敌机逐渐稀少，就是出动轰炸，也不敢低空俯冲，无目标地在 3000 米外的高空扔上几枚炸弹就飞走了。

但就是在敌机那密集轰炸的近半个月，可是让吕俊生过足了瘾：击落敌机 3 架，击伤敌机 4 架。战友们见吕俊生屡立战功，纷纷要求班长也让出点立功机会给战友。吕俊生慷慨地把高射机枪交给战友，说：“好呀，轮流，一人一天。”然后，给大家传经：“敌机离得远不打，不俯冲不打，不瞄准不打。”

可惜，击落飞机也不是那么容易，而且后来敌机害怕了，也学精了，低空俯冲的时候少了，其他战友一时也没打到。他们不能不佩服吕俊生不仅运气好，而且胆大心细、枪法准。

经过战友的认真统计，吕俊生 9 天击落击伤敌机 7 架。

但是，没人记得清当战友从炸弹掀起的泥土中把吕俊生扒拉出来时，他一共昏迷了几天。因为每次战斗，高射机枪手都要忍受住近距离的敌机轰炸声和由此而掀起的冲击波，被震昏是常有的事，说每次都是死里逃生，也不为过。

从独立高射排排长到英雄连指导员，全军学习的楷模

朝鲜战场上，吕俊生所在的高射机枪连 1 个月时间共击毁击伤敌机 33 架，但连队也伤亡巨大。之后，连队被整编成一个独立排，命名为独立高射机枪排，吕俊生担任排长。

从此，独立排成了一个荣誉、一面旗帜、一个精神象征。吕俊生担任这个排的排长，一干就是 6 年。每年独立高射机枪排都是全军的优秀旗帜。为此，68 军党委决定，在全军开展向好党员好干部吕俊生学习的活动。

之后，吕俊生到团三机连做指导员。这个连可不是一般连，是一个朝鲜战场上立下赫赫战功的英雄连，是一个以连指导员高成山名字命名的连队。在一次坚守战中，连指导员高成山在连长牺牲后，率领全连战士坚守阵地，最后战至 7 人，共杀敌 2100 多人。

一支曾经取得辉煌战绩的队伍，一支有许多功臣的队伍，如何保持英雄连本色，成为全军的楷模，一直是部队首长非常重视的课题，值得下功夫琢磨。吕俊生到任后处处以身作则，事事模范带头，仅用一年半的时间，就带出了一支“四好连队”，被中央军委树为全军指导员标兵。《解放军报》头版头条通

吕俊生介绍击落美军飞机的战斗经验
（张星明、孟庆林摄）

栏加按语进行了重点报道——肩题是“既有身教又有言教，身教重于言教”，主标题是“指导员吕俊生处处表率”。

报纸将吕俊生一件件具体切实的思想政治工作进行了生动、全面的报道，全军掀起了“学习吕俊生”的高潮。吕俊生“要像做军事动作一样做思想政治工作，要给战士们做示范”成为做好政治思想工作的秘诀。

的确，无论是战士们写家书，还是执行任务，他都会抓住时机，一一“示范”。比如他给母亲、妻子写信时都要认真讲道理，讲政策，要他们坚定不移地走集体化道路。在他的影响下，母亲、妻子成为合作化模范。战士们仿效指导员，也用家书影响家人投身火热的社会主义建设中。比如用文娱活动活跃单调艰苦的野外作训，在很少有的放电影、文艺演出时，主动替战士们站岗。比如为家庭困难的战士悄悄寄去自己仅有的补贴。比如为改善连队伙食，主动和饲养员一起喂猪，为老母猪接生，在猪圈里一待就是1个月。比如把战士演习失误的已经拉线的手榴弹捡起投出去，等等。他处处表率，事事带头，带出了一支纪律严明、作风过硬的队伍。

无论是做连指导员，还是以后当团副政委，他都经常深入基层，以身作则，时时事事起到模范带头作用，多次受到嘉奖，受到中央首长的亲切接见。

吕俊生老人回忆起每次受到表彰，接受毛主席、周总理等党中央领导检阅和接见时的情景都激动之情溢于言表："那时候被主席握过的手都舍不得洗。回到驻地，都会兴奋得彻夜难眠，难以忘怀。"

老人沉浸在往事里。说话间歇，他又用下嘴唇使劲往上顶了顶。我以为老人口渴了，让老人歇歇喝口水。老人用吸管吸了一小口水，继续接着回忆。

革命乐观主义精神和军人家庭

吕俊生始终坚守他的座右铭：见先进就学，见后进就帮，把方便留给别人，把困难留给自己；始终保持革命的乐观主义精神。在朝鲜战场上，吕俊生就着冰雪吃炒面，40 多天吃不上一口热饭，但依然不忘用弹壳、飞机残片装点自己挖的"猫耳洞"。他和战士们在迎接敌人一场接一场的轰炸间隙，用罐头桶、弹壳、树枝等做成乐器，自编自唱：

范弗里特真不赖，
牛皮吹得满世界，
派来的飞机本领大，
打着滚地往下栽。

范弗里特真热情，
说话算话就是行，
知道咱开联欢会，
忙给送来红绿灯。

范弗里特是美国朝鲜战场第八集团军司令。他们尽情地拿这个美军司令开玩笑，释放胜利的喜悦之情。难得的晒太阳机会，他们也要集体捉虱子，把它们当成美军，把最大个的起名叫“范弗里特”，然后“一举歼灭”。

吕俊生立功受奖晋升，受到中央首长接见，前途一片光明。那时，许多人对志愿军战士非常崇敬，魏巍一篇《谁是最可爱的人》更是让志愿军战士“吸粉”无数，姑娘们就想嫁给“最可爱的人”。吕俊生的妻子从 16 岁等到 26 岁，根据部队规定，1961 年，他把妻子接到部队，恩爱到老。

吕俊生共育有两男两女，大儿子、大女儿夫妇都曾是军人，小女儿、小儿子虽然没有参军，但女婿、媳妇都是军人。吕俊生把青春的梦想放飞，希望一代一代圆梦军营。

老人告诉我们：“过去要把部队带好、单位搞好，现在我要把家庭搞好。家庭建设要从娃娃抓起，少年强则国强。家庭搞好了，国家就好了，生活就好了。现在我们家的家训是四言十六字：‘遵纪守法，勤俭治家，团结友善，尊老爱幼。’”

采访中，杏花岭区退役军人事务局的同志来看望老人。老人左臂在朝鲜战场上神经受损，失去功能。听见他开玩笑说：“给我发残废金了。”

老人的女儿告诉我们，老人得了鼻窦癌，放疗 30 次，靶向化疗 6 次，要不然，老汉身体棒着呢。

送走了军人事务局的同志，老人招呼我们合影留念。这时我又看见了老人用下嘴唇使劲往上颚顶的动作。

我也尝试着做了一下这个动作。一下子明白了，老人是在用这个动作缓解鼻子的病痛。

多么意志坚强的老人！

多么可爱的老战士！

用军礼致敬！

梁超柱

梁超柱第一次流泪，是在从朝鲜战场返回祖国，见到父老乡亲的那一刻。

老乡们早早便等候在路边，欢迎从前线归来的英雄，可一看到他们，一个个衣衫褴褛、蓬头垢面，像叫花子一样，忍不住大哭。这些铁打的将士，在前线吃苦挨冻，九死一生，没人掉泪，但那一瞬间，谁也忍不住，痛哭失声。

那是亲人相见、悲喜交加的泪水；那也是为缅怀战死的同胞，洒下的国恨家仇之泪。

未曾被割裂的烽火记忆

苏艳玲

91 岁高龄的梁超柱坐在阳台里，右手抖个不停。儿媳弓海燕解释说："爸爸先前得过带状疱疹，落下了病。其实，他精神着呢。"

采访这天是太原入冬以来最冷的一天，最低温度零下 23 摄氏度。一早，朋友圈便叫苦不迭，直呼"冷得受不了"。而面前这位老人，70 年前的冬天，曾在朝鲜零下三四十度的极寒天气里，穿着单薄的军装蹚过冰河，冒着枪林弹雨，从一个战场辗转到另一个战场……

此时阳光正温柔地包裹着他，看上去，他那么瘦弱，又那么安详。我突然很不忍心，去揭开一段尘封的历史。那么，且从一封喜报写起吧。

"我跟你们走，行吗？"

那是 1951 年春天，古城太原，柳絮纷飞，槐花飘香。商贩云集的剪子巷内，一封《革命军人立功喜报》，飞进了梁敬承家。

"原来超柱上朝鲜战场了！还立了二等功！"

梁敬承夫妻逐字逐句仔细读着，喜极而泣。之前，儿子"失踪"已半年之久，每一天，他们都提心吊胆。

再往前回溯，1947 年秋，梁超柱以优异的成绩，考入山西省立第一中学（现在的太原五中）。之前，他和爷爷奶奶待在老家平遥，父母则在太原做生意。梁敬承夫妻育有二子，大儿子因病夭折，对天资聪颖、懂事好学的小儿子梁超柱，夫妻视若珍宝，也寄予了全部希望。他们为他设想了种种人生路径，唯独不想他当兵。

1948 年 10 月 5 日，解放太原战役正式打响。少年梁超柱坐在教室里，听着起伏的枪炮声，心飞到了城外。同学纷纷投笔从戎，可他，身不由己。不过，他的机会，很快来了。

被围困的太原城，彼时物价飞涨，一块银圆买一小块豆饼，还常常买不到。饥饿像阴云，笼罩着这个家。无奈，梁超柱与同学作伴，到西北炼钢厂做文书。

西北炼钢厂是太原钢铁厂的前身，当时为国民党军的仓库。战场上的连连挫败，让这里的国民党守军无心恋战，惶惶不可终日。

他清楚记得，1949 年 4 月 24 日，仓库来了两三名解放军，没费一发子弹，守军便弃甲投降。看到还有学生，解放军很和蔼地告诉他们："可以回家了。"可梁超柱不想走，他按捺不住满心的激动，问道："我跟你们走，行吗？"

就这样，19 岁的梁超柱加入中国人民解放军，成为 66 军 196 师 587 团的一名普通战士。日后，他才知道，接收他参军的人中，有一名团长，叫李英奎，广西人。一年后，在朝鲜战场，李团长带领全团战士浴血奋战，屡建战功；回国后，曾任山西省军区副参谋长等职，1990 年逝世。梁超柱一直念念不忘，说"团长是我们的保护人"。

梁超柱跟着部队，从阳曲出发，经大同，过河北，进驻天津杨村，66 军驻扎地。他聪明机灵，有文化，写一手好字，吹笛子、打乒乓球等也样样出彩，很快被首长选中，编入警卫排。

直到安顿下来，他才给家里寄去一封信，告诉父母，他是一名光荣的解放军了！

训练、学习，新生活扑面而来，每天都丰富而充实。闲暇时，新兵梁超柱喜欢围着老兵，听战斗故事，从抗日战争到解放战争，一场一场，百听不厌。他没想到，他参加的第一场战斗，是在远离国土的朝鲜战场，而且，他荣立二等功，成为老百姓眼中的英雄。

“作为军人，就一直往前冲呗！”

1950年，中华人民共和国成立后的第一年，百废待举，百业待兴。饱经战乱之苦的中国人民，迅速掀起了社会主义建设大潮。部队官兵也放下武器，投入轰轰烈烈的大生产，俨然“刀枪入库、马放南山”的太平景象。

积贫积弱的中国，太需要和平稳定了！

10月23日，接到紧急出兵的命令时，梁超柱和他的战友正在收割稻子。

当晚，战士们换上崭新的冬装，登车北上。作战动员、战斗编组等战前准备，都在疾驰的列车上进行。梁超柱这时才晓得，此行是去抗美援朝、保家卫国。

颠簸两个昼夜之后，他们抵达辽宁安东（今丹东）。

10月26日的晚餐格外丰盛，香喷喷的葱油烙饼，让梁超柱回味了很久。饱餐过后，他们换上朝鲜人民军的军装。当夜10时，在夜色掩护下，大队人马浩浩荡荡地跨过鸭绿江大桥。

脚下，江水滔滔，奔腾不息，涌向西朝鲜湾；头顶，星月辉映，祥和静谧。

鸭绿江南岸的朝鲜大地，却一点都不祥和。月光下，目之所及，残垣断壁，还有朝鲜同胞血肉模糊的尸体。士气伴随仇恨，顿时高涨。

战士们马不停蹄，一直走到天蒙蒙亮，才停下来。面前是一个村庄，很大，却看不到一个老百姓。敌军刚走，被烧毁的房屋还冒着缕缕青烟。他们不敢耽搁，就近挖掩体藏身。

此后几天，天天如此，白天躲藏，夜间行军。走得最长的一次，一晚上翻山越岭，行军160多里。

朝鲜的秋天雨水丰沛，没有月色的夜晚，漆黑如墨，伸手不见五指。

可白天和公路，是属于“联合国军”的。越平坦的路，越凶险。“联合国军”的坦克横冲直撞，“联合国军”的飞机在头顶低空盘旋。炸弹落下处，是四五十米的大坑。

梁超柱憋屈极了：“我宁可打仗，也不想没完没了地走下去！”

仗，很快来了，一场接一场，一场比一场惨烈。

志愿军66军先头部队战士们抢占华岳山

亲友们曾问梁超柱：“您第一次上战场，就和世界上最强大的美国兵打，不怕吗？”

他答得很干脆：“开始时，看人家身高马大，武器又先进，说不怕，那是假话。可第二次战役打下来，胆子就大了。怕有啥用？作为军人，就一直往前冲呗！”

第三次战役恰逢新旧年交替，战场上，没有年味，只有硝烟弥漫，只有血与火的交响。

开战前三天，在西线担负突击任务的66军悄悄强渡临津江。棉衣棉裤全湿透了，钻心刺骨的冷。翻出棉衣里子，白花花的，全是冰。他们以“冰装”作掩护，匍匐在冰天雪地里，度过了漫长的三天。白天，一动不敢动；夜晚来临，才爬起来，活动一下肢体。照明弹不时袭来，把夜空照得亮如白昼，一旦发现志愿军，机枪便雨点般疯狂扫射。

据资料称，1950年冬天是朝鲜有史以来最寒冷的冬天。彤云密布，雪花纷飞，下午4点，天便黑下来。志愿军的夜，很深，很长，也冷到极点。

12月31日夜，587团奉命发起猛攻，次日凌晨3点，攻占了龙沼洞、鸟舞洞。全团将士一鼓作气，胜利完成了三步作战任务，共毙、伤、俘南朝鲜军800余人。

“打得那个痛快呀！”

至今回想起来，梁超柱仍掩饰不住内心的激动和自豪。

经过九天九夜血战，中朝军队占领了汉城，打到了“三七线”。587团获朝鲜民主主义人民共和国授予的突破“三八线”首功团奖旗，梁超柱荣立二等功。

彭德怀总司令夸奖66军："一次比一次打得好！"

可硬战还在后头。

1951年1月25日，第四次战役打响，一直在西线作战的66军，转移到东线。冒着炮火渡过汉江时，梁超柱的裤腿冻成了冰柱，脚也冻伤了，但他不敢停下来，强迫自己继续跑动。战友们陆续被冻伤，有的倒下去再没醒来，尸体像铁一样僵硬。他们，好多比他还小，行军时，瞅空子便哼几句家乡小曲，讲个笑话逗乐。

2月11日夜，有名的横城反击战开始。梁超柱往1600米处的高地运送炮弹，每次两颗，一左一右，搭在肩上。两天两夜，他没合一下眼，没歇息片刻。不断有战友倒下，倒下一个，再补上来一个。

许多年后，梁超柱给儿子梁智讲起这段经历。那时梁智还小，想不通，直线距离才1600米啊，运两颗炮弹，有那么难吗？长大后，他也当了兵，追寻那段历史，才明白了战争的残酷，懂得了属于军人的使命与荣光，也重新认识了父亲。

在这场被军事专家称为"中国军队从未打过的血战"中，66军打出了士气，但元气大伤。196师所余兵力不足一个团的建制。梁超柱所在的警卫排，只活下来12人。

中朝军队，又退回到"三八线"，转入全线防御阶段。

中朝部队突破"三八线"向南挺进

再寒冷的冬天，也会过去。冰河渐渐解冻，春风又将山野染绿，志愿军将士鲜血淌过的地方，开出了绚丽的花朵。

66军奉命回国休整，为第二次入朝作战做准备。

踏上回国的路，梁超柱才体会到，走过枪

林弹雨，他真的是一个兵了！

“中国一定要富起来！”

采访梁超柱之前，梁智告诉我，父亲年事已高，当年一起出生入死的战友，近年相继辞世。一说到朝鲜战争，老人便非常激动，因此家人总有意绕开那段历史。

果然，采访进行了半个小时，老人哭了，抬起抖个不停的手，吃力地抹眼泪。

“几十年了，这是我第二次哭。”

老人使劲眨着眼睛，有些不好意思。

他第一次流泪，是在从朝鲜战场返回祖国，见到父老乡亲的那一刻。

老乡们早早便等候在路边，欢迎从前线归来的英雄，可一看到他们，一个个衣衫褴褛、蓬头垢面，像叫花子一样，忍不住大哭。这些铁打的将士，在前线吃苦挨冻，九死一生，没人掉泪，但那一瞬间，谁也忍不住，痛哭失声。

那是亲人相见、悲喜交加的泪水；那也是为缅怀战死的同胞，洒下的国恨家仇之泪。

为犒劳回国将士，老乡们变着法子做好吃的。他们风卷残云，狼吞虎咽，因为实在是太饿了！但菜里肉里，都不搁盐。战场上，他们“雪水就炒面”，由于缺乏维生素，好多人患上了夜盲症、口角炎。眼睛蒙上纱布，休养几天，夜盲症渐渐痊愈。

“我不怕吃苦，可连炒面都吃不上，饿着肚子打仗，那滋味，不好受啊！”

梁超柱曾饿了三天三夜。饿得头昏脑胀之际，他们走到一个村庄，找来一些米，烧火做饭。可饭还在锅里，敌机呼啸而至，他们来不及抓一口热饭吃，赶紧躲藏。

有一回，倒是顺利吃上了饭。可正吃着，老乡气吁吁跑过来，连比带画地告诉他们，做饭用的盆，是尿盆。原来，饿极了的小战士找到老乡家里，抓了只盆就用。老乡发现后，赶忙跑来阻止。

除了饿、累、挨冻，虱子也烦不胜烦。虱子沿着棉衣扎出的道道，欢快地钻进钻出，一捋便一大把。行军打仗，疲乏至极，无暇对付它们，可部队休整时，虱子成群结队地疯狂叮咬，奇痒难耐，让人抓狂。

长期风餐露宿，生物钟被打乱，神经高度紧张。一次战斗结束，到了临近的一个村庄，老乡们早逃走了，房屋空空荡荡。疲惫不堪的战士们喜出望外，总算找到一个安稳睡处了！可那一夜，梁超柱辗转反侧，怎么也睡不着。作战条件艰苦，后勤补给跟不上，令将士们吃尽苦头；没有制空权、武器装备落后，则令将士们痛心不已。

梁超柱叹息，每次缴获美军的汤姆枪，只能兴奋一会儿，子弹打完，枪再稀罕，也只能扔掉，因为“人家的枪比我们先进太多，我们的子弹，装不进去，背着又太沉了”。

美军打仗用的弹药、食品、睡袋、药品，甚至接治伤员，都有直升机运送；步兵射击时，在雪地里铺条毯子，人趴在上面射击；美军睡袋是鸭绒的，每次溃败，阵地上，白色鹅毛迎风起舞……

每每说起这些，梁超柱义愤填膺。

“我们国家那时候太穷了。”

然而，就是在这场实力悬殊的较量中，中朝军队把强大的16国联军赶回了“三八线”，使他们不得不坐到停战谈判桌前。也是在这场战争中，中国军队不断壮大，无数新兵迅速成长，而新生的共和国，也在苦难中，一步步走向辉煌。

在李峰的《决战朝鲜》中，有几段描写，发人深省。

被誉为“旋风司令”的韩先楚，亲历朝鲜战争，深感我国国力的薄弱。他发明了一个词，叫“整体国家实力”。回国后，他痛定思痛，全力推进中国军队现代化。

经历战争洗礼，梁超柱亦深知：“中国一定要富起来！”

之后几十年间，他始终听党话、跟党走，埋头苦干，任劳任怨。他说，那么多战友，那么年轻，就永远长眠在了朝鲜，他活着回来不容易，只有加倍努力工作，才能告慰战友们的英灵。

从那时，到现在，他最期盼的，是国家强大，是人民富裕。

就在2020年12月29日，太原进入地铁时代的第四天，梁超柱在儿媳陪伴下，兴致勃勃地去坐地铁。在别的城市里，他不止一次坐过地铁，可他“要体验家门口的地铁”。他腿脚麻利，一进站，便甩开了儿媳的搀扶，孩子似的小跑。

祖国日新月异的巨变，以及身边的点滴变化，都令他欣喜，令他欣慰。

“和平是靠流血和牺牲换来的！”

1951年4月29日，梁超柱加入中国共产党。

第二年，66军新组建的3个师属炮兵团、3个战防炮营、3个高射炮营相继入朝作战。但梁超柱没再次上前线，其时他已被调到196师政治部，做电影放映员。

回国之初，部队急需大量文化人才，梁超柱被组织上派去学摄影。他渴望当一名摄影师，可另一位战友也想搞摄影，而名额只有一个，他没争没抢，改学电影放映。

“革命工作，干啥都一样，干啥咱都要干好。”

1951年，梁超柱参加了北京军区电影训练班，之后成为一名电影放映员。

那个年代，看电影是军民主要的文化娱乐方式，电影放映员很受欢迎，颇有存在感。烦恼也有，当时用的机器是从日本引进的16mm电影放映机，故障不断。因而他不光要放电影，还要修机器。没人教他怎么修，只好自己摸索。

刻字幕，也是放映员的基本功。那时电影字幕全靠手写，先在纸上打格，再在玻璃板上刻字，最后用摄影机拍到胶片上。一部电影的字幕，写半个来月。几部下来，梁超柱练就一手刻字的绝活。

1953年，因“看护机器，工作积极，能彻底完成任务，克服困难，为兵服务观点明确”，梁超柱荣立三等功。

1955年是个特殊的年份。我国第一支“窗口”部队建设的任务，交给了196师。作为196师的一员，梁超柱倍感自豪。5年后，英国著名将领蒙哥马

梁超柱（前排）和电影放映人员在朝鲜大同桥合影

利访问中国，考察196师，给予高度评价，并奉劝“自由世界”国家：“入侵中国，一定要倒大霉。”

另一件让他欢欣鼓舞的事是，1955年春暖花开时，他重返朝鲜战场。

其时，中国人民志愿军政治部召开电影工作会议。66军电影队因被北京军区评为“影片映前宣传‘红旗组’”，在会上做了精彩表演。会后，又在各军轮流演出。

国内表演结束，梁超柱跟随抗美援朝表演队第二次入朝，为仍坚守战斗一线的志愿军战士放映电影。

停战后的朝鲜，重建工作如火如荼，热火朝天。电影队的5名同志带着放映机，奔波在曾经战斗过的土地上，所到之处，掌声与欢声笑语萦绕。

位于朝鲜半岛西北部的大同江，是朝鲜第五大河流，它像一条绿色的丝带，缓缓流经首都平壤。平壤的许多重要景点，便分布在大同江两岸。远去了硝烟滚滚炮声隆，梁超柱和战友们终于可以心旷神怡地站在铁桥上，欣赏美景，合影留念；在起伏的青山上，朝鲜少先队员争着和他合影，笑容明净，满满的幸福感。

今昔对比，梁超柱感慨万千：“和平是靠流血和牺牲换来的。”

1960年，北京军区电影处负责人到天津警备区检查工作。梁超柱作汇报时，就面临的困难和问题，也实事求是地做了分析，给上级留下深刻印象。之后，上级征求他的意见：“调你到北京军区工作，去吗？”

梁超柱爽快地答道：“去！”

就这样，他被调到北京军区政治部文化工作站。

调去不久，梁超柱被派往石家庄，组建石家庄分站。1961年，他又被派驻山西，组建太原分站，负责山西所有驻军的文化建设。梁超柱担任文化站站长，后兼任山西省军区政治部文化处副处长。在这个岗位上，他一直干到1984年，光荣离休。

梁智说："我爸回国后这几十年，很平凡，但平凡中，又有一种坚定的信仰。他从不计较个人利益得失，不管在哪里工作，都兢兢业业。"

梁智兄妹3人耳濡目染，长大后都像父亲年轻时一样，走进了军营。梁智曾在63军187师服役，并且子承父业，也放映电影。1985年，梁智复员，之后一直在金融系统工作。他哥哥目前仍在解放军总部工作。

梁智笑道："我爸看我和我哥的眼神，明显不一样！"

这种"不一样"里，有着从未褪色的不变的情怀。

"我这一生，问心无愧，一直都按照党的要求在做。"

2020年10月，中共中央、国务院、中央军委颁发"中国人民志愿军抗美援朝出国作战70周年纪念章"。太原干休所副所长姚东亲自登门，为梁超柱佩挂。

梁超柱身着军装，表情凝重，郑重地敬以军礼。在大家提议下，他哼起了《中国人民志愿军战歌》："雄赳赳，气昂昂，跨过鸭绿江……"在场的人，热泪盈眶。

梁超柱有一只"百宝箱"，珍藏着他穿过的军装，获得过的荣誉证书、奖章。如：中国人民解放军"胜利功勋荣誉章"，"华北解放纪念章"，抗美援朝"和平鸽勋章"，中国电影发行放映公司"从事电影发行放映三十年"荣誉证章，2005年国家广播电影电视总局、中华人民共和国文化部颁发的"从事电影工作五十年以上的老一代电影工作者"荣誉证书，等等。

他还有几大本影集，铭记过往岁月里的那些人、那些事，那些难忘而闪光的瞬间。每一枚照片下面，他都认真地做着标注。

这些宝贝，他很少示人。他是一个为人处事都极其低调的人，但他牢记：

"我是毛主席教育出来的战士。"

"我是共产党员，一切都要听党的话。"

“我这一生，问心无愧，一直都按照党的要求在做。”

哪怕离休了，他也不放松对自己的要求，制订了详细的作息时间表，严格执行。

他说：“有三件事等不得。第一是学习，第二是锻炼身体。”

1991 年，梁超柱被诊断患有糖尿病，他与疾病抗争的办法，是控制饮食加坚持锻炼。用儿媳的话说：“老人家自律到让我们汗颜。”其他时间，他则读书看报，了解国内国际形势，“一天不读书看报，就特别难受。”

至于第三件事，他说：“就是什么都不想。”

90 岁那年，梁超柱记忆力锐减。最初，他很着急，慢慢地，心态平和了。他说：“想不起来的，索性就不去想了。”

但愿老人流失的记忆，可以为他抹去曾刻骨铭心的伤痛，让他被更多的幸福环绕。

而他忘记的，不正是后人应该永远铭记的吗？

采访期间，电视剧《跨过鸭绿江》正热播，好评如潮。但同时，网络上也出现了各种声音。梁智嗤之以鼻：“人家都打到家门口了，再不出兵，国家安全无法保证，更别谈发展。朝鲜战争是扬国威的战争，没有这场战争的胜利，中国不会有此后几十年的安定。”

“我们应该记住这段历史，记住这些英雄。一个不重视英雄的民族，是没有希望的。”

“中国人爱好和平。但朝鲜战争警示后人，不管多么强大的敌人，中国人都不怕。过去不怕，将来也不怕！”

掷地有声！

鲁迅先生有句名言：“从喷泉里出来的都是水，从血管里出来的都是血。”

这对父子兵身上，在传递着一种伟大的力量。

在我们这片和平的土地上，这种一脉相承的力量，相信会一直传递下去，并源远流长。

周满康

年仅 18 岁的周满康，就是在那段难忘的岁月里，凭借勇敢坚定的思想表现和强烈的战斗积极性通过了组织的考验，光荣地加入了中国共产党，成为全团年龄最小的党员。他至今还记得，在朝鲜战场“三八线”附近的一个坑道里，利用战争间隙，支部的党员们点起了一盏小小的煤油灯，带领着这位年轻人在党旗下庄严宣誓：我志愿加入中国共产党，承认党纲党章，执行党的决议……煤油灯照亮了那面红色的党旗，也照亮了一颗果敢勇毅的心。

初心跟黨
使命勇担

奔赴战场的少年

高　璟

尝过往日的苦，才知今日的甜。在中国共产党的领导下，在祖国人民的全力支援下，中国人民志愿军将士用血肉将美国为首的联军推到三八线，又用血肉筑起三八线新的长城，坚守住了钢铁般的阵地，取得了抗美援朝的伟大胜利。

——一名志愿军战士的心声

2020年初冬，精神矍铄的抗美援朝老战士周满康，坐在家中的书桌前，饱含激情地亲笔写下了这段铿锵有力的话，字里行间，跳动着一位中国人民志愿军战士火热的报国之心。

在中国人民志愿军抗美援朝出国作战70周年这个特殊的纪念节点，那些随风远逝的烽烟炮火，那些深藏心底的热血豪情，再次激荡起一股英雄气概，浮现在这位亲历者沧桑而坚毅的脸上，伴随着他的动情讲述，我们被带到了70年前，眼前的老战士也幻化成一位面容清秀、目光坚定的15岁少年——

1951年4月的一个清晨，天光微微放亮，四野寂静无声，浙江省淳安县妥桥乡题塔村村外的田间小路上，农家少年周满康像往常一样早起去放牛。但那天的他，又似乎有些不同，为了能让家里唯有的这头牛吃得更饱，他牵着牛去了离村更远的地方，因此，早饭时他比平时晚到家一会儿。眼下，正是青黄不接的时候，他走到厨房的灶台前，掀开锅盖，母亲做的早饭和往常一样，是一些玉米面糊糊。正是长身体的年纪，往常周满康都会连喝两碗，但这一天的早饭，他只匆匆喝了一碗。望着眼前50多岁的母亲劳碌的身影，周满康食难下咽，悄悄转头间，一颗颗的泪水滴落在他面前的碗里。他在心里不停地对着母亲的背影说：妈妈，我要当兵走了，妈妈，再见！

是的，周满康做出这个参军的决定时，没有对家里任何人讲，因为他知道，父母根本不会同意，因为他是家里最小的儿子，跟两个哥哥和一个姐姐比起来，他从小就是父母最疼爱的孩子，何况他才15岁，在父母眼里他还是个半大孩子，他们哪里会舍得他去前线打仗呢？

但是，一颗炽热的爱国之心早已在他胸膛内跳荡了许久。周家家境很一般，8亩田地是一大家人的全部经济来源，但父母支持周满康读书，半年前，他已读完了小学，还参加了青年团。而现在家中已没有能力供他继续上中学。虽然眼下在家跟随父母务农，但少年有志的他早已成长为一名有思想、有抱负的青年团团员。那段日子里，全国上下都在共同喊着“抗美援朝，保家卫国”的雄壮口号，特别是那些已奔赴朝鲜战场杀敌立功的志愿军战士们的英雄事迹从千里之外传到了周满康的耳中。虽然远在浙江，但他那颗年轻的心早就已经飞到了朝鲜，飞到了志愿军将士们身边。几天前，当参军的动员令第一次到达淳安县的时候，周满康雀跃的心情就再也抑制不住了，在得知消息的第一时间，他就和同村的伙伴们积极地在村政所报了名。

当一位征兵干部向眼前这个白皙瘦弱的少年询问年龄时，少年担心自己年龄不够，人家不要，就把头一低，多报了三岁。称体重时，他知道自己不到100斤，体重不达标，就让一旁的同村伙伴在人家不注意时伸腿帮忙点了一下秤，最终，周满康的体重才达到102斤，勉强够了标准。之后是面试，对于为什么要当志愿军，“抗美援朝，保家卫国！”周满康给出的回答响亮而干脆。望着他坚定的眼神，那位干部点点头，把他的名字正式登记在册。那一刻，周满康兴奋不已，因为当志愿军的梦想马上就要实现了！

那一年，淳安县共有约1600名青年自愿报名参军，周满康是其中最小的。在只有90多户人家的题塔村，除了周满康，还有另外5位青年也通过了考核，光荣入伍。

在部队出发前的那几天里，周满康心情格外煎熬，心中有报国杀敌的英雄梦，前方有全然未知的凶险，家里还有放心不下的父母，藏着这个天大的心事却又无法跟家人诉说，他感到精神紧张，心慌意乱，只能拼命地帮家里干活儿，喂牛、砍柴，他样样都抢着干。

终于到了离别的这一天，村里敲锣打鼓，十分热闹，伙伴们都胸戴大红花喜气洋洋跟家人告别。只有周满康，还混在看热闹的人群中，直到队伍出村的最后一刻，他才汇入队伍中，一起向县城进发。很快，人群中的父亲就发现了周满康，那时的父亲已年过六旬，他焦急万分，跌跌撞撞地追了上来。但周满康挥手让父亲别追，并大声地恳求父亲："爹，别追了，我想当兵，让我走吧。"

队伍渐渐离开了村子，回首处，父亲的身影越来越小，他终于不再追赶，呆呆地站在村外的大路上。望着渐渐远去的父亲和村庄，周满康百感交集，被红花映红的脸上，是怎么擦也擦不干的泪痕。

得知小儿子不告而别的消息时，母亲正在田里干活儿，她扔下手里的农具，就不顾一切地往县城追。在县政府的大院里，焦急的母亲终于从人山人海中找到了周满康，死死地拉着他的胳膊就是不愿放手。周满康只能不停地劝说母亲："娘，我去当兵，全家都光荣！而且家里还有哥哥姐姐，您不要为我担心，应该感到骄傲才对。"

母亲终于被他劝说住了，但她又心疼地说："儿啊，你身上就穿着这一身单薄的补丁衣裳，身上连一毛钱也没有，就出这么远的门，这叫娘怎么能放心呀。"周满康耐心地安慰母亲："娘，您放心，到了部队，肯定饿不着冻不着，您就回去吧，等着我立功的好消息！"

部队要开拔了，母亲远远望着这个从小就很有主见的小儿子，只能抹着眼泪又送了他一程。

告别母亲，离开县城，周满康深深地知道，这一去必定是山高水远、枪林弹雨，能不能回来都是未知数，但他依然义无反顾地选择离开家乡，带着必死的决心奔赴战场，成了一名光荣的志愿军战士。谁知，这次离家，竟是和父亲的永别！他离家仅仅一年，父亲就因受凉中风，而突然倒在了水利会战的工地上。直到半年多后，周满康才得知了这个噩耗。1956 年，是周满康离家参军后第一次回乡探亲，那个下午，他的心情格外沉重，在父亲的坟前独自坐了 4 个小时，想对父亲说的话太多，但却又只能在心底无声诉说。直到暮色四合，他才被另一位回乡探亲的同行战友强行拉走。

青年时期的周满康

入伍后，周满康所属的志愿军 21 军 63 师 188 团先是驻扎在浙江省的某个海岛上，他们一边练兵，一边等待上级的行动命令。当时，新生的人民政权还面临着诸多的挑战，国民党政权虽已退守台湾，但他们还有 1 万多残部盘踞在浙江省的大陈岛上，成为当时台海对峙局势中，我国沿海岛屿最北的国民党军队据点。因此，周满康所在的部队曾一度待命，时刻准备解放大陈岛。

在海岛上，周满康很快崭露头角，他有文化基础，勤奋好学，做事认真，迅速成长为一名优秀的通信兵。

到了 1952 年 12 月，战争形势有了新的变化，周满康所在的部队接到指令，即刻北上，奔赴朝鲜。因此，周满康成为最后一批入朝作战的中国军人中的一员。

此时，抗美援朝战争已进入第二阶段。在这个阶段，中朝人民军队执行“持久作战、积极防御”的战略方针，以阵地战为主要作战形式，军事行动与停战谈判密切配合，边打边谈，以打促谈，但战局依旧尖锐复杂。因此，从 1951 年 6 月开始，战争已出现一年多的边打边谈的局面。

周满康所属的部队正是在这一背景下入朝的。在朝期间，周满康所在的连队驻扎在“三八线”北侧几十公里远的一个小村庄中，他们一边积极开展临战训练，一边随时准备投入战斗。此时，来自祖国人民的慰问品、慰问信纷纷涌来，战士们时刻都被这种强大的力量鼓舞着、支撑着。但那时的条件并不好，战士们吃的是高粱米，没有蔬菜，只能自己上山挖野菜，不少战士因此得了夜盲症，但他们却没有一个叫苦喊累的。

周满康还记得1953年春节，在这个驻地的小村庄里，他们和当地的朝鲜群众一道过年的难忘情景。村子里有一对朝鲜老夫妇，他们和一个小孙子相依为命，因为战争，他们家徒四壁，人也饿得面黄肌瘦。但战士们来了以后，他们还是十分热情地帮志愿军战士们烧水、做饭，还把自家的一点咸菜送给战士们吃。那时，战士们的配给并不富裕，周满康建议全连战士每人节约一口饭，很快，他们就把节省出来的50斤面粉、30斤大米送到了朝鲜老乡手中。中朝人民在同仇敌忾、并肩作战中产生的这种鱼水深情，让志愿军战士们终生难忘。

转眼到了1953年6月中旬，"三八线"战情紧急，停战谈判形势严峻，为了在谈判中取得主动，志愿军与朝鲜人民军决定共同发起一次"夏季反击战"。

这一天，周满康所在部队接到了紧急命令，迅速向"三八线"开进。这是一次急行军，每人身上负重约30公斤。队伍趁着夜色快速向南进发，行进途中，头顶不时有前来侦察的敌机盘旋。

到了当天晚上约11时，周满康和他的战友们的行进速度依旧不减。突然，传来了防空预警的枪声，敌机出现，这次不再是侦察机，而是轰炸机！大家立即按指令向公路两侧的沟渠里疏散隐蔽，但就在这时，周满康听到了头顶的树叶发出了一阵唰唰作响的声音，他还没反应过来是怎么回事，就被人猛地推倒在地，几乎在同一时刻，他的耳边传来一声巨响，他一瞬间就什么也听不到了……

不知过了多久，周满康睁开眼睛望了望身边，发现了他们的田教导员，只见田教导员看了看头顶，敌机已完成了这一轮的轰炸飞走了，他抖落身上的灰尘、树叶，慢慢站起来，并把周满康也拉了起来，就在离他们不到20米远的地方，他们看到了一个巨大的弹坑，周满康的双耳依旧嗡嗡作响，他此时才意识到刚刚所遇到的危险，幸亏有田教导员的奋力一推，才救了他的命。好在这次遭遇敌机有惊无险，部队没有出现伤亡，于是他们稍做整顿，便继续上路了。

为避免暴露目标，部队的急行只能在夜间进行。第二晚，从后面赶上来一支也在向南开进的辎重部队，坦克、火炮、汽车在轰鸣声中快速移动着，它们一起将本就不宽的一条公路挤得满满当当。而且十分不巧的是，敌机又出现了，这两支行进中的队伍同时得到了指令，照明设备全部关掉，但行进速度不变。于是，各兵种按照各自的队列继续前进，尽管四周漆黑一片，头顶还不时有敌人的侦察机，但训练有素的战士们依旧从容不迫地向集结地点英勇前行着。

第三晚的急行也危机重重，这次他们需要通过汉江大桥，这是南北主要通道，也是敌机的重点封锁区域。在敌机往返侦察的间隙，部队一鼓作气跑了十多里路，终于顺利通过了这座大桥，此时，天色已放亮，部队就隐蔽在汉江南岸的山沟里宿营。在这条山沟里，周满康近距离地目睹了敌我双方的一次激烈交锋。

下午 2 时许，前面的公路上出现了我方的汽车，另外还有一列火车也行驶到了铁道桥附近，而敌军的 4 架轰炸机突然出现在南面的天空。敌机还没飞近，空中扫射和轰炸已经启动，大家不禁为我方的汽车和火车捏一把汗。正在此时，早已埋伏在铁道桥两侧高地上的志愿军高炮部队向着敌机开火了，一排又一排的炮弹在敌机周围炸开。两架敌机很快冒了黑烟，一架直接坠入深沟，另一架急忙掉头逃窜，其余两架见势不妙，也紧急返航了。目睹这一场惊心动魄的硬碰硬的战斗，隐蔽在山沟里的战友们都激动不已，纷纷挥舞着拳头喊着“打得好”，他们为我军的英勇善战而自豪不已，三天来的疲累也减轻了不少。

部队的集结地点在距离“三八线”仅十余里路程的地方，这里以坡地为主，整个阵地上只有简易的战壕和防空防炮掩体工事。大家迅速地到达指定战斗位置，一边休整，一边补充给养弹药，一边摩拳擦掌准备和敌军打一场硬仗。

“养兵千日，用兵一时”，听着指导员的战前动员，周满康和战友们心潮澎湃，热血涌动，胆气十足，此刻，对面就算是有再强大、再狡猾的敌人，他们也不畏惧半分，勇者必胜的信念和祖国亲人的期盼，都是激励他们不怕牺牲、一往无前的强大动力！

在“三八线”东线的文登里高地，周满康一共经历了 21 天的磨炼与考验。他们的阵地与对面的美军阵地相隔不足百米，中间以一条小溪相隔。两军对垒的情况之下，枪炮声时响时歇，敌机更是频繁袭扰。一到夜晚，一束束强烈的

周满康在朝鲜战场上

探照灯光和一发发照明弹、信号弹更是将阵地照得亮如白昼。

事隔多年，周满康依旧对那个阵地上的情况记忆犹新：在敌军密集炮火轰击下，我方阵地一片焦土，为了对抗敌军，减少伤亡，志愿军战士们只能不断向下挖掘防御工事，一遇到敌人炮击，就躲进坑道、防空防炮洞和“猫耳洞”里；敌人停下攻击时，我方就加紧修筑工事，增强防护能力；如果敌人胆敢走出他们的掩体近距离来犯，我们就迅速到达射击位置，拿起枪来保卫我们的阵地。再看敌人的阵地那一方，有绿草，有大树，一片郁郁葱葱，看不到多少残酷的战争痕迹，因为我们没有多少炮弹，无法像敌人那样展开一轮又一轮永无休止的密集轰炸。但就是在这样一种敌我双方力量不对等的情况下，志愿军战士们依然凭借着一腔孤勇坚守着自己的阵地，不退让半分。“猫耳洞”留给周满康的印象是潮湿的、逼仄的、漆黑的，出入都必须低头弯腰，战士们待命时，只能蜷缩着，半坐半靠，怀里抱着自己的枪支，弹药也都不离身，而头顶上还在不停往下滴水。

面对敌军的强大炮火压制，我方并没有退缩，而是利用一切机会发起反击，趁着夜色越过前沿阵地，开展敌情侦察，有时还会瞅准时机，抓回一两个落了单的“舌头”，从这些俘虏口中探知敌军动向。事隔多年，周满康在工作中总结出了我军在朝鲜战场上成功使用的主要战术，那就是近战、夜战、奔袭、穿插、分割、包围，在运动中消灭敌人等。

作为一名通信员，周满康在这样艰苦的战争环境里积极完成着自己的任务，面对敌人的炮火封锁和不间断轰炸，他镇定自若地行进在一条条潮湿黑暗的坑道里，往来穿梭间，及时传递着一条条军情、信件、指令与口令。他与战友们就这样一道为了使命战斗着，为了和平坚守着。年仅18岁的周满康，就是在那段难忘的岁月里，凭借勇敢坚定的思想表现和强烈的战斗积极性通过了组织的考验，光荣地加入了中国共产党，成为全团年龄最小的党员。他至今还记得，在朝鲜战场“三八线”附近的一个坑道里，利用战争间隙，支部的党员们点起了一盏小小的煤油灯，带领着这位年轻人在党旗下庄严宣誓：我志愿加入中国共产党，承认党纲党章，执行党的决议……煤油灯照亮了那面红色的党旗，也照亮了一颗果敢勇毅的心。

驻守前线期间，周满康还曾遭遇过一次险情，那是在敌人发起的一轮火炮攻击中，一枚炮弹不偏不倚落入我方阵地的一条坑道里，顿时土方坍塌，正在附近的周满康一下就被埋在了土里，是战友们不顾自身安危，七手八脚一齐上阵，才把他挖出来，所幸这一次也是有惊无险。

这次遇险之后不久的一天，周满康清晰地记得，那是1953年7月27日，一整个白天，敌人的攻击异常疯狂，一发发炮弹在我阵地后方的道路口、山口不断炸开。夜幕降临时，炮弹与机枪更是火力全开，向我方发起狂轰滥炸。大家躲在掩体中，不知敌人打的是什么算盘。但就在这个晴朗的夏夜，9时50分左右，敌方的炮火突然停了下来，照明弹也消失了，战场上出现了从未有过的宁静，头顶上方的夜空中只有几颗星星，四周漆黑一片。正在这时，从团部传来了消息，这一晚的10时，战争双方的停战协议正式生效！

这是真的吗？大家都有点不敢相信。

天亮后，明朗的阳光下，负责瞭望的战友们发现了在对面敌军阵地上有来回走动的美军士兵。我方也开始有战士跃出战壕，尽情地享受着那久违了的新鲜空气与明媚阳光。和平，这来之不易的和平！

就这样，历时两年零九个月的抗美援朝战争宣告结束，周满康在朝鲜的七个多月时光也很快结束了。在告别朝鲜军民回师中国的时候，他的内心百感交集，虽然只是短短七个多月的时间，却成了他生命中难以忘怀的一段特殊经历，此后的多半生，他都以自己是一名光荣的中国人民志愿军战士而感到自豪。

回国后，周满康继续在部队这个大熔炉中不断成长，从连通信员，调任营通信员，后来又成为团通信员，并很快当上了班长。

1955 年 5 月，周满康被划入海军序列，进入南京海军学校完成了初中学业。开学仪式上，他代表在场的 1200 名从朝鲜战场上回来的学员作表态发言，这个经历让他骄傲不已。

1957 年，周满康转到河南商丘步兵学校继续学习军事，1958 年 5 月，又调到河北石家庄步兵学校。1960 年 4 月，他从石家庄步兵学校毕业，在当期毕业的 160 名学员中，他是唯一留校任教的。自此，他在战术教员的岗位上一干就是10年。期间，他认真钻研业务，研读了大量的军事理论著作。在日常训练中，他总是严格要求，身先士卒。有一次作战训练，需要大家跳入水中，作为教员，周满康为了达到更好的教学效果，就率先带头跳入了冰冷的河水中做示范、讲要领。

1970年，华北战情告急，周满康被上级调往山西，任63军189师某团副团长，后任教导队队长，主抓军事训练。1979 年，原北京军区首长来部队观摩，周满康带领官兵们以出色的军事训练成果荣立三等功。不久之后，周满康成为师副参谋长（副师级）。

1986 年 11 月，周满康带着依依不舍的心情脱下军装，光荣退休。当时，母亲已离世 10 年，而他梦中那个秀美的题塔村，也早在 1958 年就成了回不去的故乡，这个古老的村庄连同列祖列宗以及父亲的坟墓一起，静静地没入了烟波浩渺的新安江水库之中。母亲在世时，他偶尔还会携妻儿到二位兄长迁居的新址去探望，但后来啊，也就渐渐少了往来。因为，那儿，不是他熟悉的故土呀！

自此，在远离故乡几千里之外的黄土高原，位于太原市并州路一处不起眼的院落内的第四干休所，成了周满康这些年来长久驻守的地方。在那所位于六楼顶层且没有电梯的老式楼房里，他无数次地沉浸在当年战火纷飞、激动人心的青春回忆当中。是啊，半生戎马，他无怨无悔，背井离乡，他无怨无悔，因为“尽忠报国”四个字早已深深地烙刻在他的生命当中，成为他一生的坚守与信仰。

向不改初心、永葆本色的中国人民志愿军战士致敬！

刘丰元

如今，他能够安然地怡享晚年，靠的不是他自己，而是祖国。是祖国在保佑他，一次次地把他从死亡线上拉回来，祖国母亲深深地爱着她的孩子。现在，刘丰元想把自己为数不多的故事讲出来，让更多的中华儿女了解到我们的国家、我们的民族，看到祖国的艰难与辉煌，品味民族的烽火和荣光，这就是他最大的使命和责任。

愿中华民族生生不息，愿中华儿女永远自立自强！

中國
人民志願軍

青春无悔　热血永驻

杨睿姝

冬季的午后，我安静地等在温暖的会客室一隅，不多久，精神矍铄的刘丰元老人就伴着稳健的脚步声走了进来。缕缕阳光跃过玻璃洒在他的身上，将衣服上的奖章照得熠熠生辉，即便已是80多岁的高龄，说起话来，他依旧是那么生动幽默，妙趣横生。我不禁莞尔，在老人的记忆之门打开后一段光辉而又难忘的岁月在我眼前徐徐展开。

一

刘丰元是同中华人民共和国一起成长的一代人。

他们共同走过了青涩、懵懂的幼年期，单纯、热血的少年期，如今，祖国日益蓬勃，欣欣向荣，而他却已人近暮年，垂垂老矣。但是他知道，千千万万和他同龄的中华儿女也知道，胸腔之下跳动的那颗心脏，永远因生之、长之中国而自豪，永远年轻，永远热血。

刘丰元出生在一个贫穷的乡村里，食不饱、衣不暖是他生活的底色。1949年，中华人民共和国成立了，每个人都高兴得不得了，奔走相告，“解放啦！解放啦！”他也跟着欢呼雀跃。

中华人民共和国成立后，一切呈现出崭新的面貌，他也想做一个祖国的新人，便积极参加了夜校的学习。学习的机会得来不易，他倍加珍惜，识字认词都相当刻苦。有一次，乡里组织词语比赛，他一下子就写出了2000多个字，别提多自豪了。这时，乡政府要组织民兵，他自告奋勇加入了其中。组织上看他幼时上过 3 年学，又有参加识字班的学习经验，就推选他担任排长一职，并发了 1 支折腰手枪。

那一年他 15 岁，第一次摸到了手枪，冰冷、轻巧，又不可小觑，他很珍惜，把它当作宝贝。过了一年，也就是 1950 年，国家开始推行“土地改革”政策。作为村里的一户普通人家，他家在“土改”中分到了两三亩地。

1951 年初，全国上下开始动员青壮年抗美援朝，保家卫国。时任民兵排长的他，心里觉得既然自己还算是个“小官”，就应该起好带头作用。他兴致勃勃地把自己的想法告诉了家里，以为父母会双手赞成，没想到迎来的是一阵沉默。父亲不反对，但也不赞成，母亲的态度和父亲一样，事情僵在了原地。最后还是奶奶出马，才顺利解决了这个难题。奶奶虽然是农村妇女，但思想很开明，对他母亲说：“你那么多孩子，让他出去锻炼锻炼吧。”在长辈的建议下，父母也就默许了。

1951 年 5 月 15 日，他和乡里的 11 个人一起，参加了中国人民解放军。他们 12 个人集合在乡政府门前，戴着花、披着红、骑着马，被敲锣打鼓地送到了区政府。又和区政府门前的将近两百个人，一起到了县里。虽然见到的面孔都很陌生，但并不妨碍他们满腔的喜悦和亲切感，共同涌起的为祖国争光的自豪感早已将几百个人的心紧紧地联结在了一起。

参军后，他们就被派到了大西北，他在第三军 9 师 25 团 3 营 9 连当战士。有一次，他们连去营部开会，散会后参谋长叫住了他，问他叫什么，他说叫刘丰元，又问他多大了，那时他还没改正年龄，就说 18 了。问完后就让他回去。当时他也不清楚参谋长为什么问他，就稀里糊涂地回去了。到了第三天，连长通知他担任连部通信员。又过了一个月，他被调到营部当通信员。后来他才明白参谋长的用意，是想先让年轻人在连部锻炼一下，表现好的话再派往营部。也就是在这时，他加入了中国共产主义青年团。

1952 年年底，部队改编，一军和三军合并，他所在的 25 团撤销了，整编到一军的 7 师 20 团，他也调到了团部的警卫排当战士，与此同时，号召他们

青年时期的刘丰元

移防改装。1952年11月底、12月初，党中央继续动员号召抗美援朝。毛主席说，1953年必须结束朝鲜战争，再打下去国家和百姓都受不了。根据指示，部队调整了部署。原先的军事策略是轮换作战，一支军队先入朝打几个月，出来后换另一支军队进去，打几个月再回来，互相轮流。现在指示一出，军委决定不再轮换，原先在朝鲜的部队不动，从国内再调过去5个军，他们一军便是其中一支。他们从甘肃出发，坐了7天7夜的火车到达东北，到河口改装苏式装备，训练了一个月后，又乘火车从通化入朝。当时，国家的空军力量不够，火车白天是不敢走的，会受到美空军的攻击，只能钻进山洞，靠着山洞的遮掩隐藏起来。山洞里空气不流通，闻着难受，他们就钻到山上的丛林里，扑打干净雪，就地铺张油布休息。等到了晚上，再坐上火车前进，一共走了3个晚上。

火车行进到离前沿阵地不到150公里的地方时，火车不能开了。他们下车步行，一晚上要走40公里。他身上背的东西，加起来有80多斤重：两发12斤的炮弹，干粮1天按1斤半算，10天合计15斤，4颗手榴弹5斤左右，还有1把用来打桩、砍树枝的斧头，一块2米多的油布。那会儿的油布不像现在的轻飘飘没什么分量，它是在帆布上铺了层类似油漆的东西，提起来有四五斤重。再加上棉大衣、棉被子，几身换洗的衣服，还有防毒面具和钢盔，一把用来挖战壕的十字镐。脸盆、水、饼干、酱豆、咸菜，林林总总80多斤。1953年，他刚满18岁，背着80斤重的行李，步行40公里，累到走着走着，就不自觉地睡着了。直到“咣”地砸到前面人的背包上，才迷瞪着醒来，继续走。

有一天晚上，沿路经过一条小河。河不宽，不过四五米，水也不深，不到10厘米。但是脱鞋脱袜子时间上来不及，容易掉队，于是他们就那么带着水花“噼里啪啦”地跑过去了，每个人都是湿漉漉的。当时外面的温度零下 30 多摄氏度，半小时后，他们身上的水都结冰了，行进时耳畔都是“咔嚓咔嚓”的声音，听起来格外提神振气。

他们带的粮食里，有一种是高粱米，因为是从大西北进入的朝鲜，那边的老百姓不吃高粱米，所以炊事员不太会做，做出来的味道不尽如人意。全连当晚都没有吃饱，走到半夜的时候，有人就饿得走不动了。当时他们班有 8 个人，3 个人都因为饿得走不动而掉队了，另外 3 个人就去协助他们，剩下他和另一个人跟着部队向前。他们班是火箭筒班，除了行李，还需要扛着火箭炮。于是他们两个人分工，他扛着炮，另一个人背着炮弹，互相鼓劲儿。上山时他拿头顶着另一个人的背包，过一会儿换对方顶着他。天亮后全连找一处山坡休息，天黑了再向前走。

二

1953 年的 4 月 25 日，他们上了前沿阵地。在这里，他经历了人生的几次争分夺秒、生离死别。

前沿阵地是从山的北边打个洞，和南边的战壕连在一起。洞的两边打几个“猫耳洞”，供士兵休息。他躺的地方，除了他还有两个战士。第二天五六点的时候，天色似亮非亮，敌人发现他们换防了，当即给了一个下马威，用炮猛轰他们的阵地，声音震耳欲聋。当时，副班长带着一个火箭筒射手，到阵地最下面放暗哨，剩下他们 6 个人守着左右长 100 米的阵地。班长大喊：“刘丰元快起来！”（当时他还是团小组组长）他一个翻身坐起，心急火燎地叫醒身旁的俩人。3 个人挪到坑沿，一排炮弹正好打过来，头顶塌了，石头和土把他们 3 个人推到床下 1 米多。如果他们仨晚起来两三秒钟，一下子就会被坍塌的土石砸死。

班长说：“刘丰元，你带人出去看看。”他叫上人，准备一块儿到南边的战壕打探情况。他们 5 个人排成一排，他走在第二个，离坑道口还有大概 10

米的时候，隐约看到外面闪烁起了亮光。突然“咣”的一声，前面坑道全塌了，要是走得快上两三秒，土压住的可就不是地面，而是他们了，他赶忙把第一个战士从土里拉了出来。

前后不到20分钟，因着快了和慢了的两三秒，他两次都是捡回了一条命。

和时间赛跑的事情，在他身上接二连三地出现。白天，敌人炮轰阵地，战壕都快要被打平了。晚上他们出去站岗时，便一边站岗，一边修理战壕，跪在战壕里，用十字镐挖土。等土堆到快到腰那么高的时候，再把土往外弄。有一回，他挖了一截，正准备站起身时，上面一块塌了，落下的土一下子就把他胳肢窝以下的部位全埋住了。他一动也动不了，另一个战士离他有几十米，他抄起石头朝对方扔去。那个战士听到声音后忙跑过来，惊奇地问：“你怎么埋在这儿了？”他无奈地说：“你赶快叫人把我挖出来。”经过大家的努力，他终于得以从厚厚的土堆下安全脱身。

几次死里逃生的经验，让他在庆幸自己大难不死之余，也得出了一个结论：没有人能保证自己长生不老，但是什么时候死，因什么而死，死在什么地方，却是谁也预料不到的。很多当下的反应，都是根据形势做出的判断，由不得自己。

1953年的五六月份，中央下令，他所在的一军向敌人进攻，当时的口号是：打好出国第一仗，向党的生日“七一”献礼。进攻策略是这样的，准备进攻哪座山，就提前在山底下挖洞，放进去粮食、子弹、手榴弹等，战士们也一并住进去，这样的安排是基于我军擅长打夜战的缘故。正式进攻的时间一般在晚上7点，进攻前20分钟，他们先拿大炮轰击敌人。志愿军的炮不多，平时他们常听到敌人的炮声，听不到自己的炮声。但我军有个最大的优点，就是能够集中优势兵力消灭敌人。当时要求，敌人的阵地，平均两平方米要落一发炮弹，根据敌人阵地的大小和他们参与作战的炮的数量，最后算出的结果是一门炮在20分钟内要打出70枚炮弹，也就是说半分钟就将近1发。这时候就能看到，他们的炮阵地一片红光，单发炮弹“咣咣”的声音早已被淹没，汇聚成似闷雷的“轰隆、轰隆”。他离炮阵地的距离比较近，炮弹就从他的头顶飞过，震耳欲聋的“轰轰”声不绝于耳。

炮轰时，部队会从洞里钻出来，按事先的部署在各处散开，原地待命。20分钟后，他们的炮阵地开始集中攻击敌人的炮阵地，部队则趁势往上冲。当时他们团的英雄八连，只用了15分钟，就从山脚冲到了山顶，并成功夺取敌人的阵地，牺牲人数仅有5人。但是进攻容易，守住阵地就难了，敌人反扑不但有大炮，还有飞机，样样武器都比他们的“凶猛”。英雄八连，在守了一天一夜后，之前120多人的连，包括连长和伤号在内，一共才回来12个人，其余的人都负伤或牺牲了。

日子过得很快，转眼就到了7月27号，停战谈判成功了！停战的当晚，领导叮嘱他们，晚上10点之前，部队务必提高警惕，千万不能到处跑，防止敌人在最后关头反扑。这句话还有另一层意思，防止被误伤。时间越是临近，敌人的炮弹声越是鲜明，最多的时候他看到一架飞机带着二三十颗炸弹，过了军事分界线，疯狂向下投掷，根本不管底下有没有人。他站在山坡上，眼看着“咣咣咣”，炸弹被扔到了临津江里，炸起来的水花足足有七八米高。过了20分钟，江面稍稍平息，又飞来了一架，同样的情景再次上演。那会儿他还纳闷，不明白美国人为什么要把炸弹扔到空无一人的江里，后来才知道，是美军要在停战前将炸弹处理完，所以抓紧时间将炸弹都投向北边。

在无数人的默数声中，时钟悄无声息地指到了10点，他们雀跃不已，再多的语言在那种高兴面前都显得匮乏无力，每个人都在欢呼，在大叫。他们翘首以盼，谈判的结果很快就传了开来，双方在约定的二十八日、二十九日、三十日三天之内，把建起来的工事全都毁掉，然后以实际控制的界线为界，各自向后退两千米，中间的四千米划为非军事区。

停战以后，新划定的非军事区需要双方派出一定的民政警察来维持治安，非军事区内不能有百姓和部队。当时由师负责组织民政警察连，在全师1万多人里挑七八十个干部战士，抽调的标准是：第一，政治坚定（党团员）；第二，军事过硬，打靶、打枪准；第三，身高在一米七以上；第四，五官端正。上面的四条刘丰元恰好都符合，就从警卫排调到了民政警察连。

三

7 月 30 日，部队撤回到了后方，他所在的民政警察连则在 8 月 2 日进入了非军事区。刚进去时的场景至今让他记忆犹新，里面什么都没有，荒无人烟，只有他们几个民政警察。山上臭得不得了，那是死去的敌人尸体在暑夏散发出的臭味，在空气中四处弥漫。除了臭，另一件恼人的事情就是蚊子，个头奇大无比，咬得人疼痒难耐，恨不得抓破皮肤。尤其是刚开始的时候，他们没有住处，便在晚上拿油布在地上一铺，地当床，天作被。

非军事区的生活说长不长，说短不短。也正是在这里，他有了人生中难得的和外国兵近距离接触的经历。

8 月 7 日，双方商定在临津江边贵湖洞村开一个视察小组会。说是村，其实房子都已经被炸平了，没剩一间好的。会议召开的目的，是要确定军事分界线的具体位置。师里派了 6 个民政警察，他们班全体出动，一行人 9 点多就已经步行到达目的地，在会场的北边分散成月牙形站开。他的位置距离会议室的帐篷大约 10 米的距离。美军则是推土机在前面开路，士兵坐在后面的车上，所到之处，尘土飞扬，排场很足。按道理，美军应该站在会议室南边，可他们的参谋竟然走过来询问，自己应该站在哪里。我们侦查科的参谋开玩笑，说“你们就成班横队”。没想到美军真的站了过来，离他也就 5 米左右。他的心一下子就被提起来了，心里很紧张，不无担心地想，万一谈判破裂了，1 个人该怎么对付 6 个人？看了眼头上的新钢盔、新军装、新胶鞋，掂一掂手枪、步枪，他安慰自己：没事儿，再不济，还有上衣里揣着的几颗鸭嘴手榴弹呢。时间划到了 11 点，酷热的朝鲜半岛一点都不体恤室外人的煎熬，就快把人烤干了，钢盔摸上去都烫手得厉害。美国兵热得受不了，站不住了，把刺刀一卸，枪夹在胳肢窝，懒懒地站着。他被美军的行为惊到了，没想到还能这样站岗，紧绷的思想也跟着放松了一些。到了下午 1 点，晴空万里，骄阳似火，会议还在继续，

6个美国兵取下头盔，东倒西歪地坐了上去。刘丰元等人则不敢懈怠，在帐篷周围来回巡逻。他想，他是志愿军中的一员，一举一动都代表着志愿军威武雄壮的气魄。他抬头挺胸，手持钢枪目视前方，流下的汗水把身上湿了个透。直到2点会议结束后，双方才各自回去。

1956年12月，刘丰元近照

他们也会和南朝鲜的兵碰面。大家坐在一块聊天，中文、日文、朝文，各种语言齐齐上阵，连比画带猜。他们班的第二副班长是营部的政治干事，穿的府绸衬衣比他们身上的粗布衬衣面料要好些。一个南朝鲜兵看到他们一行人亲热的样子，说：“你们的，这个（伸出大拇指）。”他们哈哈大笑，边说边比画：“那你干脆过来吧，别回去了。”南朝鲜兵听懂后皱了皱眉头，苦恼地叹气，说：“不行啊。”然后用手指了指南方，“南边有我的母亲。”可见亲情是无国界的，世上任何一个国家的人民，都难以割舍这份情感。

生活有时也会出现不期而遇的惊喜。

一次，他们到贵湖洞村巡逻，村里的房子被炸得只剩满地碎片，坑坑洼洼。结果在一个角落里，他们发现了韭菜叶子，高兴得赶忙拿刀割下来。那会儿他们是吃不到蔬菜的，只有海带丝、咸肉、酱豆子、鸡蛋粉（把鸡蛋晒干成粉，装进罐头里，吃的时候把粉倒出来，拿水搅和着吃），所以看到一点绿菜星子，都感到是非常难能可贵的。走到山上，他们又意外看到了一棵栗子树。他们把栗子全都弄了下来。裤子一脱，裤腿一扎，两腿就装满了。带回去后，把栗子放在水里煮熟，晚上巡逻时一个人带上十来个，美味又顶饱。

后来，他们在非军事区盖起了草房。晚饭后、巡逻前的半个小时，他们无事可做，就聚在一块儿聊天，说歇后语，对对联，讲故事。有的人讲《三国演义》，有的人讲《铁道游击队》，特别有趣。夜里冷，他们通常烤着木炭聊天。有一回，木炭盆突然就爆炸了，一个通红的炭渣子径直飞到了一名战士的脖子上，烫得登时就鼓起来个大包。他们还奇怪，怎么炭火会炸了？仔细一看，原来是木炭盆下面的土里混进去了一颗子弹，烤到一定的热度以后，子弹爆炸了。

说到子弹，战争结束了，子弹的痕迹却并没有消失。他们在非军事区巡逻，光是在敌人占过的山头捡子弹，子弹就已经多到能拉一汽车。休息时，他们“因地制宜”玩子弹。闪光弹能闪出彩色的光，他们就把它掰开，两个子弹头对在一起，点着火，闪光弹就会亮起来，很有些意思。有一次班长拿着照明地雷，琢磨怎么才能让它发光，结果手里的地雷突然着了，火焰有 1 米多高，被吓得够呛，赶紧拿铁锹压住这个“大家伙”，四五分钟后，铁锹都被烧化了。

截至 1953 年年底、1954 年年初，民政警察连已经在非军事区待了将近半年，师部决定将民政警察连解散，换上侦察连，原来的民政警察连人员各回各单位。结果上面看他干得不错，又把他留了下来，调到侦察连，这样他又在非军事区待了 1 年多。

1954 年 8 月，上级通报近期南方要派一批特务越过分界线到北方来搞破坏。在他们班值勤的区域内，贵湖洞村的东北高地有一条南北通行的山沟，于是班里派他和副班长在此执行潜伏任务。每天晚上 9 点，他们就走到山沟中间的 1 个小山包，将雨布铺在地上，头各朝东西，一动不动地趴着，也不能说话，密切监视着周围。对一个 19 岁活泼好动的青年来说，一两个小时的滋味就已经不大好受，趴上六七个小时，难受程度就可想而知了。经常是两三个小时后，他的眼皮就开始不由自主地向下耷拉，意识到要打盹了，又怕暴露潜伏的位置，不敢站起来，只能动动手和脚。事前他们两人约定，每当这时，可蹬一下对方的脚，提醒别打盹。有时天下起蒙蒙细雨，沟里的萤火虫漫天飞舞，看得人眼花缭乱。有时突降大雨，他们便把雨布的另一半盖在身上。不管出现什么样的恶劣天气，都坚持到天亮前的四点半，再离开哨位。凭着坚强的革命意志和坚定的信心，他们连续趴了数个晚上，后来，一直未发现异常现象，潜伏哨便撤销了。

四

回国之前，师里组织一些干部和战士代表到县政府、乡政府和当地的朝鲜人民告别，他也是代表之一。到了以后，县政府门口 1 公里远近都站满了老百姓，3 个人抬他们 1 个。回国的那天，老百姓拉着他们的手，不让他们走。尤其是上了年纪的老大娘、老大爷，哭着说："你们走了，美国兵又来了怎么办啊？"他们坚定地说："别怕，虽然我们现在走了，但如果美国兵来了，你们要求我们来，我们还会再来。"老百姓都含着泪点头表达谢意，帮他们背背包，拿东西，送了将近二三十里，场面十分感人。每到一个火车站，车停下来时，老百姓就会把苹果一筐一筐地往车上扔。离别之际，他再次深深感受到了中朝人民之间

1958 年，刘丰元影像

的山海情谊。

1958 年，他回国了，在朝鲜一共待了 5 年零 10 个月。人的一生，又能有多少个 5 年呢?

和第一批入朝的志愿军相比，他无疑是幸运的，面临的战争环境、配备的军事武器都好了许多，是他们艰苦卓绝的战斗，为最终的胜利打下了坚实的基础。和在战场上付出惨痛代价的战士相比，他也是幸运的，没有未能痊愈的重伤，四肢健全，身体健康。只有几次和死神擦肩而过的交锋，都顺利地逃过一劫。他知道，如今，他能够安然地怡享晚年，靠的不是他自己，而是祖国。是祖国在保佑他，一次次地把他从死亡线上拉回来，祖国母亲深深地爱着她的孩子。现在，刘丰元想把自己为数不多的故事讲出来，让更多的中华儿女了解到我们的国家、我们的民族，看到祖国的艰难与辉煌，品味民族的烽火和荣光，这就是他最大的使命和责任。

愿中华民族生生不息，愿中华儿女永远自立自强!

后 记

《战火中的青春》是山西省庆祝中国共产党成立 100 周年的主题出版重点作品，是太原市开展党史学习教育的重点文艺创作项目，由中共太原市委宣传部策划指导，中共太原市委老干部局、太原市退役军人事务局、太原市文联、太原广播电视台组织实施，太原市文联文研室组织采访写作、摄影、音频录制，三晋出版社编辑出版。

《战火中的青春》收录了 20 位作家采访 20 位老党员、老红军、老战士等革命英雄群体创作的 20 篇非虚构文学作品。采访创作过程中，作家、摄影家、朗诵演播艺术家等主创人员积极寻访和深度挖掘，走访了多位居住在民间的老革命战士，探望了多位在干休所生活的战斗老英雄，深深地被这些为祖国抛头颅洒热血的战斗英雄所感动。

采访创作期间，我们得到了原太原市军休一所、三所、四所、七所，以及太原市朗诵演播艺术家协会、太原市杏花岭文联、太原市小店区退役军人事务局、古交市退役军人事务局、清徐县退役军人事务局、太原公共交通控股（集团）有限公司、太原市迎泽区老军营街道办事处等相关部门和社会各界的高度认可和支持帮助，我们还从抗美援朝纪念馆及太原市档案局（馆）编辑出版的《档案中的山西抗战》选取了部分珍贵的历史图片，三晋出版社编校人员付出辛勤的劳动，在此一并致以衷心的感谢！

2021 年 6 月

图书在版编目（CIP）数据

战火中的青春 / 祁向东主编 . -- 太原 ：三晋出版社，2021.6（2023.4 重印）
ISBN 978-7-5457-2291-8

Ⅰ. ①战… Ⅱ. ①祁… Ⅲ. ①纪实文学—作品集—中国—当代 Ⅳ. ① I25

中国版本图书馆 CIP 数据核字（2021）第 104664 号

战火中的青春

主　　编：祁向东
责任编辑：冯　岩
责任印制：李佳音

出 版 者：山西出版传媒集团・三晋出版社
地　　址：太原市建设南路 21 号
电　　话：0351-4956036（总编室）
0351-4922203（印制部）
网　　址：http://www.sjcbs.cn

经 销 者：新华书店
承 印 者：山西基因包装印刷科技股份有限公司

开　　本：720mm×1020mm　1/16
印　　张：19
字　　数：300 千字
版　　次：2021 年 6 月　第 1 版
印　　次：2023 年 4 月　第 2 次印刷
书　　号：ISBN 978-7-5457-2291-8
定　　价：55.00 元